A Análise do Comportamento

O GEN | Grupo Editorial Nacional – maior plataforma editorial brasileira no segmento científico, técnico e profissional – publica conteúdos nas áreas de ciências humanas, exatas, jurídicas, da saúde e sociais aplicadas, além de prover serviços direcionados à educação continuada e à preparação para concursos.

As editoras que integram o GEN, das mais respeitadas no mercado editorial, construíram catálogos inigualáveis, com obras decisivas para a formação acadêmica e o aperfeiçoamento de várias gerações de profissionais e estudantes, tendo se tornado sinônimo de qualidade e seriedade.

A missão do GEN e dos núcleos de conteúdo que o compõem é prover a melhor informação científica e distribuí-la de maneira flexível e conveniente, a preços justos, gerando benefícios e servindo a autores, docentes, livreiros, funcionários, colaboradores e acionistas.

Nosso comportamento ético incondicional e nossa responsabilidade social e ambiental são reforçados pela natureza educacional de nossa atividade e dão sustentabilidade ao crescimento contínuo e à rentabilidade do grupo.

A Análise do Comportamento

J. G. Holland

B. F. Skinner

Universidade de Harvard

Tradução e adaptação

Rodolpho Azzi

Colaboração

Carolina M. Bori

- Os autores deste livro e a editora empenharam seus melhores esforços para assegurar que as informações e os procedimentos apresentados no texto estejam em acordo com os padrões aceitos à época da publicação. Entretanto, tendo em conta a evolução das ciências, as atualizações legislativas, as mudanças regulamentares governamentais e o constante fluxo de novas informações sobre os temas que constam do livro, recomendamos enfaticamente que os leitores consultem sempre outras fontes fidedignas, de modo a se certificarem de que as informações contidas no texto estão corretas e de que não houve alterações nas recomendações ou na legislação regulamentadora.

- Os autores e a editora se empenharam para citar adequadamente e dar o devido crédito a todos os detentores de direitos autorais de qualquer material utilizado neste livro, dispondo-se a possíveis acertos posteriores caso, inadvertida e involuntariamente, a identificação de algum deles tenha sido omitida.

- **Atendimento ao cliente: (11) 5080-0751 | faleconosco@grupogen.com.br**

- Traduzido de
  THE ANALYSIS OF BEHAVIOR Copyright © 1961 McGraw-Hill Book Company, Inc.
  All rights reserved. This book, or parts thereof, may not be reproduced in any form without permission of the publishers.
  Library of Congress Catalog Card. Number: 61-11128.

- Direitos exclusivos para a língua portuguesa
  Copyright © 1969, 2023 (21ª impressão) by
  LTC | Livros Técnicos e Científicos Editora Ltda.
  Uma editora integrante do GEN | Grupo Editorial Nacional
  Travessa do Ouvidor, 11
  Rio de Janeiro – RJ – 20040-040
  www.grupogen.com.br

  Reservados todos os direitos. É proibida a duplicação ou reprodução deste volume, no todo ou em parte, em quaisquer formas ou por quaisquer meios (eletrônico, mecânico, gravação, fotocópia, distribuição pela Internet ou outros), sem permissão, por escrito, da E.P.U. – Editora Pedagógica e Universitária.

- Capa: Máquina Voadora DG
- Editoração eletrônica: Trio Studio

- Ficha catalográfica

H 678a

Holland, James Gordon, 1927-
A análise do comportamento / J. G. Holland e B. F. Skinner;
tradução e adaptação de Rodolpho Azzi, com a colaboração de Carolina M. Bori.
– [Reimpr.]. – Rio de Janeiro: GEN | Grupo Editorial Nacional S.A. Publicado pelo selo E.P.U. – Editora Pedagógica e Universitária, 2023.
337p., ilust. (Ciências do comportamento)

1. Comportamento humano - Instrução programada 2. Psicologia - Instrução programada 3. Psicologia, fisiológica - Instrução programada I. Skinner, Burrhus Frederic, 1904-1990. II. Título.

73-0163   CDD-150.77
                                        -152.077

Sumário

PARTE I COMPORTAMENTO REFLEXO

Série 1. Reflexos simples 1
Série 2. Reflexos condicionados 9
Série 3. Reflexos condicionados (continuação) 15
Série 4. Experimentos de Pavlov 21
Série 5. Reflexos condicionados (continuação) 26
Série 6. Mecanismos de resposta 36

PARTE II CONDICIONAMENTO OPERANTE: CONCEITOS ELEMENTARES

Série 7. Introdução ao condicionamento operante 41
Série 8. A situação experimental típica 47
Série 9. Reforço positivo e negativo 52
Série 10. Aplicação dos conceitos básicos 57
Série 11. Reforço condicionado 63

PARTE III CONDICIONAMENTO OPERANTE: CONTINGÊNCIAS EXATAS

Série 12. O registro acumulado 73
Série 13. Fatores que afetam a velocidade do condicionamento 79
Série 14. Contingências acidentais e comportamento supersticioso 89

PARTE IV MODELAGEM

Série 15. Princípios da modelagem de novos comportamentos 98
Série 16. Aplicações dos princípios da modelagem 106
Série 17. Revisão. Verificação das Partes I a IV 111

PARTE V REFORÇO INTERMITENTE

Série 18. Definição de esquemas; esquemas de intervalo fixo 118
Série 19. Esquemas de intervalo variável, razão fixa e razão variável 125
Série 20. Esquemas de reforço: sumário e revisão 132

PARTE VI CONTROLE DE ESTÍMULOS

Série 21. Discriminação de estímulos 138
Série 22. Generalização de estímulos 150
Série 23. Encadeamento 161
Série 24. Modelagem de repertórios contínuos 168
Série 25. Repertórios contínuos e discretos 175

PARTE VII PRIVAÇÃO

Série 26. Conceitos básicos 182
Série 27. Reforçadores generalizados 192
Série 28. Ciclos alimentares 198
Série 29. Revisão. Verificação das Partes V a VII 203

PARTE VIII EMOÇÃO I

Série 30. Síndrome de ativação 208
Série 31. Predisposições na emoção 213

PARTE IX COMPORTAMENTO DE ESQUIVA E FUGA

Série 32. Conceitos básicos 218
Série 33. Análise de exemplos de esquiva e fuga 224
Série 34. Experimentos de esquiva 230

PARTE X EMOÇÃO II

Série 35. Experimentos de ansiedade 236
Série 36. As emoções como condições aversivas e reforçadoras 241

PARTE XI PUNIÇÃO

Série 37. Conceitos básicos 246
Série 38. Efeitos da punição durante a extinção de comportamentos reforçados 252
Série 39. Outros efeitos da punição. Funções do estímulo aversivo 257
Série 40. Efeitos da punição contínua 265
Série 41. Revisão. Verificação das Partes VIII a XI 272

PARTE XII ANÁLISE CIENTÍFICA E INTERPRETAÇÃO DE CASOS COMPLEXOS

Série 42. Objetivos e técnicas da ciência 276
Série 43. Múltiplos efeitos 282
Série 44. Múltiplas causas e respostas conflituais 287
Série 45. Um problema de engenharia do comportamento 293

PARTE XIII AUTOCONTROLE

Série 46. Análise do comportamento voluntário e involuntário 298
Série 47. Técnicas de autocontrole 303

PARTE XIV INTERPRETAÇÃO DA PERSONALIDADE

Série 48. Autoconhecimento inadequado 308
Série 49. Racionalização 313
Série 50. Vício de drogas 318
Série 51. Agressividade, formação de "reação" e retraimento 323
Série 52. Psicoterapia 328
Série 53. Revisão. Verificação das Partes XII a XIV 333

Ao Professor

Edward Thorndike e Arthur Gates, no livro *Princípios Elementares de Educação*, publicado em 1929, escreveram:

> "Se, por um milagre de engenhosidade mecânica, um livro pudesse ser de tal forma apresentado que a página dois fosse visível somente ao leitor que tivesse feito o que se afirma na página um, e assim por diante, grande parte do que hoje exige instrução individual poderia ser substituída pela letra impressa."

O presente volume é talvez o início da realização desse sonho. Nenhum milagre foi necessário. Um tipo simples de máquina de ensinar consegue este resultado, orientando o estudante por meio de uma sequência cuidadosamente planejada de passos (comumente itens a serem completados) de tal modo que, em geral, ele complete cada passo com êxito. Os primeiros passos de sequência o preparam para o material mais adiantado dos posteriores.

Os esforços desenvolvidos no sentido de produzirem máquinas de ensinar eficazes, apesar de parecerem muito simples, durante muito tempo não foram bem-sucedidos. As patentes mais antigas datam do século XIX. O desejo de Thorndike e Gates não foi satisfeito na época, embora Sidney Pressey tivesse previsto a necessidade de instrumentação. Faltava a esses primeiros esforços um conjunto de técnicas para analisar e controlar o comportamento. Tais técnicas emergiram gradualmente da análise experimental do comportamento e da expansão dessa análise ao campo do verbal. O que parece ser uma revolução na educação, iniciada somente há seis anos, está ocorrendo na medida em que professores altamente preparados elaboram programas em áreas que abrangem desde a aritmética para principiantes até o cálculo, do *behaviorismo* moderno ao Velho Testamento, da soletração de gramática inglesa ao conhecimento de muitas das línguas modernas, da biologia e física a cursos para escola de medicina, e em centenas de campos da educação industrial.

O ensino programado, como o sistema de tutor individual, tem muitas vantagens em relação às outras técnicas de ensino: 1) Cada estudante progride no seu próprio ritmo; quem aprende mais rapidamente avança mais, enquanto aquele que aprende mais devagar avança na velocidade que lhe é mais conveniente. 2) O estudante passa para o material mais adiantado somente depois de ter dominado completamente os primeiros estágios. 3) Devido a essa progressão gradual, e com o auxílio de certas técnicas de insinuação e instigação, o estudante quase sempre acerta. 4) O estudante se mantém continuamente ativo e recebe imediata confirmação do seu êxito. 5) Os itens são construídos de tal maneira que ele precisa compreender o ponto crítico a fim de dar a resposta. 6) Os "Conceitos" estão representados no programa em muitos exemplos e arranjos sintáticos, em um esforço para aumentar a generalização a outras situações. 7) Um registro das respostas do estudante fornece ao programador valiosas informações para futuras revisões. [O presente programa foi inteiramente revisto duas vezes, e pequenas alterações foram introduzidas de vez em quando. O número de erros apresentados pelos estudantes foi reduzido à metade (reduzido a cerca de 10 por cento) depois da primeira revisão.]

As primeiras versões deste material foram amplamente utilizadas como modelos para a programação de outros assuntos. Os autores gostariam de acreditar que foram úteis não somente como um modelo, mas também para ensinar alguns aspectos elementares da ciência da qual emergiu este tipo de programação. Este programa é oferecido, no entanto, principalmente como um instrumento de ensino para ser usado em um curso de introdução à psicologia, enfatizando a análise do comportamento. O material foi exaustivamente testado em mais de setecentos universitários de Harvard e Radcliffe, e os autores se beneficiaram dos comentários de muitos psicólogos que utilizaram o material em outras instituições.

Ao Leitor

Com este livro o leitor deverá ser capaz de aprender uma parte substancial da psicologia que trata da análise do comportamento — em particular a predição explícita e o controle do comportamento das pessoas. A importância prática de tal ciência dificilmente precisa ser ressaltada, mas a compreensão e o uso eficaz da ciência exigem conhecimento bastante pormenorizado. Este programa foi elaborado para apresentar os conceitos básicos e os princípios da ciência. Visa também revelar a ineficiência de explicações populares do comportamento e preparar o estudante para rapidamente estender as aplicações a campos tão diversos como comportamento social e psicofarmacologia, voos espaciais e pediatria, educação e psicoterapia. Este livro é, ele próprio, uma aplicação da ciência.

Como usar o livro

O material foi preparado para ser usado em uma máquina de ensinar. A máquina de ensinar apresenta cada item automaticamente. O estudante escreve sua resposta em uma tira de papel que aparece em uma pequena abertura no painel da máquina. Opera depois a máquina cobrindo com material transparente a resposta escrita e descobrindo a resposta correta para comparação.

Um programa como este pode ser usado também quando as máquinas não existem. A resposta correta para cada item aparece na página seguinte, ao lado do próximo item da sequência. Leia cada item, escreva sua resposta em uma folha de papel separada, depois vire a página para ver se sua resposta está certa. Se está errada coloque um "X" ao lado dela. Leia, então, e responda a próxima questão, e vire novamente a página para verificar sua resposta.

Escrever a resposta é imprescindível. E igualmente importante escrevê-la *antes* de olhar a resposta correta. Quando o leitor, ainda que bem-intencionado, espia adiante sem antes escolher a sua resposta própria, somente se obriga a um vago e mal informado palpite. Isto não é eficiente e, a longo prazo, torna a tarefa toda mais difícil.

É importante obedecer à sequência dos itens. Ela foi cuidadosamente planejada, e repetições de itens, ou de assuntos abordados em outras leituras, ou aparentes redundâncias, foram ocasionalmente incluídas por haver um bom motivo para tal. Não salte itens. Se você tiver dificuldade especial em alguma série, repita-a antes de passar à seguinte. Uma boa norma é repetir toda a série na qual você respondeu incorretamente a mais de 10 por cento dos itens. Evite respostas descuidadas. Se você começar a fazer erros porque está cansado ou não trata o material convenientemente, faça uma pausa. Se por diversos dias você não puder trabalhar com o material, poderá ser aconselhável rever a última série completada.

Convenções

Observe as seguintes convenções:

1. O número de palavras necessárias para completar um item é indicado pelo número de traços. Assim "....................." indica resposta de uma palavra e "..................... ...." indica resposta de duas palavras. Quando houver asteriscos (***) em lugar de traços, use tantas palavras quantas achar necessárias para responder ao item.
2. A abreviação (tt) pede o uso de termo técnico. Quando aparecer, uma palavra não técnica deve ser considerada incorreta.
3. Com frequência há diversas respostas razoavelmente equivalentes e seria desperdício de tempo relacioná-las todas. Isso é especialmente verdade quando a resposta é um termo não técnico. Use um critério racional para decidir se sua resposta é sinônima da impressa. Se for, tabule-a como certa.

James G. Holland
B. F. Skinner

Agradecimentos

Este programa difere dos livros de textos convencionais também por omitir citações pormenorizadas de dados no material textual. Isso se deve ao fato de o programa incluir somente material que é ensinado ao estudante. No entanto, somos devedores aos vários cientistas que contribuíram para a análise do comportamento. Dados quantitativos foram utilizados das seguintes fontes:

Anliker, J. e Mayer, J. "An operant conditioning technique for studying feeding-fasting patterns in normal and obese mice". *J. Appl. Psychol.*, 1956, *8*, 667-670. (Série 28.)

Arzin, N. H. "Effects of punishment intensity". *J. Exp. Anal. Behav.*, 1960, *3*, 123-142. (Série 40.)

Brady, J. V. "Assessment of drug effects on emotional behavior". *Science*, 1956, *123*, 1033-1034. (Série 35.)

Ferster, C. B. e Skinner, B. F. *Schedules of reinforcement.* New York: Appleton-Century-Crofts, Inc., 1957. (Séries 18 e 19.)

Guttman, N. "The pigeon and the spectrum and other perplexities". *Psychol. Rep.* 1956, *2*, 449-460. (Série 22.)

Morse, W. H. "An analysis of responding in the presence of a stimulus". Tese de doutoramento, inédita, Harvard University, 1955. (Série 21.)

Morse, W. H. e Herrnstein, R. J. "Unpublished data". (Séries 19 e 34.)

Sidman, M. "Avoidance conditioning with brief shock and no exteroceptive warning signal". *Science*, 1953, *118*, 157-158. (Série 34.)

Sidman, M. "By-products of aversive control". *J. Exp. Anal. Behav.*, 1958, *1*, 276. (Série 35.)

Skinner, B. F. *The behavior of organisms.* New York: Appleton-Century-Crofts, Inc., 1938. (Séries 13, 26 e 38.)

Pavlov, I. P. *Conditioned reflexes.* London: Oxford University Press, 1946. (Série 4.)

Somos devedores aos estudantes de Harvard, do curso intitulado "Ciências Naturais 114, Comportamento Humano", que contribuíram com valiosos dados que possibilitaram o desenvolvimento deste programa. Somos devedores, também, a muitas pessoas que ajudaram na supervisão, cada uma no setor da sua competência, na tabulação dos dados, assim como na própria digitação do material. Particularmente relevante foi a diligente assistência de Beverly Meeker, Stella Kramer e Dorothy Schneider.

SÉRIE **1**	Parte I. Comportamento Reflexo REFLEXOS SIMPLES Tempo provável: 23 minutos. **Vire a página e comece.** →
estímulo 1.7	Em linguagem técnica se diz que um reflexo supõe um estímulo eliciador em um processo chamado eliciação. Um estímulo deve .... uma resposta. 1.8
limiar 1.15	A fração de segundo que decorre entre "encostar no olho" e "piscar" é .... do reflexo. 1.16
limiar 1.23	Quanto maior for a concentração de sumo de cebola, tanto .... será a *magnitude* de resposta. 1.24
elicia 1.31	No reflexo pupilar, uma luz muito intensa elicia uma resposta de .... maior que uma luz muito fraca. 1.32
latência 1.39	Uma solução de suco de limão não eliciará salivação se o estímulo estiver .... do limiar. 1.40
(1) magnitude (2) latência 1.47	A apresentação de um estímulo é "causa" da resposta. Os dois formam 1.48

	O médico bate no seu joelho (no tendão patelar) com um martelinho de borracha para examinar seus 1.1
eliciar 1.8	A fim de evitar os matizes de significação das palavras populares, não se diz que um estímulo "provoca", "dispara" ou "causa" uma resposta, mas sim que o estímulo .... a resposta. 1.9
latência 1.16	No reflexo do tendão patelar, uma batida mais forte elicia um movimento maior; uma batidinha fraca, apenas acima do limiar, elicia um movimento pequeno. A magnitude da resposta depende pois da intensidade do 1.17
maior 1.24	O sumo de cebola elicia a secreção de lágrimas pela glândula lacrimal. Essa sequência causal de eventos é 1.25
magnitude (intensidade) 1.32	Um .... abrange uma resposta e o estímulo que a elicia. 1.33
abaixo 1.40	A latência de um reflexo é (1) .... entre o começo do (2) .... e o da (3) 1.41
reflexo 1.48	O leigo frequentemente explica o comportamento como resultado da ação da "mente" ou do "livre-arbítrio". Entretanto, raramente o faz no caso do comportamento reflexo porque .... é uma explicação adequada da resposta. 1.49

reflexos	Se seus reflexos forem normais, sua perna .... à batida do joelho com um movimento (o chamado reflexo patelar).
1.1	1.2
elicia	Em um reflexo, o estímulo e a resposta eliciada ocorrem numa certa ordem: primeiro (1)....................... e depois (2)................. .
1.9	1.10
estímulo (batida)	A magnitude da resposta depende da (é uma função de)....................... do estímulo que a elicia.
1.17	1.18
reflexo (lacrimal)	Quando empregamos uma linguagem técnica, não dizemos que o sumo de cebola "estimula" as lágrimas, mas sim dizemos que o sumo de cebola "........................" lágrimas.
1.25	1.26
reflexo	Num quarto onde estiver fazendo muito calor, as glândulas sudoríparas excretam suor. A resposta é (1).................... ; o estímulo é (2).................... ; e os dois juntos constituem (3).................... .
1.33	1.34
(1) tempo (intervalo) (2) estímulo (3) resposta	Uma superfície muito quente posta em contato com a mão elicia flexão do braço com uma latência .... (maior ou menor) que uma superfície menos quente.
1.41	1.42
estímulo	Porque o estímulo é uma explicação suficiente da resposta reflexa,*** (há ou não há) necessidade de explicar o comportamento reflexo através de conceitos como "mente" ou "livre-arbítrio".
1.49	1.50

responde (reage) **1.2**	O movimento da perna ou reflexo patelar é .... à batida do martelo no joelho. **1.3**
(1) estímulo (2) resposta **1.10**	O movimento da perna é .... pela batida no tendão patelar. **1.11**
intensidade **1.18**	O reflexo abrange *tanto* (1) .... *quanto* (2) .... O termo "reflexo" (3)*** sinônimo do termo isolado "resposta". **1.19**
elicia **1.26**	Quando uma criança encosta a mão em uma superfície muito quente, tira-a depressa. A palavra "depressa" sugere que a resposta tem .... muito curta. **1.27**
(1) suor (2) calor (3) reflexo **1.34**	O mais leve toque possível na superfície do olho capaz de eliciar uma piscada determina .... do estímulo. **1.35**
menor (mais curta) **1.42**	Um quarto muito quente elicia (1) .... (mais ou menos?) suor do que um quarto apenas aquecido. Isto é, a resposta tem uma magnitude (2) **1.43**
não há **1.50**	Latência é .... entre o começo de uma mudança de energia e o começo da resposta que ela elicia. **1.51**

resposta (reação)	O *objeto* estimulador que o médico usa para provocar movimento é ....
1.3	1.4
eliciado	O tempo que decorre entre o aparecimento do estímulo e o começo da resposta é chamado *latência*. Assim, o tempo entre a batida e o movimento da perna é .... do reflexo patelar.
1.11	1.12
(1) estímulo (2) resposta (3) não é	Quando uma pessoa se assusta com um barulho forte, seu estremecimento é (1) .... ao barulho que agiu como (2) .... Os dois juntos constituem um (3) ....
1.19	1.20
latência	Quando se tira a mão de uma superfície muito quente, o movimento do braço é (1) .... que é eliciada pelo (2) .... doloroso da mão.
1.27	1.28
limiar	Um gato, que a gente levanta de ponta-cabeça e larga, cai no chão sobre as quatro patas. Nesse "reflexo de endireitar-se", a aceleração causada pela gravidade é o principal .... para que o gato se endireite.
1.35	1.36
(1) mais (2) maior (superior)	Quanto maior a concentração de vapor do sumo de cebola que chega à superfície do olho, tanto (1) .... a magnitude da resposta e tanto (2) .... a latência.
1.43	1.44
tempo (intervalo)	O (1) .... de um estímulo é a intensidade mínima capaz de (2) .... uma (3) ....
1.51	1.52

martelo **1.4**	O *estímulo* que elicia (= provoca) o movimento da perna é .... com o objeto estimulador ou martelo. **1.5**
latência **1.12**	O mais fraco estímulo capaz de eliciar a resposta determina o *limiar* do reflexo. Uma batida no joelho não eliciará movimento se estiver abaixo do................ . **1.13**
(1) resposta (2) estímulo (3) reflexo **1.20**	Se um gole de uma limonada bem fraquinha não provoca salivação, diz-se que o estímulo está abaixo do................ . **1.21**
(1) resposta (2) estímulo **1.28**	No reflexo de tirar a mão, o estímulo deve ter intensidade suficiente para ultrapassar................ ou a resposta não ocorrerá. **1.29**
estímulo **1.36**	Em qualquer (1)................ há sempre um estímulo que (2)................ a resposta. **1.37**
(1) maior (2) menor **1.44**	Quanto maior for a concentração do suco de limão degustado, tanto (1)................ o fluxo de saliva e tanto (2)................ o intervalo entre os começos do estímulo e da resposta. **1.45**
(1) limiar (2) eliciar (3) resposta **1.52**	Em um reflexo, (1) .... sempre precede (2) **1.53**

batida (golpe)	No reflexo patelar, chamamos a batida ou golpe (1)........ e o martelinho de borracha que a desfere (2)......... ....
1.5	1.6
limiar	Se você pisca quando uma coisa qualquer encosta nos seus olhos,...................... é uma resposta.
1.13	1.14
limiar	No reflexo salivar, (1)..........................(comida) precede a resposta (secreção de saliva) de um intervalo de tempo chamado (2)......................... .
1.21	1.22
limiar	A luz de uma lanterna nos olhos elicia a contração da pupila. Essa sequência é chamada......................pupilar.
1.29	1.30
(1) reflexo (2) elicia	Enfiar o dedo na garganta pode (1).......................(tt) vômitos. (2) .... é a resposta. O (3) .... é tátil (= do tato).
1.37	1.38
(1) maior (2) menor	Uma luz muito forte nos olhos elicia uma resposta pupilar de pequena......................... .
1.45	1.46
(1) estímulo (2) resposta	Em um reflexo, a magnitude da resposta varia com .... do estímulo.
1.53	1.54

7

(1) estímulo (2) objeto estimulador 1.6	Explica-se um fenômeno quando suas causas forem identificadas. A "causa" ou explicação do reflexo patelar é, tecnicamente,............ que o elicia. 1.7 ← pág. 1
piscada 1.14	Um sopro de ar nos olhos só elicia uma piscada se a força do sopro for maior que o valor do............. 1.15 ← pág. 1
(1) estímulo (2) latência 1.22	Se uma atriz usa sumo de cebola no lenço para eliciar lágrimas durante uma cena emotiva, deve usar o suficiente para ultrapassar................. . 1.23 ← pág. 1
reflexo 1.30	No reflexo pupilar se diz que a luz.................a resposta. 1.31 ← pág. 1
(1) eliciar (2) vomitar (3) estímulo 1.38	Se o vômito começa um décimo de segundo (0,1") depois do aparecimento do estímulo, o reflexo tem uma.................de 0,1". 1.39 ← pág. 1
latência 1.46	Quanto maior for a intensidade do estímulo, tanto maior será (1).......................da resposta e tanto menor será (2).................do reflexo. 1.47 ← pág. 1
intensidade 1.54	**FIM DA SÉRIE**

SÉRIE 2	Parte I. Comportamento Reflexo REFLEXOS CONDICIONADOS Tempo provável: 23 minutos. **Vire a página e comece.** →
não podemos 2.4	A *primeira vez* que uma criança ouvir simplesmente a palavra "doce", sua boca*** de água. 2.5
condicionamento 2.9	Em linguagem técnica se diz que quando a palavra "doce" foi repetidamente associada a comer doce verifica-se............................ 2.10
incondicionada 2.14	Depois do condicionamento, a palavra "doce" é um estímulo condicionado que elicia salivação. Nesse caso, salivar é a resposta (1)..................... em um reflexo (2) 2.15
extinto 2.19	Um reflexo condicionado se extingue quando o estímulo condicionado é apresentado repetidamente*** o estímulo incondicionado. 2.20
reflexo incondicionado 2.24	Nesse reflexo incondicionado de retirada de mão o calor é 2.25
extinção 2.29	No comportamento reflexo, o processo pelo qual um novo estímulo vem a eliciar a resposta se chama (1)................. O processo pelo qual um estímulo perde o poder de eliciar a resposta é chamado (2) 2.30

	Em um reflexo, uma explicação suficiente da resposta é a descrição do .... precedente. 2.1
não se encherá 2.5	Não é necessário condicionamento ou aprendizagem para que o doce na boca da criança elicie salivação, mas a palavra "doce" só fará com que a boca da criança fique cheia de água depois de ter havido certa 2.6
condicionamento 2.10	Depois do condicionamento, a simples apresentação da palavra "doce" eliciará salivação e isso será um reflexo condicionado. A palavra "doce" ficou sendo um estímulo aprendido ou 2.11
(1) condicionada (2) condicionado 2.15	O doce na boca é um estímulo incondicionado que elicia salivação. Nesse caso, salivar é uma resposta (1) .... em um reflexo (2) 2.16
sem 2.20	Na extinção a palavra "doce" é apresentada repetidas vezes*** o estímulo incondicionado. 2.21
estímulo incondicionado 2.25	No reflexo incondicionado de retirada da mão, o movimento do braço é a 2.26
(1) condicionamento (2) extinção 2.30	**FIM DA SÉRIE**

estímulo	Quando a comida posta na boca elicia a secreção de saliva, o conjunto desses fenômenos se chama ....
2.1	2.2
aprendizagem (condicionamento)	Quando a criança teve frequentemente doce na boca depois de ouvir a palavra "doce", a simples apresentação da palavra pode provocar........................ .
2.6	2.7
condicionado	A palavra "doce" é um estímulo aprendido ou (1)................ O doce na boca é um estímulo *não* aprendido ou (2)............
2.11	2.12
(1) incondicionada (2) incondicionado	Depois do condicionamento, a palavra "doce" .... a resposta salivar. (tt)
2.16	2.17
sem	No condicionamento, a palavra "doce" é apresentada repetidas vezes*** ao estímulo incondicionado.
2.21	2.22
resposta incondicionada	Se uma campainha tocar trinta segundos antes que um objeto quente encoste na mão (e se isso acontecer várias vezes), haverá................ .
2.26	2.27

reflexo	Um doce posto na boca de uma criança pela primeira vez .... salivação.
2.2	2.3
salivação (a resposta)	Se a criança tiver de aprender a salivar diante da palavra "doce", "doce" e comer doce devem ocorrer ....
2.7	2.8
(1) condicionado (2) incondicionado	A salivação eliciada pela palavra "doce" é uma resposta condicionada, enquanto a salivação eliciada pelo doce na boca é uma resposta ....
2.12	2.13
eliciará (elicia)	Estímulos condicionados apresentados repetidamente, mas não mais associados com os estímulos incondicionados, deixam de eliciar a resposta. Se a palavra "doce" deixar de ser ouvida ao mesmo tempo que o comer doce, e for repetida muitas vezes***, eliciará salivação.
2.17	2.18
associada	O processo pelo qual um estímulo condicionado perde a propriedade de eliciar a resposta condicionada é chamado *extinção*. Quando a palavra "doce" se apresenta sozinha, o reflexo condicionado sofre um processo de ....
2.22	2.23
condicionamento	Depois do condicionamento, a campainha eliciará o movimento do braço. O estímulo condicionado será a ....
2.27	2.28

(1) S^Ds (2) incompatível	Quando uma pessoa não pode lembrar-se de um comportamento anteriormente punido, dizemos que houve ....
Série 51 53.3	53.4 ← pág. 333
(1) controlada (2) reforçadora (3) aversivas (*qualquer ordem*)	No laboratório (1) possível isolar relações funcionais simples, mas ao interpretar a maioria dos eventos fora do laboratório, devemos estar atentos à possibilidade de (2) .... efeitos em situações complexas.
Série 47 53.8	53.9 ← pág. 333
(1) respondente (reflexo) (2) operante	O objetivo de uma ciência do comportamento é ser capaz de (1) ...., (2) .... e (3) .... o comportamento dos organismos vivos.
Série 46 53.13	53.14 ← pág. 333
agressividade	Quando admitimos, mesmo só para nós próprios, apenas a menos punível das razões para o nosso comportamento estamos ....
Série 51 53.18	53.19 ← pág. 333
não é	Algumas vezes falamos de causa e efeito. Uma causa é uma variável (1) ...., e um efeito é uma variável (2) .... A relação é uma (3) .... ou (4) ....
Série 45 53.23	53.24 ← pág. 333

elicia 2.3	Como a criança saliva já na primeira vez que lhe pomos doce na boca, nós .... (podemos ou não podemos) atribuir esse reflexo à aprendizagem. 2.4 ← pág. 9
simultaneamente, ao mesmo tempo, juntos 2.8	O termo técnico para determinada espécie de aprendizagem é condicionamento. A palavra "doce" vem a eliciar salivação depois do.................. . 2.9 ← pág. 9
incondicionada 2.13	A salivação eliciada pelo doce na boca é uma resposta........................ . 2.14 ← pág. 9
não (já não) (não mais) 2.18	Quando um estímulo condicionado não mais elicia a resposta, se diz que o reflexo condicionado foi extinto. Se a palavra "doce" for repetidamente apresentada sozinha, o reflexo salivar condicionado será .... 2.19 ← pág. 9
extinção 2.23	Quando a mão de um homem toca uma superfície muito quente ou recebe um choque elétrico, a mão é retirada imediatamente. Como esse reflexo não foi estabelecido através de um condicionamento anterior, é um........... .... 2.24 ← pág. 9
campainha 2.28	Se a campainha tocar muitas vezes sem ser associada ao contato do objeto quente, haverá .... 2.29 ← pág. 9

(1) soma algébrica (2) oscilação	"Fazer reação" pode ser interpretado como comportamento que remove (1) .... que podem tornar o comportamento punível mais provável; pode também se interpretado como o comportamento que é (2)*** com comportamento punível.
Série 44 53.2	53.3
múltiplos, (vários, diversos)	No autocontrole, a resposta (1) .... geralment tem tanto consequências (2) .... como (3) ....
Série 44 53.7	53.8
(1) reduzidos (diminuídos) (2) frequente- mente (com maior frequência)	O espirrar que limpa as vias respiratórias superiore é comportamento (1) .... Entretanto, o espirr "imitado" de um menino que só o faz para "chatear" comportamento (2) ....
Série 50 53.12	53.13
(1) audiência não punitiva (2) extintas	Um homem que golpeia o adversário exibe ....
Série 52 53.17	53.18
(1) sintomas (de) corte (2) estímulos aversivos	Para eliminar comportamento indesejável, como o d um cachorro que arranha a porta,*** necessário usa controle aversivo.
Série 44 53.22	53.23
(1) múltiplos (vários, diversos) (2) múltiplos (vários, diversos)	**FIM DA SÉRIE**
Série 44 53.27	

PAINEL PARA A
SÉRIE 3   LEIA AGORA E CONSULTE QUANDO NECESSÁRIO

(A) Os reflexos condicionados foram descobertos por Pavlov, um fisiólogo russo.

(B) Coloca-se um cachorro em uma sala especial, isolado, onde não cheguem estímulos não controlados.

(C) Anestesia-se o animal e se abre uma pequena fístula nas vizinhanças do seu focinho, desviando-se o conduto da glândula salivar para o exterior da boca, onde permanece até a cicatrização. Um tubo preso na abertura da fístula leva a saliva secretada ao compartimento contíguo, onde o experimentador pode contar o número de gotas.

(D) Num experimento típico, toca-se várias vezes uma campainha. Depois que passa a pequena perturbação que o som causara no começo, o cachorro não saliva em resposta ao som. Chama-se ao som *estímulo neutro*, porque não elicia salivação.

(E) Quando se deixa cair ao lado pó de carne, o cachorro come o pó de carne e ocorre salivação. O pó de carne na boca do cachorro, é um *estímulo incondicionado*, e elicia uma *resposta incondicionada*, a salivação.

(F) A sequência comida na boca e salivação é um *reflexo incondicionado*.

(G) Em seguida, um estímulo novo, um som (estímulo neutro) é apresentado simultaneamente ou logo antes da comida.

(H) Os dois estímulos são apresentados juntos, ou associados dessa maneira, várias vezes.

(I) Agora, quando o som é apresentado sozinho elicia salivação.

(J) Diz-se que houve *condicionamento*. O som já não é um estímulo neutro, é um *estímulo condicionado*.

(K) Nesse *reflexo condicionado*, a salivação é a *resposta condicionada*, e o som, o *estímulo condicionado*.

(L) Se agora apresentarmos repetidamente o som, mas não o associarmos com a comida, ele perde o poder de eliciar salivação. Diz-se, então, que o reflexo condicionado foi *extinto*. O processo é chamado *extinção*.

Nas questões seguintes, as letras entre parênteses correspondem às letras acima.

a variável dependente (e) a variável independente **Série 42** 53.1	Quando um cachorro "fica nem muito perto, nem muito longe" de um objeto estranho, seu comportamento mostra (1) .... Quando se aproxima, salta para trás, se aproxima, etc., mostra (2).................... . 53.2
(1) condicionados (2) incompatível com **Série 48** 53.6	Uma palavra que "exprime múltiplos significados" controlada por*** estímulos. 53.7
transferência **Série 52** 53.11	Os efeitos dos estímulos condicionados aversivos são (1) .... pelo tomar álcool. Isto se revela quando o comportamento que automaticamente gera estímulos aversivos ocorre (2)*** sob o efeito do álcool. 53.12
analisar (isolar, estudar) **Série 43** 53.16	Um terapeuta tenta frequentemente modificar o comportamento do paciente, agindo como (1)*** e por isso as propriedades aversivas geradas pelo comportamento anteriormente punido podem ser (2) 53.17
generalização (de) estímulos **Série 52** 53.21	Diz-se que um homem está viciado com uma droga, se suspensão da droga produz (1) .... de .... que fornecem (2).............. .... 53.22
múltiplos **Série 43** 53.26	Um único evento pode ter (1) .... efeitos no comportamento, e eventos (2) .... podem ter um efeito comum. 53.27

SÉRIE 3	Parte I. Comportamento Reflexo REFLEXOS CONDICIONADOS Leia o painel da página anterior. Tempo provável: 15 minutos. **Vire a página e comece.** →
estímulo neutro 3.4	Em (E) o pó de carne é um estímulo incondicionado no sentido de que*** necessário condicionamento para que elicie a resposta. 3.5
simultaneamente (ao mesmo tempo, juntos) 3.9	Se, em vez do procedimento descrito em (G), o som *viesse depois* da comida, as condições requeridas para .... não estariam satisfeitas. 3.10
ausente 3.14	Em (J) se diz que houve condicionamento porque um estímulo antes neutro é agora capaz de .... a salivação. 3.15
condicionada 3.19	A resposta condicionada, a salivação, é eliciada pelo estímulo condicionado, o som. O som e a salivação eliciada constituem .... salivar 3.20
(1) condicionamento (2) extinção 3.24	No famoso experimento de Pavlov sobre o condicionamento, ... era a resposta incondicionada. 3.25
(1) associado (2) estímulo incondicionado 3.29	**FIM DA SÉRIE**

	Em uma relação funcional, há uma relação sistemátic observada entre*** e ***. 53.1
(1) não pode (2) não é **Série 49** 53.5	O autoconhecimento inadequado pode ser resultado d não termos sido (1) .... a observar certo as pecto de nosso comportamento, ou de nos termos empe nhado em comportamento que é (2)*** observar aquel aspecto do comportamento. 53.6
(1) reforçamento (condicionamento) (2) estímulos aversivos **Série 47** 53.10	Na psicoterapia o paciente às vezes manifesta intens amor ou ódio para com o terapeuta. Isto é algumas ve zes chamado 53.11
síndrome de ativação **Série 51** 53.15	Ao usar organismos simples com histórias controlada em ambientes simples, mantemos constantes muita variáveis a fim de .... uma variável efetiva d cada vez. 53.16
(1) respondente (2) operante **Série 46** 53.20	Transferência durante a psicoterapia pode ser interpre tada como exemplo de .... de 53.21
(1) controladora (2) controlada **Série 47** 53.25	Um único estímulo aversivo usado na punição elici respondentes, condiciona outros estímulos a eliciar es tes respondentes e torna possível o condicionamento d comportamento de esquiva. Este único estímulo aversi vo tem .... efeitos. 53.26

	A sala em (B) é construída de modo a .... os fatores que possam afetar os resultados do experimento. 3.1
não é, (não foi) 3.5	Em (E) a salivação eliciada pelo pó de carne é uma resposta incondicionada porque o pó de carne elicia salivação, mesmo que não tenha havido qualquer 3.6
condicionamento 3.10	Como está descrito em (G), o procedimento para condicionar um reflexo é associar um estímulo inicialmente (1) .... com um estímulo (2) .... repetidas vezes. 3.11
eliciar 3.15	Um estímulo previamente neutro adquire o poder de eliciar uma resposta através de um processo chamado 3.16
reflexo (salivar) condicionado 3.20	Em (L) o estímulo condicionado é, frequentemente, apresentado*** o estímulo incondicionado. 3.21
salivação 3.25	O processo de condicionamento foi descoberto por 3.26

SÉRIE 53

Revisão
VERIFICAÇÃO DAS PARTES XII-XIV
Tempo provável: 17 minutos.

Vire a página e comece. →

---

repressão

Série 48 53.4

Na racionalização, a pessoa (1)*** "dizer toda a verdade" mesmo a si própria. Racionalização (2)*** o mesmo que mentir.

53.5

---

(1) é
(2) múltiplos (vários, muitos)

Série 43 53.9

No assim chamado autocontrole, a resposta controladora é estabelecida através de (1) .... Geralmente isto acontece pela redução de (2)*** associados à resposta controlada.

53.10

---

(1) predizer
(2) controlar
(3) interpretar

Série 42 53.14

As disfunções corporais chamadas "psicossomáticas" resultam de uma prolongada eliciação das respostas características do***.

53.15

---

racionalizando

Série 49 53.19

Fazendo cócegas na garganta com uma pena, um homem pode regurgitar comida envenenada. A resposta controlada é (1) .... (tt) e a resposta controladora é (2) .... (tt).

53.20

---

(1) independente
(2) dependente
(3) relação funcional
(4) lei

Série 42 53.24

No autocontrole, a resposta (1) .... afeta as variáveis de modo a alterar a probabilidade da resposta (2) ....

53.25

333

evitar, (eliminar)	(C) Faz-se necessário para que se possa obter uma medida da .... da resposta.
3.1	3.2
condicionamento	Em (F) o reflexo incondicionado tem (1).................. componentes; uma (2)........................... incondicionada e um (3)....................................... incondicionado.
3.6	3.7
(1) neutro (2) incondicionado	Em (G), haverá muito pouco ou nenhum condicionamento se o som preceder a comida por mais de alguns segundos. O intervalo entre o estímulo a ser condicionado e o estímulo incondicionado deve ser bastante.............................
3.11	3.12
condicionamento	Em (K), diz-se que o som é um estímulo *condicionado* porque elicia a resposta depois de já ter havido algum.............................
3.16	3.17
sem (na ausência de)	Em (L) o reflexo condicionado foi extinto no sentido de que o estímulo condicionado foi frequentemente apresentado sem ser.....................com o estímulo incondicionado e, por isso, perdeu a propriedade de eliciar a resposta.
3.21	3.22
Pavlov	Um estímulo capaz de eliciar uma resposta sem que tenha havido condicionamento anterior é chamado (1)....... ....; um estímulo que só é capaz de eliciar uma resposta depois de ter havido condicionamento é chamado (2)..................... ....
3.26	13.27

pune	Uma pessoa pode ser incapaz de lembrar o comportamento punido passado, se a redução dos estímulos aversivos condicionados gerados pelas formas cobertas deste comportamento tem reforçado um comportamento (1) .... com ele. Este fenômeno é chamado (2) ....
52.3	52.4 ← pág. 328
extinção	No começo da psicoterapia, o paciente não pode lembrar as situações aversivas. Diz-se que estas memórias estão ....
52.8	52.9 ← pág. 328
punida	Um paciente "bloqueia" ou "opõe resistência", quando repentinamente (1) .... de falar, porque está par[a] emitir um comportamento verbal (2) ....
52.13	52.14 ← pág. 328
é de	Uma possibilidade é que as respostas que parecem ser recordações de experiências da infância sejam, em parte condicionadas pelo interesse atento do terapeuta em tais respostas. O terapeuta pode acidentalmente .... descrições de uma espécie particular de experiências.
52.18	52.19 ← pág. 328
generalização (de) estímulos	Um paciente pode manifestar intenso "amor" ou "ódio" para com o seu terapeuta. Na medida em que isto deva a que o terapeuta se pareça com pais, parentes ou outras pessoas, é um exemplo de generalização. Isto é algumas vezes chamado ....
52.23	52.24 ← pág. 328
(1) audiência não punitiva (2) ambiente (3) o corpo (fisiologia)	**FIM DA SÉRIE**
52.28	

332

magnitude (quantidade)	Em (D) "estímulo neutro" quer dizer um som que*** salivação antes do condicionamento.
3.2	3.3
(1) dois (2) resposta (3) estímulo	Quando um estímulo elicia uma resposta sem que haja condicionamento anterior, diz-se que essa sequência é um.................... .
3.7	3.8
curto (pequeno, breve)	Um aspecto importante do processo de condicionamento é o .... entre a apresentação do estímulo inicialmente neutro e do estímulo incondicionado.
3.12	3.13
condicionamento	Antes do condicionamento, o som era um estímulo (1) ....; depois do condicionamento o som se tornou um estímulo (2) ....
3.17	3.18
associado	No processo de extinção, o .... é apresentado sozinho.
3.22	3.23
(1) estímulo incondicionado (2) estímulo condicionado	A resposta eliciada por um estímulo condicionado é uma (1).................... ....; a resposta eliciada por um estímulo incondicionado é uma (2)...................... ....
3.27	3.28

aversivos condicionados	A maioria dos ouvintes .... as respostas verbais que consideram imorais, injustas, etc.
52.2	**52.3**
punitiva (punidora)	Como audiência não punitiva, o terapeuta arranja condições sob as quais os estímulos gerados por falar a respeito do comportamento punido perde suas propriedades aversivas através da ....
52.7	**52.8**
extinguem	O paciente pode parar de falar de repente e demonstra sinais de ansiedade (isto é, pode ficar "bloqueado" o exibir "resistência"). Isto ocorre provavelmente quando está para ocorrer uma resposta que foi severamente .... e, por isso, fortemente reprimida.
52.12	**52.13**
reforçar	Muitas respostas tornam-se reprimidas muito cedo na infância. Quando estas são recordadas pelo paciente, ansiedade dessas lembranças*** difícil verificação.
52.17	**52.18**
generalização	Um intenso comportamento emocional pode ser evocado por um terapeuta, se ele se parece de algum modo com gente a respeito das quais as nossas emoções foram condicionadas. Isto algumas vezes é chamado transferência. Ilustra a .... de ....
52.22	**52.23**
modificando (alterando)	Um terapeuta frequentemente tenta modificar o comportamento de seus pacientes, agindo como uma (1)*** Pode também modificar o (2) ...., em que o paciente vive, e pode modificar (3) .... da pessoa com drogas, cirurgia ou tratamento de choque.
52.27	**52.28**

não elicia (não provoca) 3.3	Como o som não tem nenhum efeito sobre a salivação antes do condicionamento, é um***. 3.4 ← pág. 15
reflexo incondicionado 3.8	De acordo com (G), só haverá condicionamento quando dois estímulos ocorrerem***. 3.9 ← pág. 15
(tempo intervalo) 3.13	A existência de um reflexo condicionado é ocasionalmente testada como em (I). É essencial que nessas verificações o estímulo incondicionado, comida, esteja***. 3.14 ← pág. 15
(1) neutro (2) condicionado 3.18	O som elicia salivação como uma resposta.................... 3.19 ← pág. 15
estímulo condicionado 3.23	Um estímulo neutro é capaz de eliciar uma resposta depois de ter havido (1).......................... Perde essa propriedade depois de ter havido (2) .... 3.24 ← pág. 15
(1) resposta condicionada (2) resposta incondicionada 3.28	Para se condicionar um reflexo, o estímulo neutro é (1) .... a um (2)................. .... 3.29 ← pág. 15

pune **52.1**	Se uma criança for severamente punida por brincadeira sexual, os estímulos associados a este comportamento tornam-se estímulos **52.2**
punição (estímulos aversivos) **52.6**	O psicanalista pode ouvir as "associações livres" de um paciente durante horas e nunca demonstrar desprazer ou "choque" diante de qualquer coisa que o paciente diga. O terapeuta está agindo como uma audiência não **52.7**
não punitiva (não punidora) **52.11**	À medida que mais e mais comportamentos puníveis são emitidos e não punidos, os estímulos condicionados aversivos se **52.12**
reprimido **52.16**	O terapeuta pode demonstrar particular interesse quando o paciente fala de suas experiências emocionais. Isto é provavelmente para .... (tt) o falar ao terapeuta sobre experiências emocionais. **52.17**
generalização **52.21**	Podemos imediatamente simpatizar ou antipatizar com um estranho, porque se parece com alguém que conhecemos. Isto é .... de estímulos. **52.22**
mudar (controlar, alterar, manipular) **52.26**	Alguns terapeutas podem usar drogas, choques eletroconvulsivos ou cirurgia. Esses terapeutas tentam modificar o comportamento, ... o corpo. **52.27**

PAINEL PARA A
SÉRIE 4

LEIA AGORA E CONSULTE QUANDO NECESSÁRIO

Experimento 1 — Pavlov colocou um cachorro numa situação experimental típica. Com a repetição do *condicionamento*, o som tocava durante 5 segundos, e aproximadamente 2 segundos depois dava-se ao cachorro comida em pó. Essa associação do som com o pó de carne foi repetida a intervalos variáveis de 5 a 35 minutos. O intervalo em minutos que separava uma tentativa de outra era sorteado ao acaso. Houve ao todo 50 tentativas. As tentativas 1.ª, 10.ª, 20.ª, 30.ª, 40.ª e 50.ª foram de *verificação*, isto é, o som tocava por 30 segundos e *não* se dava o pó de carne.

I Tentativa n.º (só o som)	II N.º de gotas de salivação	III Tempo entre o começo do som e a salivação (em segundos)
1	0	–
10	6	18
20	20	9
30	60	2
40	62	1
50	59	2

Experimento 2 — (*Não leia o Experimento 2 antes de ser instruído para fazê-lo*). Um cachorro foi condicionado a salivar diante de um metrônomo regulado para bater 104 vezes por minuto. Tentativas intercaladas (com o metrônomo batendo durante 30 segundos e sem ser seguido pelo pó de carne) eliciaram aproximadamente 10 gotas de saliva cada uma. O metrônomo foi então apresentado em tentativas posteriores durante 30 segundos sem se associar com o pó de carne. (Deixou-se passar entre uma tentativa e outra o tempo suficiente para evitar fadiga.) Os resultados dessas séries de ensaios sucessivos *sem* comida são apresentados na tabela a seguir:

I Tentativa n.º	II N.º de gotas de salivação	III Latência
1	10	3
2	7	7
3	8	5
4	5	4
5	7	5
6	4	9
7	3	13
8	0	–
9	0	–

	Se uma pessoa diz publicamente que odeia o pai, muit gente fica "chocada" ou de alguma maneira .... (tt) a resposta.
	52.1
não podem	Se um comportamento incompletamente reprimido fo emitido, será outra vez acompanhado de .... se a mesma ou uma similar audiência estiver presente
52.5	52.6
pouco (menos)	À medida que a associação livre continua, o paciente pod dizer coisas ou agir de maneira punível (por exemplo, ma nifestar emoções violentas). Para extinguir respostas ac estímulos aversivos gerados por esse comportamento, o te rapeuta deve permanecer uma audiência ....
52.10	52.11
(1) extintos (2) resistência	Quando um paciente mostra resistência, o terapeut pode usar vários procedimentos destinados a induzir paciente a emitir o comportamento que continua a se .... e que causa resistência.
52.15	52.16
reforçar (condicionar)	Emitir a mesma resposta a dois estímulos diferente mas similares, apenas um dos quais esteve present durante o condicionamento anterior, é um exemplo de .... de estímulos.
52.20	52.21
estímulos aversivos condicionados	Além de prover uma audiência não punitiva, o terapeu ta pode recomendar mudança do emprego, consegui um desquite, etc. Está tentando .... as con tingências do ambiente.
52.25	52.26

SÉRIE 4

Parte I. Comportamento Reflexo
OS EXPERIMENTOS DE PAVLOV

Leia o painel da página anterior.
Tempo provável: 12 minutos.

Vire a página e comece. →

---

anterior,
(antecipado,
associado,
apresentado 2"
antes)

4.4

Na tentativa 10 (tentativa de *"verificação"*), o som*** seguido pela comida.

4.5

---

(1) som
(2) resposta
condicionada

4.9

Experimento 1. As magnitudes da resposta condicionada se encontram na coluna ....

4.10

---

resposta
condicionada

4.14

Se o experimento tivesse continuado até a tentativa 60, a magnitude da resposta condicionada iria estar, provavelmente, nas vizinhanças de .... gotas. (Número redondo.)

4.15

---

mínimo

4.19

Experimento 1. Conclusão: À medida que aumenta o número de associações dos estímulos condicionados e incondicionados, a latência do reflexo condicionado (1) .... e a magnitude da resposta condicionada (2) .... até que ambas atinjam um limite.

4.20

---

condicionado

4.24

Quando um estímulo condicionado é repetidamente apresentado sozinho, a magnitude da resposta condicionada (1) .... e a latência do reflexo (2) ....

4.25

---

(1) condicionamento
(2) extinção

4.29

FIM DA SÉRIE

SÉRIE **52**

Parte XIV. Interpretação da Personalidade
PSICOTERAPIA
Tempo provável: 11 minutos.

Vire a página e comece. →

---

(1) incompatível
(2) repressão

52.4

Desde que o comportamento reprimido não é frequentemente emitido, os estímulos condicionados aversivos ***sofrer extinção.

52.5

---

reprimidas

52.9

Do ponto de vista do paciente, o terapeuta é de início uma audiência como qualquer outra. O paciente emite, portanto, muito .... comportamento punível.

52.10

---

(1) para
(2) punível

52.14

Quando o comportamento reprimido é emitido, na terapia, os estímulos aversivos condicionados podem ser (1) ....; mas quando uma resposta particularmente punível está para ocorrer, o paciente "bloqueia" ou opõe (2) .... (isto é, ser incapaz de continuar a relembrar experiências).

52.15

---

reforçar

52.19

Um terapeuta que tem uma teoria de que as tendências incestuosas são a base de muitas neuroses pode mostrar especial interesse por qualquer referência emocional a pais, irmãos, ou filhos, e por isso inadvertidamente .... esta classe de respostas verbais.

52.20

---

transferência

52.24

Muitas diferentes formas de psicoterapia têm em comum a criação de uma audiência não punitiva que extingue os .... gerados pelos primeiros estágios do comportamento que tem sido punido.

52.25

328

No Experimento 1, o pó de carne é............................ .... para a salivação.

4.1

---

não é, (não foi)	Na tentativa 10, o............... .... inicialmente foi apresentado sozinho.
4.5	4.6

II	Experimento 1. A Coluna III apresenta..................... do reflexo condicionado (tt).
4.10	4.11

60 (59-62)	Nas primeiras tentativas de condicionamento, enquanto as magnitudes das respostas condicionadas estão aumentando, as latências do reflexo condicionado vão...............
4.15	4.16

(1) diminui (2) aumenta	(Leia o Experimento 2 e consulte-o quando necessário.) Experimento 2: O termo técnico para os dados da coluna II é (1).............................. da resposta condicionada, e para os da coluna III, (2)...
4.20	4.21

(1) diminui, (decresce) (2) aumenta	Experimento 2. Depois de repetidas apresentações do estímulo condicionado sozinho, a.............. ....não mais ocorre. (tt)
4.25	4.26

não toma (não tem) **51.3**	Quando a conversação ordinária gera estímulos aversivos condicionados, o "retraimento" é .... pela redução desses estímulos. **51.4** ← pág. 323
esquiva **51.8**	Depor um ditador sanguinário é semelhante a matar um mosquito. Ambas são formas de .... agressão **51.19** ← pág. 323
contra-agressão **51.13**	A critica B. B, por sua vez, critica A (contra-agressão) A, para se defender, deixa de criticar B. As críticas de B a A foram .... reforçadas. **51.14** ← pág. 323
não tem (tem menos, perde o) **51.18**	Muitas das perturbações assim chamadas "psicossomáticas" são disfunções corporais resultantes da eliciação prolongada das respostas características do*** **51.19** ← pág. 323
"fazer reação" **51.23**	Enquanto preocupada em combater certo tipo de comportamento pecaminoso, a pessoa*** a sua probabilidade de emitir este comportamento. **51.24** ← pág. 323
(1) incompatível (2) S^Ds (estímulos) **51.28**	Numa peça de teatro, um jovem é perseguido como homossexual por um bedel da escola que eventualmente se revela um homossexual latente. A perseguição do bedel ao jovem pode ilustrar o "***". **51.29** ← pág. 323

estímulo incondicionado 4.1	Experimento 1. Em termos técnicos, se diz que na Coluna II estão registradas...............da resposta em cada tentativa. 4.2
estímulo neutro 4.6	Experimento 1. A Coluna II mostra que na 10.ª tentativa houve (1).................... gotas de saliva. Isso é uma prova que o som já é um (2)................ .... 4.7
latências 4.11	A magnitude da resposta condicionada................ sensivelmente à medida que aumenta o número de tentativas de condicionamento, até mais ou menos a tentativa 30.ª. 4.12
decrescendo 4.16	Nas tentativas 30, 40 e 50, a latência da resposta condicionada permanece essencialmente a mesma, flutuando ligeiramente entre .... e .... segundos. 4.17
(1) magnitude (2) latência 4.21	Experimento 2. Antes da coleta desses dados, já tinha havido 4.22
resposta condicionada 4.26	Experimento 2. Quando o estímulo condicionado é repetidamente apresentado sozinho, o reflexo condicionado sofre .... (tt) 4.27

esquiva	Algumas vezes descrevemos alguém como "fechado" "retraído", e este alguém*** parte ativa nas interações sociais.
51.2	51.3
esquivar-se	Fumigar um quarto para matar pernilongos pode ser chamado uma forma de contra-agressão. Previnem-se os estímulos aversivos atacando o organismo que os gera. Nesse caso, a contra-agressão é um exemplo de comportamento de ....
51.7	51.8
agressivamente	Uma pessoa que, quando criticada, critica por sua vez, mostra ....
51.12	51.13
é (fica)	Um indivíduo em estado de ansiedade*** interesse em sexo, alimento, arte, etc.
51.17	51.18
sintomas de corte	Nos assim chamados comportamentos de "fazer uma reação" uma pessoa se empenha num comportamento que é incompatível com (ou senão desloca ou enfraquece) o comportamento que tem consequências tanto reforçadoras como aversivas. A ação de um ex-libertino ao empreender cruzadas contra o pecado pode exemplificar o ....
51.22	51.23
(1) eliminando (2) diminuindo (reduzindo)	Fazer uma reação pode ser interpretado tanto como um comportamento que é (1)*** com o comportamento punível, como um comportamento que remove (2) .... , que tornam o comportamento punível mais provável.
51.27	51.28

magnitudes	Experimento 1. O zero na Coluna II para a primeira tentativa é uma prova de que o som é .... nessa tentativa.
4.2	4.3
(1) seis (2) estímulo condicionado	Entre as tentativas 1 e 10, o estímulo neutro deve ter começado a eliciar salivação. Tornou-se um estímulo................ .
4.7	4.8
aumenta	Nas tentativas 30, 40 e 50, a magnitude da resposta condicionada permanece essencialmente constante, flutuando ligeiramente entre um limite inferior de (1)............. gotas e um superior de (2)................. gotas.
4.12	4.13
1 (e) 2	Se o experimento tivesse continuado até a 60.ª tentativa, é mais provável que a latência permanecesse entre............. e .... segundos.
4.17	4.18
condicionamento	Experimento 2. As 10 gotas de saliva registradas para a primeira tentativa na tabela demonstram que o tique-taque do metrônomo é................. ....
4.22	4.23
extinção	À medida que aumenta o número de vezes em que o estímulo condicionado é apresentado sozinho, a latência do reflexo condicionado (1)............................. e a magnitude da resposta condicionada (2)................. até que a (3).................... se complete.
4.27	4.28

24

interpretada **51.1**	Interpretamos um sistema neurótico, quando dizemos qu[e] o comportamento do ermitão é uma forma de .... porque reduz estímulos aversivos ministrados pel[a] sociedade. **51.2**
reforçado (condicionado) **51.6**	Um homem fumiga um quarto para matar os pernilongo[s] e para .... de ser picado. **51.7**
(1) positivos (2) negativos **51.11**	A pessoa agressiva, embora frequentemente reforçad[a] gera condições em que os outros são reforçados por ag[ir] .... em relação a ela. **51.12**
incompatíveis **51.16**	O uso abusivo do controle aversivo resulta em uma sí[n]drome de ativação crônico (isto é, mais ou menos cont[í]nuo) com o resultado de que o funcionamento normal d[o] corpo *** continuamente interrompido. **51.17**
reforçado **51.21**	A redução dos estímulos aversivos de "culpa" pode con[]tribuir para o uso precoce de álcool e de outras droga[s] mas depois de uso frequente, a droga continua a ser t[o]mada por causa dos*** que de outro modo ocorreriam. **51.22**
(1) pouco provável (2) estímulos (S^Ds) **51.26**	Uma pessoa pode controlar a sua própria tendência a be[]ber, censurando virtuosamente as pessoas que oferecer[] bebidas. Ao fazer isso, está (1) .... S^Ds para seu próprio beber e (2) .... a probabilidade d[e] que ele venha a empenhar-se em comportamento do qua[l] recebe estímulos aversivos. **51.27**
aversivas **51.31**	**FIM DA SÉRIE**

estímulo neutro 4.3	Nas tentativas de 2 a 9 o som é*** à comida. 4.4 ← pág. 21
condicionado 4.8	Experimento 1. Nas tentativas, 10, 20, 30, 40 e 50, o (1) *** é um estímulo condicionado, eliciando salivação; nessas tentativas, a salivação é chamada (2)***. 4.9 ← pág. 21
(1) 59 (2) 62 4.13	Depois da 30.ª tentativa, não há aumento apreciável na magnitude da ....(tt) 4.14 ← pág. 21
(e) 2 4.18	Quando a magnitude da resposta atinge o máximo, a latência atingiu essencialmente o............................ 4.19 ← pág. 21
estímulo condicionado 4.23	Experimento 2. Quando os dados da tabela foram coligidos, apenas se apresentava o estímulo .... 4.24 ← pág. 21
(1) aumenta (2) diminui (3) extinção 4.28	O *Experimento* 1 acompanha o curso do processo de (1).....................e o *Esperimento* 2 acompanha o curso do processo de (2).............................. . 4.29 ← pág. 21

25

	Embora certas condições possam ser complexas demais para um controle ou predição exatos, uma variedade de comportamentos da vida diária pode até certo ponto ser .... em termos de suas possíveis causas.
→	
	51.1
mais	Alguém que abandone a crença no inferno escapa dos estímulos aversivos do "medo da danação", e o comportamento cético é por isso ....
51.5	51.6
contra-agressão (agressão)	Uma pessoa agressiva é frequentemente reforçada quando coage os outros quer a produzir reforçadores (1) .... quer a deixar de usar reforçadores (2) ....
51.10	51.11
síndrome (de) ativação	A síndrome de ativação pode ser útil, quando se exigem esforços extremos, mas as respostas são comumente .... com o funcionamento normal tranquilo do corpo.
51.15	51.16
aversivos	Em uma pessoa que tem sido severamente punida, qualquer retorno do resultante comportamento reprimido gerará estímulos aversivos condicionados, frequentemente chamados "culpa". Tomar álcool pode ser .... (t) por uma redução desses estímulos aversivos.
51.20	51.21
estímulos (S^Ds)	Ao fazer uma reação, uma pessoa controla a tendência de beber fazendo campanhas contra o álcool com grande zelo. Enquanto faz isto, é (1)*** que beba e, se a campanha for bem-sucedida, terá eliminado os (2) .... para beber.
51.25	51.26
esquiva (evita)	Em geral, muitos tipos de comportamento que em suas formas extremas caracterizam neuroses são condicionados como infelizes subprodutos de contingências ....
51.30	51.31

	Parte I. Comportamento Reflexo
SÉRIE **5**	REFLEXOS CONDICIONADOS → (continuação)
	Tempo provável: 26 minutos.
	Vire a página e comece. →

resposta incondicionada	Algumas vezes "cura-se" uma pessoa do hábito de tomar bebida alcoólica acrescentando-se à bebida uma substância química que elicia vômitos. Depois do condicionamento, a bebida torna-se .... para vomitar.
5.8	5.9
extinto	Quando o som elicia salivação, então *salivar* é ...., ...
5.17	5.18
dolorosos	A pressão sanguínea aumenta na presença de estímulos dolorosos e "assustadores". Durante o "medo" há .... na pressão do sangue.
5.26	5.27
respostas condicionadas	Se você for castigado ao dizer mentiras, os estímulos gerados pelo "dizer mentiras" tornam-se estímulos................ para respostas semelhantes àquelas do medo e ansiedade.
5.35	5.36
extinção	Uma criança que gagueja pode ser objeto do riso de outras crianças ou de ralhos de adultos irresponsáveis. Ouvir-se a si mesma gaguejar torna-se então um estímulo .... que elicia ansiedade.
5.44	5.45
(1) estímulos condicionados (2) respostas condicionadas	Uma maneira de evitar respostas condicionadas indesejáveis é condicionar respostas incompatíveis ao mesmo estímulo. Um livro de gravuras divertidas no consultório do dentista pode eliciar respostas................ com o medo.
5.53	5.54

SÉRIE **51**	Parte XIV. Interpretação da Personalidade AGRESSIVIDADE, FORMAÇÃO DE "REAÇÃO" E RETRAIMENTO Tempo provável: 11 minutos.
	Vire a página e comece. →
reforçado 51.4	A deserção no exército é prevenida principalmente po[r] se fazer as consequências da deserção *** aversivas d[o] que as consequências do serviço militar. 51.5
contra- 51.9	O ditador sanguinário domina a revolta se puder. Ao fa[-]zê-lo, exibe .... em relação aos revolucionário[s] 51.10
negativamente 51.14	Os estímulos aversivos não são apenas uma condiçã[o] para reforço dos comportamentos de fuga e esquiva; el[i-]ciam um grupo de reflexos que constitui o .... de 51.15
síndrome (de) ativação 51.19	O álcool, a morfina, a cocaína e outras certas droga[s] reduzem os efeitos dos estímulos 51.20
diminui (reduz) 51.24	No fazer uma reação, a pessoa que deixou de fumar pod[e] insistir em que os outros em torno dela não fumem. Ist[o] é autocontrole através da eliminação de .... que aumentam a probabilidade de que ele próprio fume[.] 51.25
"fazer reação" 51.29	O comportamento extremamente contido de uma pesso[a] meticulosa ou "inibida" pode ser o resultado de control[e] aversivo. A pessoa meticulosa .... as conse[-]quências de certas espécies de comportamento punível[.] 51.30

	Um objeto que toque o olho é um estímulo (1)................ que (2)................. a resposta incondicionada de piscar. 5.1
estímulo condicionado 5.9	No experimento de Pavlov, o som não eliciava normalmente salivação na primeira apresentação. O som era*** antes do condicionamento. 5.10
resposta condicionada 5.18	Choques elétricos, um som alto inesperado, e outros estímulos dolorosos ou "assustadores" eliciam a transpiração. Uma pessoa muito "assustada" chega a............................... frio. 5.19
aumento 5.27	No "medo" ou na "raiva" observam-se muitos reflexos diferentes ao mesmo tempo. Nos estados emocionais, muitas respostas são...................... por um só estímulo. 5.28
condicionados 5.36	Os estímulos das respostas que ocorrem no medo ou na ansiedade associam-se ao mentir quando este é punido. Mentir gera estímulos que adquirem o poder de eliciar as respostas condicionadas que ocorrem no (1)............................... . 5.37
condicionado 5.45	Quando já não se ralha com a criança que gagueja, sua ansiedade***. 5.46
incompatíveis 5.54	O consultório do dentista proporciona estímulos condicionados para o medo. Esse consultório pode também proporcionar................. condicionados e incondicionados para respostas emocionais favoráveis. 5.55

(1) aversivas (2) emocional (ansioso, triste) 50.3	Quando um chofer de caminhão evita cair no sono e sair da estrada bebendo café forte, este beber café exemplifica comportamento de .... 50.4 ← pág. 318
maior (aumento do) 50.8	Respostas verbais obscenas e blasfêmias são comuns no comportamento de gente embriagada. Sob a influência do álcool é mais provável que um homem se empenhe em formas de comportamento comumente .... (tt) pela sociedade. 50.9 ← pág. 318
(1) negativamente (2) positivamente 50.13	De um homem que se empenha frequentemente em comportamento positivamente reforçado se diz que tem um hábito. Assim, de um homem que vê muito televisão se diz que tem o .... da televisão. 50.14 ← pág. 318
sintomas de corte 50.18	Diz-se que uma droga "vicia" não porque seja tão altamente reforçadora, que é repetidamente usada, mas por que a sua suspensão depois de uso continuado gera (1) .... de .... que na qualidade de (2) .... funcionam como reforça- dores negativos para tomar a droga. 50.19 ← pág. 318
não podemos (não se pode) 50.23	Para deixar o fumo, algumas pessoas reduzem o fumar aos poucos, cortando alguns cigarros por dia. Isto dá resultado, pois evita os *** (mas é geralmente, por outras razões, má técnica). 50.24 ← pág. 318

(1) incondicionado (2) elicia 5.1	Um estímulo neutro repetidamente associado a um estímulo incondicionado torna-se rapidamente capaz de, sozinho, eliciar a resposta. Houve................................. 5.2
estímulo neutro 5.10	O estímulo incondicionado, comida, eliciará salivação. A salivação é então chamada................ .... 5.11
suar 5.19	Um aumento da temperatura é um estímulo (1).............. do aumento da transpiração; da mesma maneira, um estímulo doloroso é um estímulo (2)................ da transpiração. 5.20
eliciadas 5.28	Muitos reflexos ocorrem ao mesmo tempo em um estado 5.29
medo (ansiedade) 5.37	O "detector de mentiras" registra algumas das respostas reflexas que ocorrem no medo (ex., resposta galvânica, modificação do ritmo respiratório). Ao "detectar uma mentira", o instrumento mede respostas que se tornaram.............. através da associação de mentir e castigo. 5.38
extingue-se (desaparece) 5.46	Quando não se ralha mais com o gago, mas o encorajamos a falar frequentemente, os reflexos contidos no estado de ansiedade são................................(tt). 5.47
estímulos 5.55	As "fitas tristes" do cinema fazem uso de estímulos anteriormente .... para eliciar lágrimas e outras respostas emocionais típicas dos estados de tristeza. 5.56

positivo	"Afogar as mágoas" refere-se ao uso de álcool para escapar de propriedades (1) .... de um estado (2) ....
50.2	50.3
poderá (poderia)	Se a cafeína e o álcool têm efeitos opostos (isto é, são antagônicos) e se o álcool diminui a ansiedade, poder-se-ia interpretar a insônia e os "nervos" cansados pelo café como atribuíveis em parte ao .... controle exercido pelos estímulos aversivos.
50.7	50.8
maior frequência (mais facilidade)	O álcool diminui os estímulos aversivos característicos da ansiedade. Diz-se pois que o beber é (1) .... reforçado. Tomar uma droga que produz um estado de bem-estar acima do normal (*euforia*) é (2) .... reforçado.
50.12	50.13
estímulos aversivos (reforçadores negativos)	Muitas pessoas, que têm o hábito do cafezinho logo que acordam, têm dor de cabeça se não tomam café numa dada manhã. Esses tomadores de café apresentam** (tt), quando ficam sem o café da manhã.
50.17	50.18
vício	Tomar álcool ou morfina pela *primeira vez* pode ser seguido por um estado de euforia e pela fuga dos estímulos aversivos ordinários. Só desses fatos, entretanto, *** estar seguros de que esta droga leve ao vício.
50.22	50.23
(1) sintomas de corte (2) viciada	**FIM DA SÉRIE**
50.27	

condicionamento **5.2**	Se uma campainha tocar sempre uma fração de segundo antes que algo toque no olho, a campainha pode tornar-se (1).. ; em outras palavras a campainha pode (2).....................a piscada. **5.3**
resposta incondicionada **5.11**	Quando o som e a comida são repetidamente associados, há......................de um reflexo salivar. **5.12**
(1) incondicionado (2) incondicionado **5.20**	Usa-se um instrumento especial (um galvanômetro) para medir a resistência da pele à passagem da corrente elétrica. A transpiração diminui esta resistência da pele. Isto pode ser registrado por....................................... **5.21**
emocional **5.29**	Um estímulo doloroso (1) .... um conjunto de respostas nos estados de "medo" ou "raiva". O estímulo doloroso é (2)................. .... neste conjunto de reflexos. **5.30**
condicionadas **5.38**	Seria bem-sucedida a utilização de um "detector de mentiras" com uma pessoa de uma formação em que a mentira nunca fosse punida? **5.39**
extintos **5.47**	Qualquer forma de energia física que é suficiente para causar uma parcela do comportamento sem condicionamento anterior é chamada................... .... **5.48**
condicionados **5.56**	Quando se elimina o medo que uma criança tem de animais de pelo, aproximando-a gradativamente de animais peludos inofensivos, diz-se que o medo da criança se........................(tt). **5.57**

negativo	O "gostinho bom do café", ao contrário do "reanimar", é uma propriedade de estímulo que é um reforçado .... para beber café.
50.1	**50.2**
têm	Do uso do café forte para manter acordado um homem embriagado, prediríamos (corretamente) que uma injeção de sulfato de cafeína, uma droga que se encontra no café, *** reverter o processo de "desmaiar" por excesso de álcool.
50.6	**50.7**
(1) estímulos aversivos (2) é (pode ser)	Pode-se observar que o álcool reduz o efeito de estímulos condicionados aversivos, quando o comportamento que gera automaticamente estímulos aversivos ocorre com *** sob a influência do álcool.
50.11	**50.12**
"corte"	Os sintomas de corte fornecem .... que exercem controle poderoso sobre o comportamento de tomar droga.
50.16	**50.17**
viciado	O "hábito da televisão" não produz sintomas de corte verdadeiro. Por isso, neste sentido, não pode ser chamado um ***.
50.21	**50.22**
não são	Só fumar "de vez em quando" significa que o deixar de fumar não produz fortes (1) *** e que a pessoa não está (2) ....
50.26	**50.27**

(1) estímulo condicionado (2) eliciar 5.3	Depois do condicionamento, a campainha sozinha elicia a piscada. A piscada é ...., que é similar (mas não idêntica) à piscada eliciada pelo "tocar no olho". 5.4
condicionamento 5.12	Durante o condicionamento, o estímulo neutro (som) adquire o poder de (1)................ salivação. A salivação eliciada pelo som é chamada de (2)............................ 5.13
galvanômetro 5.21	Diz-se que uma queda brusca de resistência elétrica da pele é um *reflexo galvânico da pele* (GSR). Quando um estímulo doloroso produz este efeito temos .... incondicionado. 5.22
(1) elicia (2) estímulo incondicionado 5.30	Os estados emocionais de "medo" e "raiva" são assinalados por muitos reflexos (ex.: suor, contração dos vasos sanguíneos, cabelos em pé ou arrepios). Muitas respostas são eliciadas pelas condições que geram estados 5.31
não 5.39	Ouvir nomes feios pode eliciar uma resposta galvânica fraca, etc. Isto sugere que essas palavras são...................... condicionados de algumas das respostas reflexas que fazem parte do medo ou ansiedade. 5.40
estímulo incondicionado 5.48	O processo pelo qual um estímulo condicionado perde a propriedade de eliciar a resposta chama-se 5.49
extinguiu 5.57	Uma criança pequena tem medo de animais peludos. Durante as refeições da criança um animal é trazido cada vez mais perto. Enquanto a criança aprecia a comida (um estímulo incondicionado), condicionam-se respostas que são...................... com o medo. 5.58

→	Um homem que toma uma xícara de café "para se reanimar" reduz as propriedades aversivas da fadiga, d "estar deprimido", etc., e beber café é reforçado por ur reforçador ....

50.1 |
| estímulos aversivos (condicionados)

50.5 | Tomar café-preto e forte para evitar cair no sono depo de beber muito álcool sugere que as drogas, álcool e ca feína, *** efeitos opostos sobre o comportamento.

50.6 |
| redução (diminuição)

50.10 | O alcoolismo pode ser devido em parte ao efeito dest droga na diminuição dos efeitos dos (1) .... O alcoolismo é uma forma de "neurose que (2) *** o resultado de severa punição ou outra contingências de esquiva.

50.11 |
| reforçado

50.15 | Os efeitos aversivos da suspensão da droga, depois de el ter sido repetidamente tomada, são chamados sintoma de "corte". O uso ulterior da droga é reforçado em part pela esquiva ou escape dos tais sintomas de ....

50.16 |
| escape (alívio)

50.20 | Um tomador de café, que sofra de dores de cabeça, s perde o café da manhã, está .... com a cafeína

50.21 |
| sintomas de corte

50.25 | Os efeitos reforçadores da cafeína, álcool e morfina n produzir euforia *** dependentes do estar viciado.

50.26 |
| | |

319

resposta condicionada 5.4	No reflexo condicionado "piscada do olho" que acabamos de descrever, o soar da campainha torna-se................. .... 5.5
(1) eliciar (2) resposta condicionada 5.13	Para que haja condicionamento, o som deve coincidir com a apresentação da comida, ou*** de um intervalo muito pequeno. 5.14
reflexo galvânico 5.22	Um estímulo doloroso elicia uma resposta galvânica (GSR). Essa sequência de eventos (o estímulo e a resposta) é chamada...................... .... 5.23
emocionais 5.31	Uma criança que sofre dores no dentista ficará com medo de voltar mais tarde ao dentista. Através do condicionamento, o consultório do dentista torna-se .... para o comportamento reflexo do medo. 5.32
estímulos 5.40	Quando o jornal identifica a cor de uma pessoa que cometeu um crime particularmente odioso, a cor apontada pode tornar-se ...., que eliciará as respostas emocionais produzidas por outras partes da reportagem do crime. 5.41
extinção 5.49	Depois do condicionamento, a resposta eliciada por um estímulo anteriormente neutro é 5.50
incompatíveis 5.58	Num experimento, algumas pessoas aprenderam a "gostar" de música moderna, ouvindo-a enquanto comiam. A música tornou-se (1)............................ e a comida foi (2)........................ para as respostas reflexas que caracterizam o "prazer". 5.59

SÉRIE **50**

Parte XIV. Interpretação da Personalidade
VÍCIO DE DROGAS
Tempo provável: 11 minutos.

Vire a página e comece. →

---

esquiva	Diz-se frequentemente que o álcool reduz os sentimentos de culpa. Em linguagem técnica, reduz o efeito do .... gerados pelo comportamento anteriormente punido.
50.4	50.5
punidas	Animais de laboratório, que normalmente recusam álcool, bebem álcool em situação em que o comportamento reforçado também é punido. Podem então emitir o comportamento punido, sugerindo .... na eficácia dos estímulos aversivos.
50.9	50.10
hábito	Dizer que um homem tem o "hábito da morfina" significa mais que dizer que ele frequentemente toma a droga. Depois do uso repetido, a interrupção da morfina gera uma condição extremamente aversiva. Uso ulterior da droga será fortemente .... pelo escape desta condição.
50.14	50.15
(1) sintomas (de) corte (2) estímulos aversivos	Diz-se que um homem é *viciado* em uma droga se a suspensão da droga produz sintomas de corte. O comportamento do viciado de tomar uma droga é fortemente reforçado pelo .... dos sintomas de corte.
50.19	50.20
sintomas de corte	Quem fuma "um cigarro atrás do outro" esquiva os *** não dando tempo de aparecerem.
50.24	50.25

318

estímulo condicionado 5.5	Se a campainha tocar muitas vezes sem que nada toque no olho, o reflexo condicionado de piscar o olho será .... (tt). 5.6
precedê-la (antecedê-la) 5.14	Depois de um número suficiente de associações do som à comida, o som torna-se um (1).............. que irá (2).................. salivação. 5.15
reflexo galvânico 5.23	As condições que dão lugar às emoções chamadas de medo, raiva e ansiedade produzem também .... na resistência elétrica da pele. 5.24
estímulo condicionado 5.32	Se o comportamento do dentista continua a prover estímulos incondicionados para os reflexos de medo, o medo da criança, condicionado ao consultório, não se...............(tt). 5.33
estímulo condicionado 5.41	Uma predisposição favorável a um candidato político pode ser condicionada, servindo-se um churrasco de graça no comício político. A comida é.................... .... usado para condicionar muitas respostas reflexas "favoráveis". 5.42
resposta condicionada 5.50	Um estímulo que adquiriu a propriedade de evocar uma resposta reflexa é (1)................ ....; a resposta evocada é (2)................ .... 5.51
(1) estímulo condicionado (2) estímulo incondicionado 5.59	**FIM DA SÉRIE**

(1) condicionados (2) incondicionados	Podemos castigar uma criança por não comer ante que os outros tenham sido servidos; entretanto o come não é geralmente punido. Assim, (1)*** sempre a *form* do comportamento, o que o torna punível mas sim o (2) .... (tt) sob que ocorre.
49.3	49.4 ← pág. 313
não	Dizer que ferimos alguém com uma descuidada ob servação inconsciente significa que não percebemos consequência do comportamento por causa da qual el poderia ser ....
49.8	49.9 ← pág. 313
tem (produz)	Com presteza relatamos que espancamos a criança "pe próprio bem dela", porque espancar uma criança *não* .... em tais condições.
49.13	49.14 ← pág. 313
provável	Quando estamos irritados e criticamos um amigo, po demos sentir culpa quando não estivermos mais irrita dos, porque as respostas que ferem os amigos têm sid .... no passado.
49.18	49.19 ← pág. 313
si própria	Ao mentir, a pessoa reconhece a razão punível de se comportamento. Por isso, a racionalização (1) *** con siderada mentir neste sentido, porque a pessoa (2) ** "diz toda a verdade" mesmo a si própria.
49.23	49.24 ← pág. 313
"perdoar"	Se você *não estiver efetivamente* com raiva quando um pessoa o insultou, porque você sabe que ela é desajus tada, então você *** racionalizando, se relatar esta ra zão por não ter revidado a agressão.
49.28	49.29 ← pág. 313

extinto	(1)......................., fisiólogo russo, descobriu o processo chamado (2)...................... .
5.6	5.7
(1) estímulo condicionado (2) eliciar	Se o estímulo (som) for apresentado muitas vezes *sem* comida, eventualmente o som.................................eliciará salivação.
5.15	5.16
queda (baixa, mudança)	Um estímulo anteriormente neutro, quando repetidamente associado a um estímulo doloroso, adquire o poder de eliciar uma resposta galvânica (GSR) através do....................
5.24	5.25
extinguirá	Palavras como "mau", "feio" ou "errado" são frequentemente ouvidas antes do castigo. Essas palavras vêm eliciar respostas características do medo ou ansiedade. Tornam-se estímulos ....
5.33	5.34
estímulo incondicionado	Durante o churrasco-comício, o nome do candidato pode se tornar (1)... que evoca respostas emocionais favoráveis, semelhantes àquelas evocadas pelo (2)......................................
5.42	5.43
(1) estímulo condicionado (2) resposta condicionada	Temos agora razão para acreditar que muito do fluxo aparentemente "espontâneo" da saliva, quando não há comida na boca, é causado por.................................... que passam desapercebidos.
5.51	5.52

condicionados	"Fazer outra coisa" esquiva os estímulos aversivos (1) .... gerados pela resposta frequentemente punida, bem como evita a possibilidade dos estímulos aversivos (2) .... da punição.
49.2	49.3
punido	Podemos não "perceber" que estamos batendo numa criança porque ela nos irritou e não para corrigir o comportamento dela. Assim, *** percebemos que o nosso comportamento está sendo emitido por motivos puníveis.
49.7	49.8
aversivas	Dar o primeiro golpe é frequentemente punido; golpear em defesa própria é perdoado. A mesma forma de comportamento *** consequências diferentes, dependendo das circunstâncias.
49.12	49.13
(1) punido (criticado) (2) reforçado (perdoado)	Um homem, que está atrasado para o trabalho, é mais *** alegar que ficou na cama porque necessitava de um descanso, a dizer que estava com preguiça.
49.17	49.18
racionalização	Na racionalização a pessoa "acredita" (diz a si própria) que o seu comportamento foi uma função de variáveis a respeito das quais é menor a probabilidade de ser punida. Racionalizando, engana a ...., bem como aos outros.
49.22	49.23
tem (tiver)	Não bater numa pessoa que acabou de ferir, você é reforçado como "perdoar" ou punido como covardia, dependendo das circunstâncias. Você pode estar racionalizando o seu comportamento, se você o descreve como ....
49.27	49.28

316

(1) Pavlov (2) condicionamento	Substâncias químicas irritantes no estômago eliciam vômitos. Vomitar é, pois,................... ....
5.7	5.8 ← pág. 26
não mais (já não)	Quando o estímulo condicionado perde seu poder de eliciar salivação devido à apresentação repetida sem o estímulo incondicionado, diz-se que o reflexo condicionado foi, então,......................... .
5.16	5.17 ← pág. 26
condicionamento	Um estímulo doloroso pode eliciar também mudanças no ritmo respiratório: "ficar sem ar" e depois uma inspiração profunda. Esta mudança respiratória e a mudança galvânica são, pois, duas respostas a estímulos incondicionados......................... .
5.25	5.26 ← pág. 26
condicionados	Palavras como "errado" e "mau" eliciam.................... .... semelhantes às respostas incondicionadas eliciadas por estímulos dolorosos.
5.34	5.35 ← pág. 26
(1) estímulo condicionado (2) estímulo incondicionado	O processo através do qual podemos eliminar as respostas condicionadas é chamado......................
5.43	5.44 ← pág. 26
estímulos condicionados	Palavras como "amor" e "ódio" são (1)......................... que os escritores podem usar para eliciar (2).................. emocionais.
5.52	5.53 ← pág. 26

aversivos (reforçadores negativos) **49.1**	Comportamentos anteriormente punidos geram estímulos aversivos **49.2**
aversivos **49.6**	A sociedade pune a injustiça. O ministrar injusto de punições é ele próprio algumas vezes .... po outros. **49.7**
contingente (dependente) **49.11**	É mais fácil para um homem observar e descrever as razões não puníveis de seu próprio comportamento porque elas são menos .... que as razões puníveis. **49.12**
provável (mais provável) **49.16**	Ficar na cama até tarde é frequentemente (1) .... como indolência ou preguiça. É também frequentemente (2) .... como uma sábia autoterapia quando se necessita de um descanso. **49.17**
racionalizando **49.21**	Você pode admitir, mesmo que só para você, apenas a menos punível das razões para uma dada resposta. Este tipo de autodescrição defectiva é denominado **49.22**
punido **49.26**	Um homem pode racionalizar a sua própria conduta apenas se o comportamento*** aspectos puníveis e não puníveis. **49.27**

PAINEL PARA A
SÉRIE 6   LEIA AGORA E CONSULTE QUANDO NECESSÁRIO

Tipos de Mecanismos de Respostas

1. As contrações dos músculos *estriados* (assim chamados por causa da aparência que têm ao microscópio) movem partes do esqueleto, bem como certas porções de tecido como a língua, as pálpebras, e as cordas vocais.
2. As contrações dos músculos *lisos* modificam as dimensões de vários órgãos internos.
3. As glândulas lançam fluidos nos canais ou diretamente na corrente sanguínea.

→

Certos comportamentos são criticados ou de outro mod[o] punidos pela sociedade, isto é, são frequentemente se[-]guidos por estímulos ....

49.1

---

emitimos (fizemos)

49.5

Se um homem "não observa" que se está empenhando e[m] comportamento que é frequentemente punido, esquiv[a] os estímulos .... gerados pelo comportamento[.]

49.6

---

(1) puníveis
(2) nós não

49.10

Quando uma resposta é uma função de duas variávei[s] a punição pode ser .... sobre a relação com ape[-]nas uma delas.

49.11

2

49.15

Se um homem pode esquivar-se de relatar uma razã[o] punível, relatando uma razão não punível, é *** que [a] razão não punível seja a relatada.

49.16

---

menos

49.20

Enfatizar os aspectos não puníveis de nosso própri[o] comportamento denomina-se racionalização. Assim, s[e] está .... o comportamento de ferir um amig[o] ao dizer que "foi para o próprio bem dele".

49.21

---

punidos

49.25

O comportamento que não necessita ser e de fato nã[o] pode ser racionalizado é o comportamento que nunca fo[i] ....

49.26

---

(1) racionalizando
(2) inadequado (im-perfeito, deficiente, defectivo)

49.30

FIM DA SÉRIE

314

SÉRIE 6

Parte I. Comportamento Reflexo
MECANISMOS DE RESPOSTA
            Leia o painel da página anterior.
Tempo provável: 12 minutos.

Vire a página e comece. →

---

músculos lisos	Nos vômitos, os músculos.............da parede do estômago contraem-se fortemente, forçando assim a expulsão do conteúdo do estômago.
6.4	6.5
glândulas	O "ruborizar" e o "empalidecer" ocorrem quando os músculos...................modificam o diâmetro dos pequenos vasos sanguíneos debaixo da pele.
6.9	6.10
(1) lisos (2) glândulas	A pupila do olho é uma abertura através da íris. Como os outros músculos que controlam o diâmetro dos órgãos, a íris contém músculos...................
6.14	6.15
músculos lisos (e) glândulas	Os músculos lisos se contraem em *três* dos casos seguintes. Quais? (*use letras*) (a) no vomitar, (b) no correr, (c) no virar a cabeça, (d) nas contrações do estômago, (e) no suar, (f) no pegar, (g) no enrubecer, (h) no lacrimejar.
6.19	6.20
(1) glândulas (2) músculos lisos (3) eliciadas	Respostas dos músculos lisos e glândulas são eliciadas por (1).................apropriados. São mecanismos de resposta, nas relações estímulo-resposta chamados (2).........(tts).
6.24	6.25
músculos lisos (e) glândulas	**FIM DA SÉRIE**
6.29	

SÉRIE **49**

Parte XIV. Interpretação da Personalidade
RACIONALIZAÇÃO
Tempo provável: 11 minutos.

Vire a página e comece. →

---

(1) não é
(2) S^{D}s
(estímulos,
circunstâncias)

Algumas vezes, como num lapso verbal, podemos nã observar que .... a resposta que é frequente mente punida.

49.4 | 49.5

---

punido

Ao falar com outros, em geral não falamos a respeit de nossos próprios comportamentos (1) .... do mesmo modo, ao pensar ("falar consigo próprio" frequentemente (2) *** pensamos acerca de nosso pró prio comportamento punível.

49.9 | 49.10

---

punível
(punido)

Se uma resposta for punida quando controlada pela va riável 1 e não for punida quando controlada pela variá vel 2, a variável .... terá mais probabilidad de ser a reconhecida e relatada.

49.14 | 49.15

---

punidas

Se relatarmos que o nosso amigo se beneficiou de noss crítica, será .... punível relatar tê-lo criticad

49.19 | 49.20

---

(1) não é
(2) não

Alegar que o encontrão dado em um rival no salão d baile foi um "acidente" é atribuir o comportament a razões pelas quais os encontrões não são em gera ....

49.24 | 49.25

---

não está (não estaria)

Quando admitimos apenas as razões menos puníveis par o nosso comportamento, estamos (1) .... Esta uma das várias formas de autoconhecimento (2)***.

49.29 | 49.30

313

	A contração dos músculos .... move partes do esqueleto. **6.1**
lisos **6.5**	As fibras musculares do estômago, quando examinadas ao microscópio, são........................ **6.6**
lisos **6.10**	Indique o tipo de mecanismo de resposta (ou órgão) em ação (1) no andar, (2) nas contrações do estômago, (3) na salivação. **6.11**
lisos **6.15**	As lágrimas que lavam as substâncias irritantes da superfície do olho são produzidas por....................... . **6.16**
a, d, g **6.20**	Qual o tipo de mecanismo de resposta geralmente implicado nas ações do organismo sobre o meio *externo*? **6.21**
(1) estímulos (2) reflexos **6.25**	A maioria das ações que se exercem sobre o ambiente externo é eliciada por estímulos na forma de reflexos simples. Isto quer dizer que os estímulos eliciadores *não* são as principais "causas" das respostas executadas pelos músculos....................... . **6.26**

S^{D}s (estímulos) 48.3	Em uma "descrição", o comportamento verbal está sob controle de S^{D}s apropriados. Mesmo ao descrever nosso próprio comportamento, o comportamento a ser descrito deve prover (1) .... para algumas respostas (2) .... 48.4 ← pág. 308
reforçar 48.8	A criança que antes chorava, quando o estômago doía, mais tarde se queixa "Dói". Chorar (1) *** reforçado a partir de uma certa idade, mas uma resposta (similar a queixar-se, (2) *** reforçada (desde que a criança já não seja muito grande para isso). 48.9 ← pág. 308
S^{D}s (estímulos) 48.18	Um homem pode deixar de notar mesmo sintomas de eventos bastante avançados que presumivelmente produzem estímulos fortes. Possivelmente estes sintomas nunca chegaram a funcionar como S^{D}s, porque o homem não foi adequadamente .... por relatá-los. 48.14 ← pág. 308
incompatível com 48.18	Posso não me lembrar onde estacionei o carro porque o comportamento apropriado de auto-observação não foi (1) .... ou porque estava preocupado com algum comportamento (2) .... dissimulado ao mesmo tempo. 48.19 ← pág. 308
reforçado 48.23	As respostas reprimidas têm consequências (1) .... que propiciam as condições nas quais o comportamento incompatível é reforçado; mas elas também tinham tido provavelmente consequências (2) .... que, sozinhas, teriam tornado provável a ocorrência dessas respostas. 48.24 ← pág. 308
incompatível 48.28	Interpretamos a repressão como o efeito do comportamento incompatível que evita as consequências (1) .... do comportamento que os psicanalistas chamariam (2) .... 48.29 ← pág. 308
repressão 48.33	**FIM DA SÉRIE**

estriados	No reflexo de flexão do braço, a resposta é executada pela contração de................ ....
6.1	6.2
lisas	Os músculos lisos modificam (1)................... de vários órgãos (2)......................... .
6.6	6.7
(1) músculos estriados (2) músculos lisos (3) glândulas	Apanhar ou atirar um objeto põe em ação músculos (1)...................... . Assentir com a cabeça, fazer caretas, e falar põem em ação músculos (2).................... .
6.11	6.12
glândulas	Uma resposta pode ser a ação de .... , ... ou ....
6.16	6.17
músculos estriados	Os principais tipos de mecanismo de resposta ativos no manter a "economia interna" do organismo são.................... .... e.................... .
6.21	6.22
estriados	Em alguns casos, como no reflexo de flexão, respostas de músculos estriados (1)*** eliciadas por estímulos, mas a maioria das respostas de músculos estriados (2) *** sob o controle de estímulos eliciadores.
6.26	6.27

38

não for capaz 48.2	Não podemos descrever o comportamento de alguém se não o tivermos observado. Isto é, só podemos descrever o comportamento de alguém se este comportamento provê .... que controlem alguma resposta. 48.3
S^Ds (estímulos) 48.7	À medida que a criança cresce, os pais (e outros) geralmente deixam de reforçar o chorar e começam a .... comportamentos verbais tais como "Dói!". 48.8
moldada (diferenciada, condicionada) incompatível 48.12	Alguns pacientes relatam ao médico sintomas ligeiramente dolorosos. Na sua história de condicionamento mesmo estímulos dolorosos muito fracos serviram de .... para este comportamento verbal. 48.13
incompatível 48.17	O "sábio distraído" não pode descrever tanto de seu comportamento aberto como os outros por causa do comportamento verbal que é *** observar ou "prestar atenção" ao que está fazendo. 48.18
(1) aversivos (condicionados aversivos) (2) redução (terminação, eliminação) 48.22	Nós nem mesmo pensamos acerca do comportamento severamente punido, quando o "reprimimos". Fazer, dizer, pensar qualquer outra coisa é .... pela redução dos estímulos aversivos condicionados. 48.23
reprimimos 48.27	Uma análise de laboratório sugere que reprimir é simplesmente empenhar-se em comportamento .... reforçado pela redução dos estímulos aversivos gerados por relembrar a experiência. 48.28
incompatível 48.32	O autoconhecimento inadequado pode ocorrer, quando o comportamento inarrável gera condições sob as quais o comportamento incompatível é reforçado. Este comportamento incompatível é a principal "força" ou "agente" na 48.33

músculos estriados	As fibras musculares do braço apresentam ...., quando examinadas ao microscópio.
6.2	**6.3**
(1) dimensões (2) internos	Nem todas as respostas acarretam a contração dos músculos. Suar é ação das ....
6.7	**6.8**
(1) estriados (2) estriados	Mastigar comida põe em ação músculos (1)................ No "engolir", depois que a comida passa pela cavidade bucal, ela é conduzida através do esôfago, principalmente pelos músculos (2)...................... .
6.12	**6.13**
músculos estriados, lisos (ou) glândulas *qualquer ordem*	A maior parte de nossas interações com o ambiente implica grandes ou diminutos movimentos do nosso esqueleto. Em outras palavras, as ações sobre o ambiente implicam de maneira bastante direta o uso de músculos................................. .
6.17	**6.18**
músculos lisos e glândulas	Indique o mecanismo de resposta nas seguintes ações: — andar até a mesa do almoço e mastigar a comida (1).......... ....; umedecer a comida com saliva (2)............ ....; passar a comida para o estômago (3).......... ....; prover o estômago com sucos digestivos (4)...................... .
6.22	**6.23**
(1) são (2) não estão	Ação sobre o ambiente implica músculos (1)................ e em geral não se coaduna ao padrão de (2)................ simples.
6.27	**6.28**

condicionado	Uma pessoa com um repertório verbal adequado pode não ser capaz de descrever um evento passado se*** de verbalizá-lo, pelo menos cobertamente, na época.
48.1	48.2
reforçam (condicionam)	Quando o chorar em resposta a um estímulo doloroso foi reforçado, o chorar pode tornar-se uma resposta verbal emitida na presença de outros .... algo similares.
48.6	48.7
aproximações sucessivas	Quando a dor é relatada com uma voz de timbre inusitadamente agudo, uma voz completamente "natural" ainda não se manifestou completamente .... pela comunidade verbal.
48.11	48.12
incompatível com	Uma pessoa que faz uma coisa e "pensa em" outra pode mais tarde ser incapaz de descrever o que estava fazendo, porque o comportamento verbal dissimulado é*** com observar o que se está fazendo.
48.16	48.17
reforçados	O comportamento severamente punido gera estímulos que se tornam estímulos (1) .... O comportamento que evita (é incompatível com) o comportamento punido é reforçado através da (2) .... desses estímulos.
48.21	48.22
repressão	Podemos não ser capazes de lembrar uma experiência da infância. Em certas condições, um psicanalista diria que nós a ....
48.26	48.27
condicionados	O autoconhecimento inadequado pode resultar de nos empenharmos em comportamento***, sem observar algum aspecto de nosso outro comportamento.
48.31	48.32

estrias	A contração dos...................... ....modifica o diâmetro dos vasos sanguíneos.
6.3	6.4 ← pág. 36
glândulas	A salivação é a ação das......................salivares.
6.8	6.9 ← pág. 36
(1) estriados (2) lisos	Os movimentos do estômago e dos intestinos durante a digestão põem em ação músculos (1)......................... Os sucos digestivos são produzidos pelas (2) ....
6.13	6.14 ← pág. 36
estriados	A economia interna do corpo depende dos sucos digestivos e do forçar as substâncias através de órgãos tubulares por modificações no diâmetro deles. A economia interna depende da ação dos................. .... e das.............
6.18	6.19 ← pág. 36
(1) músculos estriados (2) glândulas (3) músculos lisos (4) glândulas	Salivação e sudação são ações das (1)...................... Contração da pupila, vomitar, enrubecer e empalidecer são ações de (2).................. .... Ambos os tipos de resposta são (3)..................por estímulos apropriados.
6.23	6.24 ← pág. 36
(1) estriados (2) reflexo	O princípio de reflexo simples aplica-se a respostas de .... e ....bem como alguns reflexos posturais, locomotores, e respostas de proteção.
6.28	6.29 ← pág. 36

→	Comumente carecemos de "autoconhecimento", no sentido de que não somos capazes de descrever muito d[e] nosso comportamento passado. Muitas das experiência[s] da primeira infância não podem ser lembradas poss[i]velmente, porque o comportamento verbal apropriad[o] ainda não estava .... (tt) naquela época. 48.1
reforçada 48.5	Uma criancinha chora em resposta a um estímulo dol[o]roso. Embora isto possa ser em parte não aprendido, [os] pais .... este comportamento se dispensa[r] atenção necessária. 48.6
reforçado 48.10	Quando a comunidade verbal reforça primeiro o chora[r] depois queixar-se e finalmente falar, o comportament[o] está sendo modelado através de .... at[é] a forma final aceita pela comunidade. 48.11
não pode 48.15	Um motorista que observa cuidadosamente a estrad[a] será mais tarde incapaz de descrever muito das paisa[]gens à margem da estrada. Olhar a estrada é*** olha[r] o cenário. 48.16
reforçado (condicionado) 48.20	Se falar acerca de situações severamente punidas ger[a] estímulos aversivos fortes, podemos ser automaticament[e] .... por falar de outras coisas, como um exem[]plo de comportamento de esquiva. 48.21
reprimiu 48.25	O autoconhecimento está frequentemente ausente po[r]que foi deslocado por um comportamento incompatíve[l] que esquiva os estímulos aversivos gerados por fala[r] acerca de respostas punidas. Esta espécie de ausência d[e] autoconhecimento tem sido chamada 48.26
emitido 48.30	O autoconhecimento inadequado pode ser resultado d[e] não termos sido .... a observar certos aspec[]tos de nosso comportamento. 48.31

SÉRIE **7**		Parte II. Condicionamento Operante: Conceitos Elementares: INTRODUÇÃO AO CONDICIONAMENTO OPERANTE Tempo provável: 8 minutos Vire a página e comece. →
se, (quando) 7.4		Reforço e comportamento ocorrem em ordem temporal: (1) .... (2) 7.5
privado de alimentação (fome) 7.9		Se a resposta do animal não for seguida de reforço, é possível que uma resposta semelhante ocorra no futuro com .... frequência. 7.10
casual (acidental, natural) 7.14		O alimento não é reforçador, a menos que o animal esteja *** dele por algum tempo. 7.15
reforçamos 7.19		Nos trabalhos de laboratório usam-se vários dispositivos para reforçar respostas. O calor pode ser usado para as respostas de um animal com frio. 7.20
resposta 7.24		A resposta "abaixar" ou "apertar" a barra deve ser emitida pelo menos uma vez para que possa ser 7.25
extingue 7.29		*Não* se observa nenhum (1) .... para a resposta de abaixar a barra, revirar folhas nos jardins, etc. Portanto, as respostas desse tipo (2)*** classificadas como comportamento reflexo. 7.30

SÉRIE **48**

Parte XIV. Interpretação da Personalidade
AUTOCONHECIMENTO INADEQUADO
Tempo provável: 14 minutos.

Vire a página e comece. →

---

(1) S^Ds
(2) verbais

48.4

A discriminação resulta de uma contingência de três termos. Mesmo que o nosso comportamento sempre gere estímulos potenciais, estes só são S^Ds se a resposta for .... em sua presença.

48.5

---

(1) não é
(2) é

48.9

Quando a *comunidade verbal* (pais e outros) considera uma criança muito grande para queixar-se, queixar-se já não é ...., embora dizer "meu estômago dói", com uma voz normal, possa ser.

48.10

---

reforçado

48.14

Se nunca aprendermos a notar um aspecto de nosso próprio comportamento, este aspecto *** ser descrito por nós.

48.15

---

(1) condicionado (reforçado, modelado)
(2) incompatível

48.19

Se a auto-observação produz estímulos aversivos, comportamento incompatível com o observar o próprio comportamento é automaticamente ....

48.20

---

(1) aversivas (negativas)
(2) reforçadoras (positivas)

48.24

Quando uma pessoa não se pode lembrar de algum comportamento anteriormente punido, dizemos que a pessoa o ....

48.25

---

(1) aversivas (negativas)
(2) repressão

48.29

O comportamento reprimido não sofrerá extinção se comportamento for raramente .... e por isso não pode ser deixado passar sem reforço.

48.30

308

	Animais de circo são algumas vezes treinados com "recompensas". O comportamento de um animal faminto pode ser "recompensado" com...................... **7.1**
(1) comportamento (2) reforço **7.5**	A comida dada a um animal faminto não reforça uma resposta determinada, a menos que seja dada imediatamente..................... da resposta. **7.6**
menor **7.10**	Para ter certeza de que o animal irá desempenhar, o treinador fornece frequentemente.................... para a resposta. **7.11**
privado **7.15**	Reforçar uma resposta aumenta.................... de que a resposta ocorra outra vez. **7.16**
reforçar **7.20**	Um alimentador, acionado eletricamente, que forneça comida ao animal pode ser usado para (1)................. (2).................. de um organismo privado de alimento. **7.21**
reforçada **7.25**	Como não se pode observar nenhum estímulo eliciador para respostas como revirar as folhas ou abaixar a barra, *não* podemos dizer que estas respostas sejam................ **7.26**
(1) estímulo eliciador (2) não são, (não podem ser) **7.30**	**FIM DA SÉRIE**

(1) controladora (2) controlada 47.3	Ao pôr doce fora das vistas para evitar comê-lo, a (1) .... a ser controlada é comer doce e a (2) .... que controla é pôr doce fora das vistas. 47.4 ← pág. 303
(1) reforça (2) aversivas 47.8	No autocontrole, a resposta (1) .... é reforçada pela (2) .... dos estímulos condicionados aversivos associados à resposta controlada. (tt) 47.9 ← pág. 303
positivas (como) negativas, (reforçadores (como) aversivas) 47.13	Uma comida deliciosa mas indigesta gera não só estímulos reforçadores como também estímulos aversivos que podem resultar no .... de uma resposta controladora. 47.14 ← pág. 303
(1) "voluntário" (2) "involuntário" 47.18	Uma pílula para reduzir o peso, que é apenas um pedacinho de doce para ser tomado antes de uma refeição controla o comportamento ingestivo diminuindo ligeiramente a .... 47.19 ← pág. 303
(1) ansiedade (2) aversivos 47.23	Quando um homem "acerta" o relógio despertador que acordará, está arranjando para que um .... (tt) ocorra em um momento especificado para controlar o seu comportamento. 47.24 ← pág. 303
(1) controlador (2) controlado 47.28	Uma resposta autocontroladora que esquiva um comportamento anteriormente repreendido reduz os .... gerados por aquele comportamento. 47.29 ← pág. 303
(1) pode (2) não podemos 47.33	**FIM DA SÉRIE**

comida 7.1	O termo técnico para "recompensa" é "reforço". "Recompensar" um organismo com comida é .... com comida. 7.2
depois 7.6	Diversamente do estímulo em um reflexo, o estímulo reforçador*** elicia a resposta que ele reforça. 7.7
reforços 7.11	Um pombo faminto revira com o bico, nos jardins, as folhas secas ao redor. Este comportamento é .... sempre que o pombo descobre pedacinhos de comida debaixo das folhas. 7.12
probabilidade 7.16	Não se pode observar diretamente a "probabilidade". Dizemos que a resposta se tornou mais provável se de fato se observa, em condições controladas, que ela ocorre mais 7.17
(1) reforçar (2) respostas 7.21	Se um organismo que tem frio (ou fome) liga uma chave que acende uma lâmpada de aquecimento (ou aciona o alimentador elétrico), a resposta "ligar a chave" será 7.22
eliciadas 7.26	Diz-se que respostas como pressionar (= abaixar) a barra, revirar folhas, etc. são *emitidas* em vez de *eliciadas*, pois*** (pode-se ou não?) observar os estímulos eliciadores. 7.27

(1) reduzir (diminuir) (2) probabilidade **47.2**	Ao analisar casos em que uma resposta controla outra, distinguimos entre a resposta controladora e a resposta controlada. Pôr o doce longe das vistas é a resposta (1) ....; comer doce é a resposta (2) **47.3**
positivas (como) negativas, reforçadoras (como) aversivas (*qualquer ordem*) **47.7**	O doce na boca (1) .... o comportamento de tê-lo apanhado e posto na boca. Este comportamento tem consequências (2) .... relacionadas com aumento de peso. **47.8**
controlada **47.12**	Uma comida deliciosa pode mais tarde causar severa indigestão. A "natureza" dispôs tanto consequências .... como .... por comer estas comidas. **47.13**
(1) operante (2) respondente **47.17**	O leigo chama o chorar de "involuntário" e o pôr sumo de cebola perto dos olhos de "voluntário". Dito nesses termos, a técnica da atriz revela controle (1) "....................." sobre o comportamento (2) ".....................". **47.18**
(1) controladora (2) controlado **47.22**	Um homem abertamente ansioso pode "dá pra beber". Em termos técnicos, usa uma droga, álcool, para reduzir o estado emocional de (1) ...., que é frequentemente o efeito de estímulos condicionados (2) **47.23**
condicionados **47.27**	O comportamento que "evita o pecado" é (1) .... do comportamento que é (2) .... pela redução dos estímulos condicionados aversivos. **47.28**
reforça **47.32**	Um homem (1)*** resistir à tentação empenhando-se em comportamentos controladores que são eles próprios reforçados por eventos externos. (2) *** interpretar isto como o exercício de um poder interior chamado "vontade". **47.33**

reforçá-lo	Em termos *técnicos* um organismo sedento pode ser .... com água.
7.2	7.3
não	Um reforço não elicia uma resposta; simplesmente aumenta.................... de que o animal responda outra vez da mesma forma.
7.7	7.8
reforçado	O pombo é ocasionalmente reforçado por revirar as folhas por causa da existência frequente de.................... debaixo delas.
7.12	7.13
frequentemente	Quando uma resposta vem sendo reforçada, será emitida .... frequentemente no futuro.
7.17	7.18
reforçada	A resposta de ligar a lâmpada de aquecimento ou o alimentador automático será emitida mais.................... no futuro.
7.22	7.23
não se pode	Se o "abaixar a barra" não aciona o alimentador automático a resposta*** reforçada.
7.27	7.28

44

(1) controlar (2) condições (variáveis, contingências) **47.1**	Uma mãe pode colocar os doces fora das vistas para (1) .... a probabilidade de que sua criança o peça. Pode fazer a mesma coisa para reduzir a (2) .... de que *ela* coma doces. **47.2**
controla (previne, esquiva) **47.6**	O autocontrole é frequentemente empenhado, quando a resposta a ser controlada tem tanto consequências .... como **47.7**
reforço **47.11**	A resposta .... geralmente tem tanto consequências positivas como negativas. **47.12**
(1) operante (2) reflexo **47.16**	Quando uma atriz põe sumo de cebola perto dos olhos, um (1) .... controla um (2) **47.17**
emocional **47.21**	Um homem que se aborrece com o seu próprio comportamento agressivo para com os outros pode tomar um "tranquilizante". Tomar uma droga é uma resposta (1) ....; o comportamento agressivo é o comportamento (2)............................. . **47.22**
associados **47.26**	Ao repreender um homem por comportamento não ético ou imoral, os estímulos aversivos são associados aos estímulos gerados por aquele comportamento e por isso ficam .... como estímulos aversivos. **47.27**
reforçamento (condicionamento) **47.31**	No treinamento ético, somos advertidos de que certos comportamentos são "errados". Estes comportamentos, mais tarde, geram estímulos condicionados aversivos cuja redução .... uma variedade de respostas chamada "resistir à tentação". **47.32**

rei orçado 7.3	O treinador reforça o animal dando-lhe comida .... desempenhou corretamente.	7.4 ← pág. 41
probabilidade 7.8	A comida não será reforçadora, possivelmente, se o animal não estiver ***.	7.9 ← pág. 41
comida (alimento, reforços) 7.13	O reforçamento que os treinadores dão aos animais é planejado deliberadamente, enquanto a comida encontrada nos jardins é***.	7.14 ← pág. 41
mais 7.18	Para conseguir que um animal emita uma resposta com maior frequência, nós..................a resposta.	7.19 ← pág. 41
frequentemente 7.23	Num aparelho típico, o "abaixar uma barra" horizontal aciona automaticamente o alimentador. O aparelho seleciona o "abaixar a barra" como...................... a ser reforçada.	7.24 ← pág. 41
não é 7.28	Enquanto o reforçamento torna as respostas mais frequentes, a falta ou ausência de reforço*** a resposta.	7.29 ← pág. 41

	Um homem pode (1) .... o comportamento de outro homem, arranjando as condições relevantes. Pode também controlar o seu próprio comportamento arranjando o mesmo tipo de (2)......................... .
	47.1
(1) controla (2) remoção (esquiva)	Ao exercer autocontrole pondo o doce longe das vistas para evitar comê-lo, uma resposta .... outra resposta.
47.5	47.6
(1) reforça (2) controladora	A resposta a ser controlada é frequentemente forte por que recebeu poderoso ....
47.10	47.11
(1) controladora (2) elicia	Colocar junto dos olhos um lenço com sumo de cebola é comportamento (1) ....; chorar lágrimas comportamento (2) ....
47.15	47.16
(1) controladora (2) diminua (desapareça, decline)	Ao "contar até dez" antes de agir na raiva, fazemos uso do fato de que um estado .... comumente enfraquece depressa.
47.20	47.21
reforços	Ao fazer com que um homem se envergonhe de seu comportamento descontrolado, sem ética ou imoral, os estímulos gerados pelo comportamento estão sendo .... com os estímulos aversivos da repreensão, de modo que mais tarde gerem ansiedade ou "sentimento de culpa".
47.25	47.26
(1) controladora (2) controlada	No assim chamado autocontrole, a resposta controladora é estabelecida através de ...., como qualquer outra resposta.
47.30	47.31

PAINEL PARA A
SÉRIE 8   LEIA AGORA E CONSULTE QUANDO NECESSÁRIO

Eis um pombo em situação experimental típica, numa caixa ou câmara retangular fechada. Os estímulos que eliciam o comportamento reflexo podem ser negligenciados. Eventualmente o pombo bicará a chave em forma de disco. Uma bicada no disco aciona automaticamente o alimentador: observa-se que quando o pombo bicou o disco e recebeu o alimento, tende a bicar outra vez em seguida (e recebe comida e então bica outra vez, etc.) isto é, a *frequência* das bicadas aumenta. É porque a frequência de uma resposta aumenta, quando é imediatamente seguida pela comida, que se diz que a comida reforça a resposta. A comida é chamada um *reforçador* e se diz do evento que é um *reforçamento*. Como a resposta não parece ser eliciada por nenhum estímulo, se diz que a resposta é *emitida*. Este tipo de comportamento que age ou opera sobre o ambiente é denominado comportamento operante[1].

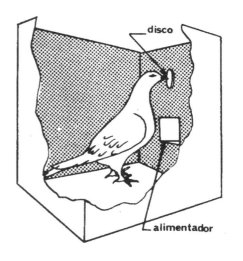

Se, depois que o operante (bicar o disco) tiver sido *condicionado,* o pombo não mais receber alimento quando bicar, a frequência das respostas diminuirá até chegar a frequência quase nula que prevalecia antes do condicionamento. Este processo é denominado *extinção*.

1. Quando nos referimos a um tipo de comportamento em vez destes específicos, usa-se o termo *operante,* por exemplo, bicar o disco é *operante;* mas para exemplos específicos usa-se o termo *resposta,* por exemplo, cada bicada no disco é uma resposta. (Já vimos que o comportamento reflexo pode ser chamado *respondente*. Só ocorre em resposta a um estímulo aliciador.)

SÉRIE **47**

Parte XIII. Autocontrole
TÉCNICAS DE AUTOCONTROLE
Tempo provável: 15 minutos.

Vire a página e comece. →

---

(1) resposta
(2) resposta

Pôr doce fora das vistas para deixar de comê-lo (1) ....
o comportamento de comer pela (2) .... de um S^D

47.4   47.5

---

(1) controladora
(2) redução (esquiva)

No autocontrole, a redução dos estímulos condicionados aversivos associados à resposta controlada (1) ....
resposta (2) ....

47.9   47.10

---

reforçamento
(condicionamento)

Uma atriz pode provocar lágrimas reais em si própria, colocando nos olhos um lenço que contenha um pouquinho de sumo de cebola. A resposta (1) .... levar o lenço à face provê um estímulo que (2) .... lágrimas.

47.14   47.15

---

privação

Quando "contamos até dez" antes de agir na raiva, contar é a resposta (1) .... que tem seu efeito ao conceder tempo para que um estado emocional (2) ....

47.19   46.20

---

estímulos (S^D)

Quando os amigos de um homem "encorpado" o cumprimentam pelo seu êxito em ter perdido peso, estão fornecendo .... adicionais para suas respostas de autocontrole que reduziram a extensão do seu comer.

47.24   47.25

---

estímulos
condicionados
aversivos

No autocontrole, a resposta (1) .... afeta as variáveis de modo a modificar a probabilidade de resposta (2) ....

47.29   47.30

SÉRIE **8**	Parte II. Condicionamento Operante:
	Conceitos Elementares
	A SITUAÇÃO EXPERIMENTAL TÍPICA
	                        Leia o painel da página anterior.
	Tempo provável: 14 minutos.
	
	                     Vire a página e comece. →

(1) operante (2) respostas 8.4	Quando a primeira bicada no disco for...................... (tt) com alimento, a probabilidade de outra bicada no disco aumentará. 8.5
(1) estímulo (2) resposta 8.9	Poder-se-ia dizer que "o pombo adquiriu o hábito de bicar o disco", mas a única coisa que efetivamente se observa é um aumento na................do responder depois do reforçamento. 8.10
(1) não (2) reforçadas 8.14	Se um pombo não tiver permanecido na câmara experimental durante um longo tempo, sua frequência de respostas ao voltar para a caixa será inferior à que antes existia. Este *esquecimento* deve-se à passagem do...............durante o qual as respostas não foram emitidas. 8.15
influencia (age sobre, modifica, afeta) 8.19	No experimento descrito antes do começo desta série, a resposta "bicar" move ligeiramente o disco. É um exemplo do fato de um operante*** o ambiente. 8.20
reforçado 8.24	Uma psicóloga alimentava o seu filho logo que o bebê emitia um ligeiro "balbuciar". Esperava-se que a frequência do "balbuciar"........................., quando a criança estivesse com fome, como resultado deste reforçamento. O que de fato aconteceu. 8.25
(1) operante (2) reforçadas (aceitável, condicionadas) 8.29	Quando você está com sede e está perto de um bebedouro é (1).......................... que você ande até o bebedouro, pois este comportamento foi (2)..................... no passado, em condições de privações semelhantes. 8.30

(1) resposta (2) estímulo **46.3**	Os efeitos usuais dos reflexos explicam a evolução deste mecanismos. O reflexo de vomitar *** valor de sobrev vência, porque os organismos que o possuem remover matérias perigosas de seus estômagos. **46.4** ← **pág. 298**
sobrevivência **46.8**	Poeira nos olhos elicia secreção de lágrimas. As lágrima contribuem para a sobrevivência do organismo, lavando a poeira. Qualquer organismo que não possua este .... sofreria provavelmente danos na sua visão. **46.9** ← **pág. 298**
operante **46.13**	O menino que espirra mas só o faz "para perturbar" exibe comportamento (1) .... em vez d comportamento (2) .... **46.14** ← **pág. 298**
(1) respondente (reflexa) (2) operante **46.18**	Quando, para deixar de tossir, chupamos pastilhas ca mantes ou narcóticos ou bebemos um gole d'água, cor trolamos um reflexo removendo ou mitigando seus .... **46.19** ← **pág. 298**
estímulo **46.23**	Vomitar em resposta às cócegas na garganta é um (1 ....; o comportamento de fazer cócegas con a pena é um (2)...................... . **46.24** ← **pág. 298**
(1) involuntário (2) voluntário **46.28**	O termo voluntário é uma descrição equívoca do con portamento operante porque os operantes *** controla dos por variáveis relevantes tão completamente quant os reflexos. **46.29** ← **pág. 298**

	Quando se coloca o pombo na situação experimental pela primeira vez, há uma pequena .... de que seja logo emitida uma bicada no disco. 8.1
reforçada 8.5	Quando o "bicar o disco" for seguido imediatamente de alimento, *observa-se* que .... da resposta aumenta. 8.6
frequência 8.10	Quando a uma bicada segue-se alimento, descreve-se o evento dizendo: "a bicada foi seguida por um (1).......... .... O alimento é chamado de (2)................ (tt). 8.11
tempo 8.15	Esquecimento e extinção são termos técnicos para processos diferentes. Se as respostas foram *emitidas* e não reforçadas, o processo é (1) .... Se as respostas *não foram emitidas*, o processo é (2) 8.16
afetar (agir sobre, modificar, influenciar) 8.20	Existem duas classes de comportamentos: *operante* e *respondente*. O comportamento (1).......... subordina-se às consequências de respostas semelhantes e anteriormente emitidas, enquanto no comportamento (2).................... um estímulo sempre precede a resposta. 8.21
aumentasse 8.25	A mãe que alimenta o bebê, quando ele balbucia, aumenta a frequência do balbuciar. Quando a frequência de balbuciar aumenta graças ao reforçamento, este operante se tornou .... (tt). 8.26
(1) provável (2) reforçado 8.30	Se o bebedouro não estiver nunca funcionando (estiver sempre quebrado), você não mais anda até ele quando estiver com sede. Por falta de (1) .... (tt) o operante se (2)................(tt). 8.31

reduz (modifica, elimina)	Quando um homem tira a mão de cima de um forno quente, a (1) .... termina o (2) .... que a elicia.
46.2	46.3
espirrar (tossir)	Ao lutar contra um suprimento inadequado de ar, "estar com falta de ar" é um comportamento respondente que suplementa a respiração deficiente e aumenta a possibilidades de .... dos organismos que possuem este reflexo.
46.7	46.8
operante	Em geral, o "reforçamento operante" de respostas glandulares não tem efeito direto. O ato *vocal* de "chorar por atenção" é, entretanto, claramente um ....
46.12	46.13
(1) esquivar (evitar) (2) operante	Para evitar "tremer" ao disparar um revólver, podemos opor à resposta (1) .... de tremer uma forte resposta (2) .... incompatível de manter braço e a mão firmes.
46.17	46.18
não é (não pode ser)	Fazendo "cócegas" na garganta com uma pena ou bebendo uma solução de mostarda e água, o homem pode regurgitar a comida envenenada. O comportamento operante de fazer cócegas ou beber controla um reflexo ao produzir .... para sua ocorrência.
46.22	46.23
controle	O comportamento reflexo é ordinariamente chamado *involuntário*; o comportamento operante é chamado *voluntário*. Assim, se diz que o vomitar é (1) .... enquanto esvaziar um prato na lata de lixo é chamado (2) ....
46.27	46.28

301

probabilidade 8.1	Dizer que logo de início há uma pequena probabilidade de "bicadas no disco" é a mesma coisa que dizer que o pombo emitirá bicadas com uma pequena 8.2
frequência (e *não* probabilidade) 8.6	Depois que o pombo bica o disco e recebe alimento, por algum tempo, começa a bicar regularmente. Diz-se então que a apresentação da comida .... o bicar, que agora está condicionado. 8.7
(1) reforçamento, (2) reforço (estímulo reforçador) 8.11	Quando o bicar não for mais seguido pelo alimento, observa-se que (1) .... da emissão das respostas declina gradualmente. Este processo é denominado (2) 8.12
(1) extinção (2) esquecimento 8.16	Bicar um disco é exemplo de um comportamento que age sobre o ambiente. Trata-se pois de 8.17
(1) operante (2) respondente 8.21	Os músculos (1) .... modificam o diâmetro das vísceras ou órgãos internos. Os músculos (2) .... movem partes do esqueleto. 8.22
condicionado 8.26	A mãe pode reforçar as vocalizações da criança, depois que pelo menos uma vocalização (um som) tenha sido 8.27
(1) reforço (2) extinguiu 8.31	**FIM DA SÉRIE**

estímulo	Muito exercício esquenta demais o corpo e produz suor. O efeito refrescante da evaporação do suor na pele .... a condição estimuladora que eliciou a resposta suar.
46.1	46.2
valor (de) sobrevivência	Dito de um modo grosseiro, o propósito do reflexo denominado .... é remover irritantes das partes *superiores* das vias respiratórias.
46.6	46.7
é	Se o derramar lágrimas aumenta de frequência quando seguido de manifestações de afeição, chamaríamos chorar uma resposta .... É duvidoso, entretanto, que o caso seja assim tão simples.
46.11	46.12
(1) respondente (reflexo) (2) operante	O reflexo de bocejar frequentemente ofende quem nos acompanha. Disfarçamos um bocejo mantendo o maxilar rígido para (1) .... consequências sociais aversivas. Manter o maxilar rijo é um (2) ....
46.16	46.17
(1) termina (elimina, escapa) (2) esquiva (evita, previne)	Diz-se a um homem que a comida que ele acabou de comer estava perigosamente estragada; ele não regurgita a comida da mesma maneira que a lança fora. Vomitar *** diretamente controlado por contingências de esquiva.
46.21	46.22
(1) esquiva (evita) (2) reduz (termina, escapa)	O operante "prender a respiração" debaixo d'água exerce controle sobre o reflexo respirar. Mas o próprio operante está sob o .... de contingências de esquiva.
46.26	46.27
(1) operante (2) reflexa	**FIM DA SÉRIE**
46.31	

frequência 8.2	(*Releia a nota do rodapé do painel.*) Determinada bicada no disco é (2)......................... . O comportamento geral de *bicar* é (2)......................... 8.3
reforçou (reforça) 8.7	No comportamento operante, a ordem temporal da resposta e do estímulo reforçador é primeiro (1).............. (tt) e depois (2)..................... (tt). 8.8
(1) frequência (2) extinção 8.12	Quando a frequência de bicar voltou à baixa frequência inicial, como resultado da falta de reforço (alimento), diz-se que o operante foi...................... 8.13
operante 8.17	O comportamento operante tem efeitos diretos sobre o ambiente. Determinada consequência do operante, que resulte em um aumento de frequência das respostas posteriores, pode ser chamada.................. (tt). 8.18
(1) lisos (2) estriados 8.22	As ações que afetam o ambiente dependem em geral de movimentos de partes do esqueleto. Os operantes são geralmente contrações de músculos.............. .... 8.23
emitida 8.27	A psicóloga alimentava o bebê quando ele balbuciava, mas *não* quando chorava. Deveríamos esperar que o "chorar com fome" fosse (1) .... por causa da ausência de (2)....................... 8.28

	Uma resposta reflexa pode modificar o estímulo que elicia. Quando tossir expele um pedacinho de comida d garganta, a resposta elimina o seu próprio ....
	46.1
de sobrevivência	O *propósito* do espirro é o efeito que dá ao reflex .... de ....
46.5	46.6
não	A relação temporal entre o chorar da criança e a resu tante manifestação de afeição paterna *** como a prin cipal contingência no condicionamento operante.
46.10	46.11
respondente (reflexo)	Quando o roteiro de um filme requer uma tosse violen ta, o diretor pode pedir a um ator medíocre que inal vapores irritantes. Consegue "realismo" exigindo com portamento (1) .... em vez de comportament (2) ....
46.15	46.16
resposta	Diz-se a um homem que a comida que ele começa a come está perigosamente estragada; ele imediatamente atira- fora. Assim, (1) .... um estímulo condicionad aversivo. A resposta operante (2) .... o envene namento real.
46.20	46.21
(1) operante (2) respondente (reflexo)	Ao prender a respiração debaixo d'água, o operante qu se opõe ao respirar reflexo (1) .... a irritaçã da água inalada e (2) .... os estímulos cor dicionados aversivos estabelecidos por anteriores ina lações de água.
46.25	46.26
(1) operante (2) respondente (reflexa)	Respirar rapidamente para abastecer-se de ar antes de na dar debaixo d'água é respiração "voluntária" ou (1) .... o nadador volta à tona antes que a respiração "involuntá ria" ou (2) .... se torne muito poderosa para se suprimida por um operante.
46.30	46.31

(1) resposta (2) operante 8.3	O experimento descrito antes do começo desta série dizia respeito ao comportamento (1)............(tt). O aparelho tem um dispositivo automático que reforça (2)........ (tt) específicas que foram emitidas. 8.4 ← pág. 47
(1) resposta (2) estímulo reforçador, (reforçamento) 8.8	Um estímulo elicia uma resposta nos comportamentos reflexos ou *respondentes*. No comportamento respondente, a ordem temporal é primeiro (1) .... e depois (2) .... 8.9 ← pág. 47
extinto 8.13	Diz-se que uma resposta foi extinta, quando sua frequência voltou à baixa frequência inicial. Isto acontecerá quando as respostas forem emitidas mas (1)................. forem (2)..................... . 8.14 ← pág. 47
reforço (reforçamento) 8.18	A palavra *operante* é um substantivo ou um adjetivo que se aplica a alguma coisa que opera, ou que exerce uma influência. O comportamento operante*** o ambiente. 8.19 ← pág. 47
estriados 8.23	Se uma criança pequena receber alimento *depois* de ter começado a chorar, logo chorará sempre que estiver com fome. Pode-se dizer que comer terá .... o choro. 8.24 ← pág. 47
(1) extinto (2) reforçamento 8.28	As vocalizações podem ser classificadas como comportamento (1).................. quando agirem sobre o ambiente social, nesse caso. Se isto acontece, sua frequência depende de serem ou não (2)........................... 8.29 ← pág. 47

SÉRIE 46	Parte XIII. Autocontrole ANÁLISE DO COMPORTAMENTO VOLUNTÁRIO INVOLUNTÁRIO Tempo provável: 12 minutos.
	Vire a página e comece. →
tem (é de) 46.4	Quando o excesso de calor faz com que os pequenos vasos sanguíneos da pele se dilatem e ramifiquem a pele com sangue ("corar"), o calor se perde mais rapidamente. O reflexo tem valor .... ao reduzir temperaturas corporais perigosas. 46.5
reflexo 46.9	Quando as lágrimas de uma criança levam a uma manifestação de afeição paternal, a resposta reflexa é seguida por uma consequência que provavelmente ** figurava no seu desenvolvimento evolutivo. 46.10
(1) operante (2) respondente (reflexo) 46.14	Quando um ator imita a "falta de ar" numa cena em um submarino danificado, está engajado em comportamento operante, cuja topografia se assemelha de perto à do comportamento 46.15
estímulos 46.19	Quando "sufocamos" um soluço, controlamos um reflexo com uma resposta incompatível. O operante "sufocar" suprime a .... reflexa. 46.20
(1) respondente (reflexo) (2) operante 46.24	Ao prender a respiração debaixo d'água, o comportamento (1) .... está controlando o comportamento (2) 46.25
são (podem ser) 46.29	Inalar rapé para induzir um espirro poderia ser chamado controle "voluntário" do comportamento "involuntário". O ato completo é um encadeamento em que o primeiro membro é uma resposta (1) .... que produz o estímulo para uma (2) 46.30

SÉRIE **9**	Parte II. Condicionamento Operante: Conceitos Elementares REFORÇO POSITIVO E NEGATIVO Tempo provável: 14 minutos. **Vire a página e comece.** →
negativos 9.4	Desligar a televisão durante um anúncio é reforçado pela *supressão* de um reforço (1)..........; ligar a televisão para um programa muito interessante é reforçado pela *apresentação* de um reforço (2)..................... 9.5
(1) reforço (reforçador) positivo (2) reforçador (reforço) negativo 9.9	A gente vira o rosto diante de um espetáculo deprimente. Virar o rosto....................... tal visão (um reforçador negativo). 9.10
reforçadores 9.14	"O que ele vê nela?" pode significar "Como é que ela .... a corte que ele lhe faz"? (tt). 9.15
(1) extinguindo-se (2) incompatíveis 9.19	Quando uma classe fica indisciplinada é provável que a professora dispense a classe, se puder, pois terá sido .... pela supressão dos estímulos que uma classe indisciplinada origina. 9.20
(1) diminui (2) extingue 9.24	As faltas no trabalho aumentam quando os operários não são .... com salários e condições adequadas de trabalho (tt). 9.25
reforçador (estímulo reforçador) 9.29	**FIM DA SÉRIE** 52

reforçada (condicionada) 45.3	Como foi descrito em (A) e (B), parece que o animal atirava-se contra a porta principalmente por causa da ação subsequente da Sra. Frazier ao***. 45.4 ← pág. 293
intermitente 45.8	Se a Sra. Frazier age em (B) para parar com os ganidos batidas *enquanto* estão ocorrendo, o comportamento dela é um exemplo de comportamento de .... 45.9 ← pág. 293
contínuo 45.13	Em (E) desenvolveu-se outra nova contingência que pode influenciar o comportamento da Sra. Frazier. Gastar muito tempo abrindo a porta*** uma condição aversiva para a Sra. Frazier. 45.14 ← pág. 293
frequências 45.18	A Sra. Frazier controlou o comportamento do cachorro de uma maneira muito satisfatória principalmente através de reforço positivo. Ela*** recorreu a controle aversivo ou punição. 45.19 ← pág. 293
positivo (e) negativo (*qualquer ordem*) 45.23	Remover o cartão enquanto o cachorro estivesse olhando iria .... o que quer que o cachorro estivesse fazendo. 45.24 ← pág. 293
esquiva 45.28	O resultado descrito em (H) foi prevenir maiores danos na porta, eliminando certo comportamento com um ( ) S .... Apenas quando o (2) S .... estava presente a Sra. Frazier precisava abrir a porta ao primeiro ganido. 45.29 ← pág. 293

	Um pombo bica o disco e recebe imediatamente alimento. A (1) .... das bicadas aumentará, desde que o receber alimento (2)*** um reforço. 9.1
(1) negativo (2) positivo 9.5	Diz-se que um reforço é negativo se for a sua............ o que reforça o comportamento. 9.6
suprime 9.10	Uma criança privada de comida provavelmente pedirá comida, se a resposta "pedir comida" tiver sido (1) .... no passado. É um exemplo do reforçamento (2)............................ 9.11
reforça 9.15	O marido que, para acabar com uma briga, traz bombons para a mulher pode descobrir mais tarde que a mulher briga com..................... (maior ou menor?) frequência. 9.16
reforçada (reforçada negativamente) 9.20	A professora que dispensa a classe por causa da indisciplina faz, provavelmente, com que a frequência do mau comportamento (1)..................., pois é provável que a dispensa das aulas seja (2).................. para crianças travessas. 9.21
reforçados 9.25	Pode-se procurar um objeto perdido várias vezes no mesmo lugar, antes que este comportamento se........................... através do contínuo insucesso. 9.26

aumenta	O cachorro pode ter conseguido abrir mecanicament alguma outra porta batendo com as patas dianteira contra a porta. Se asssim foi, a resposta foi .... anteriormente por uma contigência natural.
45.2	45.3
(1) dentro (2) fora	Em (B), "ocasionalmente" significa que a Sra. Frazie provia reforço...................... .
45.7	45.8
(1) (de) fuga (2) (de) esquiva	Quando, em (D), a Sra. Frazier começa a abrir a port logo que o cachorro gane pela *primeira* vez, o ganir do ca chorro está em um esquema chamado reforço ....
45.12	45.13
não era (não é)	O "pedir para entrar" do cachorro passa logo a ocorre com duas .... muito diferentes, dependend de o cartaz estar ou não no lugar.
45.17	45.18
(1) $(S)^\Delta$ (2) $(S)^D$	*Remover* um S^Δ ou *apresentar* um S^D são duas maneira de descrever a mesma mudança de estímulos. É refor çamento embora a distinção entre reforço .... não possa ser feita.
45.22	45.23
$(S)^\Delta$	Ao "voltar para trás" em (J), o cachorro evita um S^Δ qu teria ocorrido se ele tivesse saído na ocasião. Podemo interpretar este "voltar para trás" como comportament de ....
45.27	45.28
negativo	**FIM DA SÉRIE**
45.32	

(1) frequência (2) é, (seja, funcione como) **9.1**	Se, em vez de se dar comida quando o pombo bica o disco, se fizer barulho, a frequência do bicar *não* aumenta. Fazer barulho, portanto,*** um reforço. **9.2**
supressão **9.6**	A supressão de um anúncio na televisão pode ser um reforço negativo. Se assim for o anúncio da televisão é um reforça-.................. .... **9.7**
(1) reforçada (2) positivo **9.11**	Tanto o reforço positivo como o negativo................... a frequência da resposta. **9.12**
maior **9.16**	O marido que traz bombons para a esposa quando ela se porta de maneira especialmente agradável pode vir a descobrir que ela brigará***. Reforçou respostas que são incompatíveis com brigar. **9.17**
aumente reforçador **9.21**	A professora que só dispensa a classe quando todos se comportam bem, (1) .... a probabilidade de indisciplina. Está reforçando respostas que são (2) .... com indisciplina. **9.22**
extinga **9.26**	Se uma pessoa compra sempre livros, músicas e objetos de arte, concluímos que estes objetos................ o comportamento de comprá-los. **9.27**

respondentes (reflexos)	Podemos dizer que o ganir é um operante, se formos capazes de mostrar que a sua frequência .... como resultado do abrir a porta da Sra. Frazier em (B).
45.1	45.2
reforçadas (condicionadas)	(B) descreve um reforçamento, apenas se estar fora de casa for reforçador, quando o cachorro está (1) .... e estar dentro quando o cachorro estiver (2) ....
45.6	45.7
vagarosa	(D) sugere que o próprio comportamento da Sra. Frazier já não é um comportamento de (1) .... (que *termina* os ganidos e batidas), mas sim, comportamento de (2) .... (que *evita* arranhar a porta).
45.11	45.12
discriminação	A palavra "NÃO" no cartaz*** mais eficaz do que, digamos, um padrão geométrico igualmente conspícuo.
45.16	45.17
S^D	Remover o cartaz é um caso de remover um (1) S .... e apresentar um (2) S ....
45.21	45.22
acidentais	(I) pode ser interpretado como esquiva de um longo período de S .... que a esta altura já havia ocorrido antes, muitas vezes, enquanto o cachorro estava fora.
45.26	45.27
reforçaria	Em geral, o cachorro reforçava o próprio comportamento da Sra. Frazier usando reforço .... pois o cachorro parava de ganir e arranhar.
45.31	45.32

não será **9.2**	Se o bicar do disco *acaba* com o barulho (desliga-o) por alguns minutos, a frequência do bicar na presença do barulho *aumenta*. Neste caso acabar com o barulho*** um reforço. **9.3**
(reforça) dor negativo **9.7**	Se um programa cômico for um reforçador positivo, a apresentação do programa é................ .... **9.8**
aumentam **9.12**	Quando uma criança emite o som "pa-pa", o pai a agrada e acaricia. Classificaremos os agrados do pai como reforçadores, se observarmos que a criança (1)...............a resposta com mais (2)............................... **9.13**
menos (com menor frequência) **9.17**	Quando duas respostas são incompatíveis, não podem ser emitidas ao mesmo tempo. A esposa, que reforça o marido quando ele se porta agradavelmente, pode descobrir que a frequência das brigas diminui porque brigar é .... com ser agradável. **9.18**
(1) diminui (2) incompatíveis **9.22**	Se toda vez que discarmos um número, o telefone não atender, deixamos de discar. Este processo se denomina (1).................. e se deve à falta de (2)........................ **9.23**
reforçam (condicionam) **9.27**	Para desacostumar um cachorro que fica pedindo comida, deve-se................ o operante, nunca mais dando comida quando ele pede. **9.28**

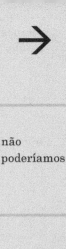

Não podemos ter certeza de que o ganir é um operant[e]. Pode ser um dos muitos .... que ocorrem e[m] um estado emocional gerado quando uma resposta for[te] não pode ser executada.

45.1

---

não poderíamos

45.5

A expressão "pedir para sair" sugere que o comportamento do cachorro é similar a uma resposta human[a] verbal como "abra a porta". Ambas as respostas sã[o] .... pela ação de um segundo organismo.

45.6

---

razão variável

45.10

O esquema sugerido, em (B), deverá tornar a extinçã[o] deste comportamento muito .... se o reforç[o] for descontinuado.

45.11

---

(1) S^Δ
(2) S^D

45.15

Quando, em (F), a Sra. Frazier abria a porta, se o carta[z] não estivesse no lugar, mas não o fazia se estivesse, e[s]tava estabelecendo uma ....

45.16

S^Δ

45.20

Em (F), a porta *sem* o cartaz tornou-se um .... para pedir para entrar.

45.21

---

reforçaria

45.25

O "silenciosamente" em (G) é importante porque e[ra] aconselhável remover o cartaz sem estimular o cacho[r]ro de modo a prevenir contingências .... d[e] reforço que poderiam estabelecer comportamentos s[u]persticiosos indesejáveis.

45.26

---

(1) extinção
(2) discriminativo

45.30

Deixar que o cachorro entrasse ocasionalmente co[m] o cartaz no lugar teria estragado o resultado, po[is] .... a resposta na presença de S^Δ, quebrand[o] assim a discriminação.

45.31

294

é (constitui, será) 9.3	Os reforços que consistem em *apresentar* estímulos (por ex.: comida) são chamados reforços *positivos*. De outro lado, os reforços que consistem na *supressão* ou eliminação de estímulos (p. ex.: um estímulo doloroso) são chamados reforços .... 9.4 ← pág. 52
reforçamento positivo 9.8	A frequência de um operante pode ser aumentada pela apresentação de (1) .... ou pela supressão de (2) .... 9.9 ← pág. 52
(1) emite (2) frequência 9.13	Quando o pai agrada a criança depois que ela disse "papa", a criança pode sorrir, repetir "pa-pa", etc. Se o pai continua a agradar a criança com frequência, supomos que o sorriso da criança, etc. foram.................para o comportamento do pai. 9.14 ← pág. 52
incompatível 9.18	Uma resposta indesejável pode ser eliminada (1)*** a resposta, ou reforçando respostas (2)***. 9.19 ← pág. 52
(1) extinção (2) reforço 9.23	Se um vigia antiaéreo nunca descobre no céu o tipo de avião do qual deve dar o alarme, sua frequência em observar o céu (1)................. Em outras palavras, o comportamento de observação se (2)***(tt). 9.24 ← pág. 52
extinguir 9.28	Um estímulo que vem depois de uma resposta é denominado ...., se a frequência com que respostas similares forem emitidas aumentar. 9.29 ← pág. 52

SÉRIE **45**

Parte XII. Análise Científica e Interpretação de Casos Complexos.
UM PROBLEMA DE ENGENHARIA DO COMPORTAMENTO

Leia o painel da página anterior
Tempo provável: 13 minutos.

Vire a página e comece. →

---

abrir a porta,
(deixá-lo sair,
reforçá-lo)

Se o cachorro empurrasse a porta até abri-la e se esgueirasse por ela sem auxílio,*** dizer que o cachorro estava "pedindo para sair".

45.4   45.5

---

fuga

Se a Sra. Frazier age em (B) apenas quando já houve tanto ganido e tanta batida que ela "já não aguenta mais", o cachorro está provavelmente sendo reforçado em um esquema de ....

45.9   45.10

é
(tornou-se,
era)

O cartaz na porta tornou-se um (1) .... para a resposta "pedir para entrar", e a porta sem o cartaz tornou-se um (2) .... para a resposta.

45.14   45.15

---

não

Porque o ganir nunca foi reforçado quando o cartaz estava na porta, o cartaz tornou-se um .... para a resposta de pedir para entrar.

45.19   45.20

---

reforçar

Era importante *não* remover o cartaz enquanto o cachorro estivesse ganindo ou batendo na porta, pois isto .... este comportamento.

45.24   45.25

---

(1) (S)$^\Delta$
(2) (S)^D

Um resultado semelhante poderia ter sido obtido extinguindo completamente a resposta, mas que o cachorro "pedisse para entrar" era, algumas vezes, útil à Sra. Frazier. Daí, a (1) .... ser menos conveniente que o estabelecimento de um estímulo (2) ....

45.29   293   45.30

SÉRIE 10

Parte II. Condicionamento Operante:
Conceitos Elementares
APLICAÇÃO DOS CONCEITOS BÁSICOS
Tempo provável: 11 minutos.

Vire a página e comece. →

---

aumenta

Ganhar doce como resultado de fazer birra é um exemplo de reforço............................ .

10.4   10.5

---

incompatível

Dois meios para evitar comportamentos condicionados indesejáveis são: (1)...........................pelo não reforçamento, e condicionar algum comportamento (2).................

10.9   10.10

---

frequência

Não havendo modificações nas circunstâncias, um operante que ocorreu com muita frequência no passado tem grande........................... de ocorrer de novo no futuro.

10.14   10.15

---

(1) menor
(2) extinção

Pegar um copo e dizer "Água, por favor" é (1).............; qualquer exemplo específico desse comportamento se chama, entretanto, (2)...........................

10.19   10.20

---

operante

O................. ....controla, em geral, a economia interna do organismo.

10.24   10.25

---

emitida

No esquecimento, a probabilidade de uma resposta diminui com a passagem do tempo, durante o qual*** emitida.

10.29   10.30

PAINEL PARA A
SÉRIE 45

LEIA AGORA E CONSULTE QUANDO NECESSÁRIO

(A) A Sra. Frazier possuía um cachorro que "pedia" para entrar ou sair, ganindo baixinho e apoiando-se nas patas traseiras, batendo com as dianteiras barulhentamente na porta.

(B) Ela abria ocasionalmente a porta, quando o cachorro "pedia" para sair ou entrar.

(C) Mais tarde a casa foi pintada de novo e a porta recebeu uma bonita mão de verniz e tornou-se importante para a Sra. Frazier não permitir que o cachorro arranhasse a porta.

(D) Assim ela passou a abrir a porta logo que o cachorro gania, sem esperar que batesse com as patas na porta.

(E) Era agora tão fácil entrar e sair que a frequência do comportamento aumentou, e a Sra. Frazier começou a gastar uma boa parte do dia abrindo a porta para o cachorro.

(F) Então ela resolveu o problema pendurando um cartaz com as letras NÃO do lado de fora da porta. A porta nunca era aberta quando o cartaz estava no lugar; mas quando o cartaz *não* estava no lugar, a porta era aberta ao primeiro ganido.

(G) O cartaz podia ser silenciosamente removido da porta através da fresta para cartas.

(H) O cachorro rapidamente deixou de "pedir para entrar", quando o cartaz estivesse no lugar. Durante este período o verniz da porta foi retocado. Daí por diante, quando era conveniente deixar o cachorro entrar, a Sra. Frazier removia o cartaz. Nas outras ocasiões o cão permanecia fora sem atirar-se contra a porta.

(I) Como agora já não era fácil voltar, o cachorro agora "pedia para sair" com muito menos frequência.

(J) Algumas vezes, depois de ter pedido para sair, o cachorro via a Sra. Frazier apanhar o cartaz para pô-lo na porta e então voltava e ficava em casa.

	Uma criança faz birra, gritando que quer doce. A mãe dá doce e a criança cessa a birra. A resposta da *mãe* ao dar doces para a criança é .... pela supressão ou cessação da birra. **10.1**
positivo **10.5**	Quando a mãe aquieta a criança com doce e a criança para de gritar, tanto a mãe como a criança estão, provavelmente sem saber, ... o comportamento uma da outra. **10.6**
(1) extingui-los (2) incompatível **10.10**	A gente diz que uma pessoa tem tendência a escutar música, ou que tem interesse por música se emite com .... o comportamento de escutar música. **10.11**
probabilidade **10.15**	Um pombo bica um disco e recebe imediatamente alimento. Depois disso é mais .... que o pombo torne a bicar o disco. **10.16**
(1) operante (2) resposta **10.20**	Depois de uma resposta ter sido reforçada há grande .... de que se repita. **10.21**
o comportamento respondente (reflexos) **10.25**	A associação de dois estímulos é necessária para condicionar o comportamento (1)...................; os reforços são necessários para condicionar o comportamento (2).................... **10.26**
não é **10.30**	Quando a resposta deixa de ser acompanhada de reforçamento, e assim é emitida menos frequentemente, dizemos que se estabeleceu. **10.31**

efeito (resultado)	Um homem pago para demolir velhas paredes é insultado pelo seu empregador. No trabalho, levanta e desce a picareta com mais vigor. O dinheiro que ganha afeta o seu comportamento como (1) ...., o insulto como um estímulo (2)...................... .
44.3	44.4 ← pág. 287
muitos (múltiplos, vários)	Ao escrevermos um parágrafo, criamos uma elaborada cadeia verbal de estímulos que alteram as probabilidades de outras palavras se seguirem. O comportamento verbal sustentado quase sempre envolve .... causas.
44.8	44.9 ← pág. 287
(1) múltiplos (2) múltiplos	Duas respostas que não podem ser emitidas simultaneamente são respostas ....
44.13	44.14 ← pág. 287
soma algébrica	Um cachorro aproximou-se de um objeto estranho. Se o objeto for um reforçador positivo, (1) o .... do objeto será reforçado; se for um reforçador negativo, o recuar do objeto será (2) ....
44.18	44.19 ← pág. 287
aproxima-se	Um organismo pode oscilar entre aproximação e recuo. Quando o cachorro primeiro se aproxima, depois recua e então se aproxima outra vez, está .... entre duas respostas.
44.23	44.24 ← pág. 287
oscilação	Muitas respostas altamente reforçadas são também punidas. Uma segunda resposta que termina com os estímulos aversivos condicionados, gerados pela resposta punida, também pode ser forte. Estas duas respostas são ....
44.28	44.29 ← pág. 287
(1) incompatíveis (conflituais) (2) sempre (constantemente)	**FIM DA SÉRIE**
44.33	291

reforçada **10.1**	Se a supressão da birra da criança reforça a resposta "dar doces" da mãe, a cessação do barulho é um exemplo de reforçamento **10.2**
reforçando (condicionando) **10.6**	Para evitar o condicionamento de birras, a mãe não deve........................... tais comportamentos quando forem emitidos. **10.7**
frequência **10.11**	Não se pode observar a "tendência" de escutar música, nem um "traço" como amor pela música. O que podemos efetivamente observar é que a pessoa....................... com frequência o comportamento de escutar música. **10.12**
provável **10.16**	Se o pombo bica o disco e recebe imediatamente alimento, dir-se-á em termos técnicos que a resposta foi seguida de **10.17**
probabilidade **10.21**	*Existe* um estímulo eliciador para o comportamento **10.22**
(1) respondente (reflexo) (2) operante **10.26**	A magnitude da resposta relaciona-se com a intensidade do estímulo que a precede no comportamento.............. **10.27**
extinção **10.31**	Quando, *com a passagem do tempo*, sem que tenha havido possibilidade de emitir a resposta, diminui a frequência desta, dizemos que houve **10.32**

podem	Um restaurante emprega uma bonita garçonete e serv[e] uma boa comida. Dois diferentes reforçadores, boa c[o]mida e a visão da garçonete bonita têm em comum um .... no aumento da freguesia.
44.2	44.3
S^Ds (estímulos)	A palavra que "expressa significações múltiplas" é co[n]trolada por*** estímulos.
44.7	44.8
S^D (estímulo)	Um único evento pode ter (1) .... efeit[o] sobre o comportamento e (2) .... event[os] podem ter um efeito comum.
44.12	44.13
recuar	As probabilidades separadas de duas respostas confl[i]tuais podem combinar-se em *soma algébrica*. Um rapa[z] tímido ao lado de um salão de dança pode revelar sina[is] de .... dos comportamentos d[e] aproximação e recuo.
44.17	44.18
recuar (voltar para trás)	Depois de o cachorro ter-se afastado do objeto estranh[o,] as variáveis que controlam a aproximação podem a[u]mentar e as variáveis que controlam o recuo podem dim[i]nuir. O cachorro então .... outra vez do objet[o.]
44.22	44.23
(1) soma algébrica (2) oscilação	Ao tentar decidir a respeito de uma compra, revelamo[s] .... quando repetidamente decidimos com[-]prar, depois não comprar, etc.
44.27	44.28
ansiedade (emoção)	Podemos inferir que uma "neurose de ansiedade" resu[l]ta quando duas respostas (1) .... são forte[s.] Estímulos condicionados aversivos são gerados mais o[u] menos continuamente; por isso o organismo está quas[e] (2) .... em um estado de ansiedade.
44.32	44.33

negativo **10.2**	Com referência à influência da birra no comportamento da mãe, podemos dizer que a birra é um (1) reforça-............ negativo; sua cessação é um (2) reforça-............ **10.3**
reforçar **10.7**	Se as birras já estiverem condicionadas, a mãe pode (1) .... a resposta, desde que, persistentemente não a (2)....................... . **10.8**
emite **10.12**	Dizemos que uma pessoa é "apaixonada" por futebol, se frequentemente....................os comportamentos operantes de ir ao futebol, falar de futebol, etc. **10.13**
reforço **10.17**	Quando um pombo é reforçado por bicar o disco, (1) .... com que a resposta é (2) .... aumenta. **10.18**
respondente (reflexo) **10.22**	*Não existe* estímulo eliciador para o comportamento **10.23**
respondente (reflexo) **10.27**	A maior parte do comportamento (1) .... implica atividade dos músculos lisos e das glândulas. A maior parte do comportamento (2) .... implica atividade dos músculos estriados. **10.28**
esquecimento **10.32**	**FIM DA SÉRIE**

duas (ambas)	Dois reforçadores*** (podem ou não podem?) ter u[m] efeito comum no aumento da probabilidade de um dete[r]minado operante.
44.1	44.2
uma (a mesma, uma dada)	A resposta verbal "casa" pode estar sob o controle d[e] uma casa real, de uma palavra impressa, de uma pala[‑]vra dita, ou de palavras que frequentemente precede[m] a palavra, como ao completar "a... paterna". Muit[as] .... exercem controle sobre a mesma resposta[.]
44.6	44.7
deixa (dica)	Nos trocadilhos, chistes, lapsos verbais, etc., o "múltipl[o] sentido" da palavra é importante. Por "múltiplo senti[‑]do" indicamos que mais de um ....(tt) est[á] contribuindo para a probabilidade da resposta.
44.11	44.12
probabilidade	Se não for complicada por outras variáveis, uma históri[a] de reforçamento negativo em um cachorro, por recua[r] diante de objetos estranhos, determina a probabilidad[e] de .... diante de um novo objeto estranho.
44.16	44.17
soma algébrica	À medida que o cachorro se aproxima de um objet[o] estranho, as variáveis que controlam o recuo pode[m] aumentar. Quando, em soma algébrica, a tendência [a] recuar excede a tendência a aproximar-se, o cachorr[o] irá ....
44.21	44.22
aumenta	Quando um cachorro fica "nem muito perto nem muit[o] longe" de um objeto estranho, seu comportamento revel[a] (1) .... Quando se aproxima[,] pula para trás, chega perto, etc., revela (2) ....
44.26	44.27
ansiedade (emoção)	Quando uma ou mais das variáveis que controlam a res[‑]posta são aversivas, o conflito prolongado pode resulta[r] de um prolongado estado de ....
44.31	44.32

(1) (reforça)-dor (2) (reforça)-mento 10.3	Quando a birra cessa se a criança recebe o doce, a probabilidade de que a criança faça, no futuro, outras birras .... 10.4 ← pág. 57
(1) extinguir (2) reforce 10.8	Além de extinguir o fazer birras, a mãe pode reforçar frequentemente o "portar-se bem". Isto ajudará a eliminar as birras condicionando um comportamento que lhes é***. 10.9 ← pág. 57
emite 10.13	Muitos dos chamados "traços" (agressividade, persistência, cordialidade) são maneiras simples de dizer que um indivíduo emite com.................. certos tipos de comportamento. 10.14 ← pág. 57
(1) frequência (2) emitida 10.18	Se não mais se reforça uma resposta que antes tinha sido reforçada, logo ela vai ocorrer com (1).................. frequência. Isto se chama (2)............................ . 10.19 ← pág. 57
operante 10.23	O comportamento.................. supõe, em geral, uma ação sobre o ambiente. 10.24 ← pág. 57
(1) respondente (reflexo) (2) operante 10.28	No comportamento operante, uma resposta só pode ser reforçada depois de ter sido..................... . 10.29 ← pág. 57

	Duas "causas" podem ter um efeito comum. Um operan reforçado com dois reforçadores apropriados a duas pr vações diferentes irá variar com .... privaçõe 44.1
duas 44.5	Podemos acender um cigarro (a) ao sentir o cheiro cigarro, (b) ao ver um amigo acender um ou (c) ao v na televisão um anúncio de cigarros. Três S^Ds pode exercer controle sobre*** resposta. 44.6
S^Ds (estímulos) 44.10	Um ator pode em um solilóquio não ser capaz de con pletar a fala até que receba uma deixa. O solilóquio uma cadeia de respostas verbais. A .... (is é, o S^D adicional) dada ao ator é uma fonte adicional controle de estímulos. 44.11
incompatíveis (conflitivas) 44.15	Se não for complicada por outras variáveis, uma hist ria de reforçamento positivo por aproximar-se de obj tos estranhos, em um cachorro, determina a .... de aproximar-se de um novo objeto estranho. 44.16
aproximação (e) recuo (*qualquer ordem*) 44.20	Quando respostas incompatíveis são *diametralmen opostas*, pode haver uma .... suas probabilidades independentes, como quando u soldado move-se vagarosamente para o combate. 44.21
oscilação 44.25	Há oscilação no comportamento, quando o ato de c meçar a executar uma resposta .... a forç das variáveis que controlam a resposta diametralmen oposta. 44.26
oscilar 44.30	Quando o comportamento que foi tanto reforçado com punido mostra oscilação, estímulos condicionados ave sivos são repetidamente gerados. Estes estímulos p dem por sua vez gerar um estado de 44.31

PAINEL PARA A
SÉRIE 11   LEIA AGORA E, DURANTE A PRIMEIRA
PARTE DA LIÇÃO, CONSULTE QUANDO
NECESSÁRIO

(A) Priva-se um pombo de comida por certo tempo.
(B) Coloca-se o pombo na situação experimental em que um mecanismo alimentador põe, por alguns segundos, milho à disposição da ave.
(C) O alimentador funciona com um ruído característico e ilumina o alimento, enquanto este estiver à disposição da ave.
(D) O ruído e a luz não têm, de início, nenhum poder de reforçar o comportamento.
(E) O alimento, por outro lado, reforça qualquer comportamento que o preceder. (O alimento é um *reforço incondicionado ou primário*.)
(F) Depois que o alimentador funcionou muitas vezes, o pombo responde imediatamente, aproximando-se e comendo logo que ouve o ruído e vê a luz.
(G) Retira-se todo o milho do alimentador.
(H) O alimentador (vazio) só funciona agora quando o pombo bica o disco.
(I) Embora o alimentador esteja vazio, a frequência das bicadas aumenta. O ruído e a luz tornaram-se evidentemente *reforços condicionados ou secundários*.
(J) O som e a luz tornam-se *reforços condicionados*, quando repetidamente associados com o alimento.
(K) Quando o bicar o disco continua a operar um alimentador vazio, a frequência do bicar declina.
(L) O som e a luz não mais se associam com o alimento e, através da extinção, perdem o poder de reforçar.

SÉRIE **44**	Parte XII. Análise Científica e Interpretação de Casos Complexos. MÚLTIPLAS CAUSAS E RESPOSTAS CONFLITUAIS Tempo provável: 12 minutos. **Vire a página e comece.** →
(1) reforçador (2) aversivo (emocional) 44.4	Um homem pago para derrubar paredes é insultado pelo empregador. Seu maior vigor ao manejar a picareta pode refletir o efeito combinado de .... variáveis. 44.5
múltiplas (muitas, várias) 44.9	O mestre de cerimônias de um programa de perguntas pode dar dicas ou deixas a um concorrente. Está provendo .... adicionais para tornar a resposta mais provável. 44.10
incompatíveis 44.14	Na condição que chamamos "conflito", as variáveis ativas no momento fortalecem duas ou mais respostas 44.15
(1) aproximar-se (2) reforçado 44.19	Um cachorro aproxima-se vagarosamente de um objeto estranho. (Os objetos estranhos no passado forneceram tanto estímulos reforçadores como aversivos.) A aproximação vagarosa representa a soma algébrica das probabilidades de .... e 44.20
oscilando 44.24	Frequentemente o "mudar de opinião" a respeito de uma compra é um exemplo de .... entre duas respostas. 44.25
incompatíveis (conflituais) 44.29	Quando o comportamento é tanto fortemente reforçado como severamente punido, o organismo pode .... entre as primeiras fases de duas respostas incompatíveis. 44.30

287

	Parte II. Condicionamento Operante: Conceitos Elementares REFORÇO CONDICIONADO
SÉRIE **11**	Leia o painel da página anterior. Tempo provável: 26 minutos.
	Vire a página e comece. →
associado	Depois de (G), o funcionamento do alimentador produzirá som e luz, mas a aproximação do alimentador não será mais·························· com alimento.
11.8	11.9
(1) associado (2) reforço incondicionado	Um experimento típico, a bicada aciona um alimentador ruidoso que contém alimento. A bicada é reforçada tanto pelo reforço (1)················ como pelo (2)··············· (tts).
11.17	11.18
reforço condicionado	O experimento no início desta série demonstra que um operante pode ser condicionado *sem* que se use um reforço························· .
11.26	11.27
associadas	Quando o chimpanzé coloca fichas na máquina automática de amendoim, as fichas tornam-se reforçadores (1) ················, porque precedem imediatamente a comida, que é (2)***.
11.35	11.36
duas (ambas)	Se as fichas tiverem sido associadas com reforçadores incondicionados apropriados a muitos estados de privação, haverá ···················situações de privação sob as quais as fichas reforçarão comportamentos.
11.44	11.45
reforço (condicionado) generalizado	A *atenção* dos pais pode·················(tt) o comportamento de uma criança.
11.53	11.54

S^Ds (estímulos)	Em (C), o sabor do doce provavelmente .... (t o comportamento de pôr doce na boca.
43.3	43.4 ← pág. 282
(1) (B) (2) (C) (3) múltiplos (vários, diversos)	No laboratório, (1)*** possível isolar relações funciona: simples; mas ao interpretar a maioria dos eventos fora d laboratório, devemos estar alertas para a possibilidad de (2) .... efeitos em situações complexas.
43.8	43.9 ← pág. 282
(1) (saciação) (2) emocional	O evento de apresentar um único pedaço de doce teve .... efeitos no comportamento da criança.
43.13	43.14 ← pág. 282
analisar (isolar, estudar)	O experimentador frequentemente mantém constante todas as variáveis independentes, exceto a que está ir vestigando. Desta maneira, está*** o efeito que esta va riável tem sobre a variável dependente.
43.18	43.19 ← pág. 282
reforçou (condicionou)	Ao reforçar um comportamento específico com peque nas doses de atenção por alguns momentos, podemos (1 .... o comportamento sem produzir saciedade Deste modo, podemos (2) .... os efeitos da atenção
43.23	43.24 ← pág. 282
diminuição	A oscilação ou alternação de efeitos emocionais na ex tinção depois de reforçamento contínuo produz um re gistro que mostra também .... na frequênci de respostas.
43.28	43.29 ← pág. 282

286

	(A) é necessário, se quisermos usar .... como reforço. 11.1
reforçada 11.9	Depois de (G), o som do alimentador não é mais associado com o reforço ....(tt). 11.10
(1) incondicionado (2) condicionado (em qualquer ordem) 11.18	Quando, depois da bicada, o alimentador funciona, o pombo se aproxima e come. Aproximar-se do alimentador toma algum tempo, há sempre uma pequena demora entre a resposta e o reforço .... (tt). 11.19
incondicionado 11.27	Quando serviços que você prestou forem reforçados com um cheque, o cheque corresponderá*** no experimento aqui discutido. 11.28
(1) condicionados (2) reforço incondicionado 11.36	Pode-se demonstrar que a ficha tornou-se um reforçador condicionado, entregando unicamente uma ficha (ao chimpanzé), imediatamente .... que uma nova resposta tenha sido emitida. 11.37
muitas 11.45	Diz-se que um reforçador que não depende de uma privação específica é um reforçador generalizado. Um reforço condicionado torna-se um reforço generalizado quando associado com*** reforços incondicionados. 11.46
reforçar (condicionar) 11.54	Fingir-se de doente, ou exibir-se, frequentemente atrai atenção. Em outras palavras, a atenção conseguida .... (tt) o fingir doença, ou o exibir-se. 11.55

elicia	Em (C), os estímulos visuais do doce são .... para comer doce.
43.2	43.3
(1) diminuir (2) S^D s	O único pedaço de doce que eliciou a resposta refle xa em (1) .... (*use a letra*) foi um S^D para comportamento de ingerir em (2) .... (*use letra*) e um S^D para o comportamento verbal em (E). A sim, este único evento teve (3) .... efeitos.
43.7	43.8
reforçador	A criança pode ter comido menos em (H), em parte p causa do efeito de (1) .... de ter comido doc (C), e em parte por causa do efeito (2) .... descrito em (G).
43.12	43.13
isolado (analisado, separado, distinto)	Ao usar organismo simples com histórias controlada em ambientes simplificados, mantemos muitas vari veis constantes para poder .... uma variáv efetiva de cada vez.
43.17	43.18
saciação	Se a criança que parou de se comportar mal depois receber muita atenção ficar *mais* inclinada a se porta mal em situações futuras, então a "atenção" .... (tt) o mau comportamento.
43.22	43.23
aumentará	À medida que passa o efeito emocional, o organismo r torna a uma frequência mais alta de respostas, mesn que a extinção ainda esteja em curso. Isto significa qu mais respostas não são reforçadas. O efeito emocion, pode por isso voltar. Há então uma nova .... na frequência.
43.27	43.28

alimento (comida)	Em (B) aproximar-se do alimentador é um operante.......... pelo alimento, desde que o pombo chegue ao alimentador com tempo de comer.
11.1	11.2
incondicionado	Em (H) o disco aciona o alimentador pela primeira vez. Assim, a resposta a ser condicionada não poderia ter tido uma história anterior ao·················.
11.10	11.11
incondicionado	Quando a bicada aciona o alimentador, decorre um pequeno lapso de tempo entre a resposta e o reforço incondicionado, porque o pombo gasta algum tempo para***.
11.19	11.20
ao ruído e/ou à luz (reforço condicionado)	Você não continuará a trabalhar, se os cheques que você recebe não tiverem fundos, porque o poder do reforço (1)......................... do cheque se (2).................... (tt).
11.28	11.29
depois	Prova-se que as fichas tornaram-se reforçadoras, se houver.........................da frequência das respostas semelhantes à resposta que foi seguida pelas fichas.
11.37	11.38
vários (muitos)	Se um chimpanzé troca fichas por alimento, por água, por companhia de um chimpanzé de outro sexo, por alívio ou diminuição da dor, as fichas tornam-se ....
11.46	11.47
reforça (condiciona)	"Prestar atenção", ou "aparentar interesse" quando alguém fala, geralmente aumenta (1)................em que este alguém fala, pois "atenção" é (2)......... ....para a maioria das pessoas.
11.55	11.56

efeitos (resultados)	(B) descreve o efeito do doce como um estímulo qu .... uma resposta reflexa.
43.1	43.2
(1) diminui (reduz) (2) aumentam (elevam)	Embora (C) devesse (1) .... ligeiramente o n vel de privação, a criança agora pede mais doce em (E ainda que não o tenha feito em (A). Isto se deve ao fa de que a visão e o sabor do doce são (2) .... para pedir mais.
43.6	43.7
sustiveram (recusaram, removeram)	(G) descreve um efeito emocional produzido pela r moção de um ...., onde os reforçamentos t nham sido anteriormente contínuos.
43.11	43.12
diminuição	Arranjamos deliberadamente condições experimenta para analisar (isolar) os efeitos de uma variável si gular. Ao mudar as condições especificadas em (D), efeito do controle de estímulos pode ser .... do efeito da privação.
43.16	43.17
múltiplos (muitos)	Uma criança que se porta mal para atrair a atençã deixará de fazê-lo, se repentinamente lhe for dada ate ção quase constante. Aqui, o efeito mais óbvio de d atenção é antes um exemplo de .... do qu reforçamento.
43.21	43.22
diminuição (redução)	O efeito emocional de deixar de receber reforço pod passar e a frequência .... algo.
43.26	43.27

reforçado (condicionado)	Em (C) o som e a luz do alimentador estão sendo associados com........................... .
11.2	11.3
condicionamento (reforçamento)	Em (I) a primeira bicada do disco, agora ligado, é acompanhada pelo ruído do alimentador. Uma vez que o alimentador está vazio, a bicada não é seguida do reforço***.
11.11	11.12
aproximar-se (andar)	Quando o alimentador funciona, o ruído da operação ocorre imediatamente. O reforço (1)................é imediato, enquanto o reforço (2)................demora um pouco.
11.20	11.21
(1) condicionado (secundário) (2) extinguirá	Um estímulo que adquire a propriedade de reforçar é chamado reforço ....
11.29	11.30
aumento	Quando um chimpanzé, que vinha trocando fichas por amendoim, aperta uma chave de telegrafia, recebe uma ficha. Se a ficha for um reforço condicionado,............... da resposta "apertar a chave" deve aumentar.
11.38	11.39
reforços generalizados (reforços generalizados condicionados)	Depois que o chimpanzé trocou fichas por alimentos, água, companhia, etc., as fichas*** eficazes, sempre que o chimpanzé estiver bem alimentado mas privado de água.
11.47	11.48
(1) frequência (2) reforço generalizado	Frequentemente as pessoas exibem "sinais aprovação, logo antes de fornecerem os muitos e diferentes tipos de reforços. Sorrisos, a expressão "muito bem", e outros "sinais de aprovação" tornam-se............ ....condicionados.
11.56	11.57

	O evento singular descrito em (A) tem vários e diferentes 43.1
são (eram, tornaram-se) 43.5	A ingestão de alimento produz saciedade, que (1) .... a probabilidade de "pedir alimento". Ao mesmo tempo, os estímulos discriminativos gerados pelo comer (2) .... a probabilidade dessa resposta. 43.6
múltiplos efeitos 43.10	Embora a resposta verbal "pedir mais" (E) tenha sido mantida por reforçamento quase contínuo, em (F), os pais .... o reforçador positivo, o doce. 43.11
já não (não mais) 43.15	Quando os estímulos do doce já não servirem de S^D, deveremos observar uma diminuição na probabilidade de pedir mais doce depois de comer um pedacinho. A diminuição será devida a uma .... na privação. 43.16
(1) não é (2) é 43.20	Um só estímulo aversivo usado na punição elicia respondentes, condiciona outros estímulos a eliciar estes respondentes, e torna possível o condicionamento do comportamento de esquiva. Este único estímulo aversivo tem .... efeitos. 43.21
diminuir (reduzir) 43.25	A operação simples de sustar o reforço positivo tem dois efeitos; ambos os efeitos são .... na frequência. 43.26

alimento (reforçamento) **11.3**	Em (D), antes de ser associado com o alimento, o ruído do alimentador*** reforça a resposta que o precede. **11.4**
incondicionado **11.12**	Concluímos em (I) que o som do alimentador vazio é um reforço................, pois foi o bastante para aumentar a frequência das bicadas. **11.13**
(1) condicionado (2) incondicionado **11.21**	O reforço condicionado (ruído do alimentador) ocorre (1)......................... depois da bicada, mas o reforço incondicionado (2)............ .... até que o pombo alcance o alimentador. **11.22**
condicionado (secundário) **11.30**	Um estímulo que tem a propriedade de reforçar, mesmo que não tenha havido nenhum condicionamento anterior é um***. **11.31**
frequência **11.39**	O chimpanzé está sendo "pago" com fichas para apertar a chave. Em termos técnicos, se diz que suas respostas de apertar a chave estão sendo........................ **11.40**
serão, (são) **11.48**	A eficácia de um reforço generalizado é relativamente independente das condições de...............do organismo, num momento dado qualquer. **11.49**
reforços (condicionados) generalizados **11.57**	Você pode mostrar afeição ou aprovação para.............. (tt) uma resposta que você queira que uma pessoa passe a emitir com maior frequência. **11.58**

SÉRIE **43**

Parte XII. Análise Científica e Interpretação de Casos Complexos.
MÚLTIPLOS EFEITOS
Tempo provável: 15 minutos.

Vire a página e comece. →

---

condiciona
(reforça)

Por causa de (D), a visão e o sabor de um pedaço de doce*** S^Ds para pedir mais doce.

43.4   43.5

---

(1) é
(é sempre)
(2) múltiplos
(vários)

Os acontecimentos nas situações quotidianas são frequentemente complexos, isto é, um só evento pode ter múltiplos efeitos. No episódio descrito no painel, o pedaço de doce teve..................... ....

43.9   43.10

---

múltiplos
(vários)

Se uma vez por dia déssemos um só pedaço de doce (nunca seguido de mais doce), os estímulos do doce*** serviriam como S^D para pedir mais.

43.14   43.15

---

analisando
(isolando)

A relação entre (A) e (E) é frequentemente chamada "abrir o apetite". (1)*** um exemplo de modificação na privação; (2)*** uma ilustração do papel do doce ao prever um S^D para o comportamento posterior.

43.19   43.20

---

(1) condicionar
(reforçar, manter)
(2) analisar
(isolar, separar)

Quando o reforço é retirado depois de reforçamento contínuo, a frequência de respostas declina em extinção. Também ocorre comportamento emocional, e se este for incompatível com a resposta, irá .... a frequência mais ainda.

43.24   43.25

---

oscilação (alternação, flutuação, irregularidade)

FIM DA SÉRIE

43.29

não **11.4**	Em (E) se diz que o alimento é reforço incondicionado, porque seu poder de reforçar*** depende de um condicionamento anterior. **11.5**
condicionado **11.13**	Diz-se que o som é um reforço .... porque seu poder de reforçar foi *adquirido*. **11.14**
(1) imediatamente (logo) (2) é atrasado **11.22**	Em (I) o ruído do alimentador só reforçará a resposta se o pombo estiver privado de comida. Tanto o reforço .... como o .... dependem da privação do alimento. **11.23**
reforçador incondicionado **11.31**	Se um reforçador condicionado não for associado de vez em quando com um reforçador incondicionado, ... a sua eficiência como reforço. **11.32**
reforçadas (condicionadas) **11.40**	Se o chimpanzé não puder mais usar fichas na máquina automática, as fichas (1) .... o poder reforçador através de um processo chamado (2) **11.41**
privação (saciação, fome, etc.) **11.49**	Um reforço condicionado pode se tornar***, se for associado a *vários* reforços incondicionados apropriados às várias espécies de privação. **11.50**
reforçar (condicionar) **11.58**	Você pode negar afeição ou aprovação com o fim de (tt) .... comportamentos que você não quer que outra pessoa emita. **11.59**

PAINEL PARA A
SÉRIE 43   LEIA AGORA E CONSULTE QUANDO NECESSÁRIO

(A) Os pais dão à criança um pedaço de doce, embora a criança não tenha pedido doce recentemente.
(B) A criança saliva e come o doce.
(C) Na história da criança, o conseguir e comer um pedaço de doce foi geralmente seguido pelo conseguir outro pedaço.
(D) A criança pede mais doce; mas embora os pais em geral deem mais doce quando pedido, desta vez não o fazem.
(E) A criança chora, fica com o rosto vermelho e finalmente faz uma cena de birra.
(F) O jantar é servido alguns minutos depois e a criança come menos do que o usual.

não	"Reforço ...." é sinônimo de "reforço incondicionado".
11.5	**11.6**
condicionado	"Reforço ...." é sinônimo de "reforço condicionado".
11.14	**11.15**
condicionado (como) incondicionado (*qualquer ordem*)	O reforço condicionado que adquiriu sua capacidade de reforçar, por ter estado associado com o alimento, só é eficaz quando o animal está em estado de***.
11.23	**11.24**
extingue-(se)	Um chimpanzé coloca fichas numa máquina automática de "vender amendoins". Os amendoins são reforçadores-que aumentam a frequência com que o chimpanzé coloca as fichas na máquina.
11.32	**11.33**
(1) perderão (2) extinção	Comida só reforçará uma resposta, se o chimpanzé estiver privado de alimento. Da mesma forma, se as fichas tiverem sido associadas apenas com comida, só serão eficazes como reforço se o chimpanzé estiver***.
11.41	**11.42**
generalizado (reforço condicionado generalizado)	Um reforço generalizado é quase que completamente .... do estado específico de privação do organismo.
11.50	**11.51**
extinguir	O Sr. X é bem-sucedido ao coagir as pessoas para que o reforcem de *diversas* maneiras. Os sinais de submissão dos outros tornam-se então .... que aumentam a frequência de novas formas de coação, independentemente de uma privação particular.
11.59	**11.60**

comportamento	Um meteorologista, que tenta fazer chover "semeando" nas nuvens gelo-seco, está tentando .... o tempo
42.3	42.4 ← pág. 276
(1) predizendo (2) controlando (3) interpretando	Um fenômeno está explicado cientificamente quando podemos formular as maneiras de .... -lo, ... -lo, ou .... -lo.
42.8	42.9 ← pág. 276
dependente	O cientista manipula as variáveis (1) .... para determinar se têm efeito sobre a variável (2) .... na qual está interessado.
42.13	42.14 ← pág. 276
(1) uma variável independente (2) uma variável dependente (*qualquer ordem*)	Em um reflexo, a magnitude da resposta é uma .... da intensidade do estímulo.
42.18	42.19 ← pág. 276
(1) independente (2) dependente (3) relação funcional (4) lei	Quando uma relação funcional é conhecida, podemos ser capazes de manipular (1)*** para controlar (2)***
42.23	42.24 ← pág. 276
interpretando	Ao falarmos nas leis da natureza, ou que há ordem na natureza, queremos dizer que existem muitas relações .... entre variáveis.
42.28	42.29 ← pág. 276
é (fica, será)	**FIM DA SÉRIE**
42.33	

primário **11.6**	Em (F) a aproximação do alimentador, quando ele funciona, foi .... porque foi sempre seguida de um reforço incondicional (alimento). **11.7**
secundário **11.15**	Em (L), quando o som do alimentador não for nunca seguido de alimento, sua capacidade de reforço .... (tt). **11.16**
privação **11.24**	O estabelecimento de um reforço condicionado é semelhante ao condicionamento respondente (reflexo), pois ambos requerem .... de dois estímulos. **11.25**
incondicionados **11.33**	Quando o chimpanzé coloca fichas na máquina automática, os estímulos visuais e táteis das fichas ocorrem, numa sequência temporal, ... da comida. **11.34**
privado de comida (com fome) **11.42**	O chimpanzé "comprou" somente amendoins com as fichas. Se o chimpanzé estiver farto de amendoins, as fichas*** capazes de reforçar. **11.43**
independente **11.51**	O dinheiro compra muitas coisas. O dinheiro é***. Deve ter adquirido esta propriedade ao ser associado frequentemente com muitas e *diferentes* formas de reforço nos comportamentos que chamamos de "comprar". **11.52**
reforços generalizados **11.60**	**FIM DA SÉRIE**

objetivos	Uma ciência do comportamento tem como seu objetivo a predição, o controle e a interpretação do .... dos organismos vivos.
interpretar	O astrônomo que fornece a data do próximo eclipse da lua está (1) .... um evento; quando põe um satélite em órbita está (2) .... um evento; quando explica as crateras da lua está (3) .... uma coisa ou um evento.
(1) dependente (2) independentes	Uma variável que a ciência tenta explicar é denominada variável ....
uma função do	Em uma relação funcional, há uma relação sistemática observada entre (1)*** e (2)***.
lei	Algumas vezes falamos de relações de causa-efeito. Uma "causa" é uma variável (1) ...., e um "efeito" é uma variável (2) .... A relação é uma (3) .... que, quando bem estabelecida, é enunciada como (4) ....
(1) uma predição (2) controle (controlá-lo)	Quando mostramos que uma relação estabelecida entre o comportamento e um dado conjunto de condições pode ser exemplificada em um caso particular, estamos ....
não fosse (não for)	À medida que a ciência é bem-sucedida na descoberta de relações funcionais, a pressuposição de determinação (ordem)*** confirmada.

279

condicionada	Em (F) o som do alimentador foi repetidamente*** com o alimento na boca.	
	11.7	11.8 ← pág. 63
se extingue	Num experimento típico, o alimentador sempre tem milho. O reforço condicionado (ruído) não se extingue porque continua (1).................... ao (2)	
	11.16	11.17 ← pág. 63
associação	O cachorro usado por Pavlov salivava quando se tocava um som. Poder-se-ia, provavelmente, condicionar um operante fazendo com que a resposta produzisse o som, porque o som seria também	
	11.25	11.26 ← pág. 63
antes	Quando o chimpanzé "compra" comida, regularmente com as fichas, estas tornam-se reforçadores condicionados, pois as fichas foram repetidamente*** à comida.	
	11.34	11.35 ← pág. 63
não serão	Se o chimpanzé trocou as fichas por comida, quando estava privado de alimento, e por água, quando estava privado de água, as fichas serão capazes de reforçar comportamentos em .... (*dizer quantas*) espécies de privação.	
	11.43	11.44 ← pág. 63
reforço generalizado	Os pais "dão atenção" quando se aproximam de um filho: olham-no, tocam-no, etc. Estas atividades geram estímulos que afetam a criança. Dois pais também provêm alimento, água, carinho, etc. Os estímulos gerados pela "atenção" parterna tornam-se .... (condicionado) .... para a criança.	
	11.52	11.53 ← pág. 63

predição **42.1**	A predição, o controle e a interpretação são os .... da ciência. **42.2**
predizer **42.6**	Pavlov começou a interessar-se pelo condicionamento, ao observar a secreção espontânea de saliva, quando não havia alimento na boca. Como resultado de seus experimentos, pode .... estas secreções espontâneas como possivelmente resultantes de estímulos condicionados. **42.7**
dependente **42.11**	No comportamento operante, a probabilidade da resposta é a principal variável (1) ....; as condições de privação são uma das variáveis (2) **42.12**
(1) dependente (2) independente **42.16**	Quando existe uma relação funcional entre uma variável dependente e uma independente, se diz que a variável dependente é uma função da variável independente. A frequência de emissão de um operante é*** nível de privação **42.17**
lei **42.21**	Uma relação funcional estabelecida é uma .... científica. **42.22**
(1) predizer (deduzir, determinar) (2) variável dependente **42.26**	Quando enunciamos a probabilidade de ocorrência de uma dada resposta em um conjunto de condições dadas empenhamo-nos em (1) .... Quando arranjamos um conjunto de condições em que o comportamento tem uma probabilidade atribuída, empenhamo-nos em (2) **42.27**
(1) ordenado (determinado) (2) pressupor **42.31**	Uma ciência não seria bem-sucedida na descoberta de relações funcionais se a pressuposição de ordem** válida. **42.32**

PAINEL PARA A SÉRIE 12

NÃO ESTUDE ANTECIPADAMENTE
USE O MATERIAL À MEDIDA QUE FOR
NECESSÁRIO PARA RESPONDER AOS
ITENS

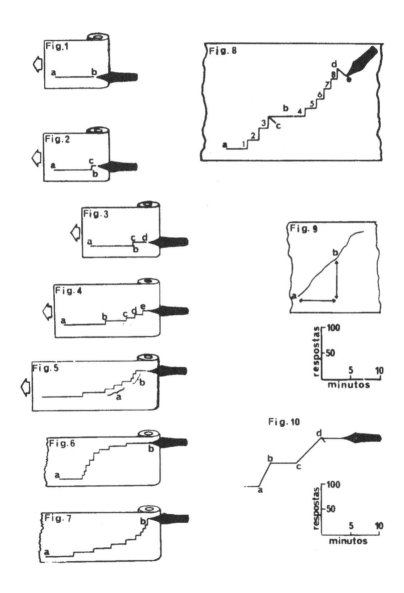

→	A ciência tem como seu objetivo a predição, o control[e] e a interpretação dos eventos naturais. A meteorologi[a] faz uma .... quando antecipa o tempo qu[e] vai fazer amanhã. 42.1
controle 42.5	Em um reflexo, se conhecermos a intensidade do est[í]mulo, podemos .... a magnitude e a latê[n]cia da resposta. 42.6
(1) estímulo (2) dependente 42.10	No comportamento operante, a frequência da respost[a] é .... da história de condicionament[o] (reforçamento), estados de privação e condições d[e] estímulos. 42.11
relação funcional 42.15	Quando se mostra que uma variável independente afet[a] a variável dependente, se diz que a variável (1) .... é uma função da variável (2) 42.16
variáveis independentes 42.20	A afirmação de uma relação funcional entre a veloc[i]dade de um corpo em queda livre e o tempo da queda [é] chamada "A .... da gravidade". 42.21
(1) predizer (2) controlar (3) interpretar 42.25	Se conhecermos os valores assumidos por uma vari[á]vel independente, podemos (1) .... os valores d[e] (2)***. 42.26
(1) relações funcionais (2) ordem regularidade, determinação) 42.30	Em seus começos, uma ciência apenas pressupõe que seu campo seja (1) .... A ciência do compo[r]tamento começa por (2) .... que o comport[a]mento é determinado (ou ordenado). 42.31

277

SÉRIE 12

Parte III. Condicionamento Operante:
Contingências Exatas
O REGISTRO ACUMULADO
 Leia o painel da página anterior.
Tempo provável: 11 minutos.

Vire a página e comece. →

---

(1) a
(2) d

12.4

Na Figura 3, o tempo que decorreu entre a e b é .... que o tempo que decorreu entre c e b.

12.5

---

(1) menores
(2) menores

12.9

Na Figura 5, quanto maior for a frequência das respostas, tanto (1) .... a inclinação da linha em escada (em degraus). Pode-se determinar a frequência das respostas pela (2) .... da linha em degraus.

12.10

7

12.14

A aceleração negativa refere-se a uma (1) .... na frequência. Mostra-se aceleração negativa em uma das duas Figuras 6 e 7. (*Em qual das duas?*) Figura (2) ....

12.15

---

3 (e) 8

12.19

Na Figura 10 uma resposta foi reforçada em ....

12.20

5
(aproximadamente)

12.24

Na Figura 10, o animal emitiu cerca de .... respostas entre a e b.

12.25

---

(1) vertical
(2) horizontal

12.29

Numa curva acumulada, a *inclinação* registra*** do animal.

12.30

	Parte XII. Análise Científica e Interpretação de Casos Complexos.
SÉRIE **42**	**OBJETIVOS E TÉCNICAS DA CIÊNCIA**
	Tempo provável: 12 minutos.

Vire a página e comece. →

---

controlar	Um respondente está sempre sob o .... de um estímulo.
42.4	42.5
predizê(-lo) controlá(-lo) (ou) interpretá(-lo)	Em um reflexo a magnitude da resposta é *dependen* da intensidade do (1) .... A intensidade c estímulo é chamada a variável independente, e a ma nitude da resposta, a variável (2) ....
42.9	42.10
(1) independentes (2) dependente	Quando as modificações de uma variável independen proveem modificações sistemáticas na variável depe) dente, há uma relação funcional entre elas. Nos reflexo há uma .... entre a intensidac do estímulo e a magnitude da resposta.
42.14	42.15
função	Uma lei do comportamento é a enunciação de uma r lação funcional estabelecida entre o responder e um ou mais das .... que controlam.
42.19	42.20
(1) a variável independente (2) a variável dependente	Conhecendo-se um conjunto de condições, podemos (...................... o comportamento; manipulando um co] junto de condições, podemos (2) .... o compo tamento; conhecendo um efeito, é possível que sejamc capazes de o (3) .... em relação a suas causas.
42.24	42.25
funcionais	Uma ciência só é possível se existem (1) .... entre variáveis; isto é, uma ciência só é possível se o se campo tiver (2) ...., em oposição ao arbítri capricho ou desordenação.
42.29	42.30

276

	Na Figura 1, uma larga tira de papel desenrola-se de um rolo. A ponta do papel move-se vagarosamente para a esquerda. Uma pena presa contra o papel numa posição fixa traçou uma linha que começa em (1) .... e termina em (2) 12.1
maior (mais) 12.5	Ao registrar o comportamento de um organismo, a pena move-se para cima e traça uma curta linha vertical cada vez que decorre uma resposta. Na Figura 4 o experimento começou quando a pena estava em a. A primeira resposta ocorreu em 12.6
(1) maior (2) inclinação 12.10	Na Figura 6, as respostas começam com uma frequência relativamente alta em (*a*). O tempo entre respostas sucessivas torna-se cada vez 12.11
(1) diminuição (2) 6 12.15	Um aumento na frequência se denomina (1) .... e uma diminuição na frequência é denominada (2) 12.16
d 12.20	Se o papel se mover vagarosamente e se cada degrau vertical for muito pequeno, não se verá o registro em forma de degraus (respostas isoladas). No entanto, a .... da curva, em qualquer ponto, é ainda um indicador válido da frequência de respostas. 12.21
(cerca de) 50 12.25	Na Figura 10, o animal parou cerca de (1) .... minutos entre a posição (2) .... e 12.26
frequência de respostas 12.30	**FIM DA SÉRIE**

impossível		Quando a vítima de um assalto entrega a bolsa, está (1) .... de uma ameaça e (2) .... de uma injúria física.
Série 31	41.2	41.3 ← pág. 272
síndrome (de) ativação		A punição é eficaz na prevenção de uma resposta quando se estabelece um comportamento que é (1) .... com o comportamento punido. Mas se este comportamento incompatível for extinto, a resposta (2) .... será outra vez emitida.
Série 30	41.6	41.7 ← pág. 272
menor		No comportamento de esquiva, quanto mais tempo a resposta adiar o estímulo aversivo, tanto .... frequência.
Série 40	41.10	41.11 ← pág. 272
(1) A (2) B (3) C (4) y (5) z		O reforçamento consiste na (1) .... de um reforço positivo ou na (2) .... de um reforço negativo. A punição consiste na (3) .... de um reforço positivo ou na (4) .... de um reforço negativo.
Série 35	41.14	41.15 ← pág. 272
(1) aversivos (2) reforçadores		É má técnica modelar comportamento* de destreza com reforçadores (1) ...., pois os estímulos aversivos que precisam ser apresentados para que possam ser removidos eliciam muitos reflexos que são (2)** com o comportamento a ser modelado.
Série 36	41.18	41.19 ← pág. 272
diminuir (reduzir)		Uma pessoa "não pode se lembrar" de uma experiência muito aversiva da infância. Isso é chamado (1) .... Pode ser interpretado como um caso de engajar-se em respostas (2)*** com pensar acerca da experiência aversiva.
Série 33	41.22	41.23 ← pág. 272

(1) *a* (2) *b*	Na Figura 2, o movimento vagaroso do papel debaixo da pena traçou a linha horizontal (1)··················. No fim de *a* – *b*, a pena move-se repetidamente a pequena distância na vertical até (2)·························.
12.1	**12.2**
b	Na Figura 4, três respostas foram feitas em rápida sucessão (bem juntas uma da outra) em ··············, ············ e ······························.
12.6	**12.7**
maior	Na Figura 6, a inclinação da curva traçada pela pena próxima de *a* indica que a frequência inicial da resposta é ···························
12.11	**12.12**
(1) aceleração positiva (2) aceleração negativa	Para registrar outras ocorrências, a pena se move obliquamente com um pequeno traço e volta para o lugar. Na Figura 8, mostra-se a pena no processo de traçar a linha de (1)················ a ··············. O ponto a que a pena retornará imediatamente é (2)····················.
12.16	**12.17**
inclinação	Na Figura 10, a frequência foi elevada entre (1)·············· e ···············; nula entre (2)···················· e ··············; e intermediária entre (3)·················· e ··············.
12.21	**12.22**
(1) 5 (cerca de) (2) *b* (e) *c*	Nas curvas acumuladas que aparecem nas figuras, indica-se o tempo pela distância (1)············· percorrida pela pena e o número de respostas pela distância (2)···············
12.26	**12.27**

75

6	As atividades reflexas compreendidas pela síndrome de ativação ocorrem juntas nas emoções. É*** definir qualquer emoção determinada (medo ou cólera), fazendo uma lista dos reflexos implicados.
Série 34 41.1	41.2
(1) não ser (2) será	Os organismos em situações chamadas "emocionais" frequentemente mostram o .... de ....
Série 40 41.5	41.6
extinção ou) adaptação (*qualquer ordem*)	Com a punição contínua de uma resposta mantida por reforço positivo, quanto maior severidade da punição (depois que uma certa intensidade mínima for ultrapassada), tanto .... a frequência de respostas
Série 36 41.9	41.10
(1) se acelera (2) se dilatam (3) aumenta	(1) .... sessão controle (2) .... foi injetado um estimulante (3) .... foi injetado um tranquilizante (4) .... começo da cigarra (5) .... choque
Série 30 41.13	41.14
(1) útil (vantajoso) (2) inútil (prejudicial, desvantajoso)	A reação de exultação emocional ao descer uma "montanha-russa" ou estar em um carro em velocidade é uma reação a estímulos que são frequentemente (1) .... mas que aqui são (2) .... (tt)
Série 30 41.17	41.18
é (pode ser,)	O professor que emprega um forte controle aversivo para fazer com que os estudantes estudem, pode .... a probabilidade de que venham a estudar depois de formados.
Série 31 41.21	41.22

(1) a (-) b (2) c 12.2	Na Figura 3, o papel moveu-se para além da posição que aparece na Figura 2. A pena fixa traçou uma segunda linha horizontal····················· — ························. 12.3
c, d (e) e 12.7	Na Figura 5, as três respostas registradas em (a) foram emitidas··················rapidamente que as três em (b). 12.8
alta elevada 12.12	Na Figura 7, a frequência aumenta de maneira bastante regular a partir de um pequeno valor nas proximidades de (1)·················· até um valor alto nas proximidades de (2)··················. 12.13
(1) d (a) e (2) d 12.17	Na Figura 8, a marca oblíqua ou "corte" que se mostra em ························ foi traçada por um movimento da pena igual ao que se vê em e. 12.18
(1) a (e) b (2) b (e) c (3) c (e) d 12.22	Quando os degraus são muito pequenos, não podemos contar as respostas. Mas na Figura 9, a escala *à direita* nos indica que aproximadamente·················· respostas ocorrem entre a e b. 12.23
(1) no sentido horizontal (2) no sentido vertical 12.27	A frequência das respostas é indicada pela ················ do registro acumulado. 12.28

No experimento que demonstrava esquiva ao choque, baixa frequência inicial sugere que a ansiedade*** necessária para esquiva adequada.

41.1

---

extinção

A frequência de respostas mantida por um reforçamento positivo pode (1)*** diminuída por uma *leve* punição contínua, mas (2)*** diminuída por uma forte punição contínua, enquanto a punição estiver em efeito.

Série 38 41.4

41.5

S^Δ

Se uma pessoa tímida força a si mesma a comparecer a muitas reuniões, sua timidez pode passar pelo processo de .... ou de ....

Série 33 41.8

41.9

---

(1) elimina
(2) diminui
(3) ansiedade

Na síndrome de ativação, a inalação (1) .... os bronquíolos (2) .... , e a secreção de adrenalina (3) ....

Série 38 41.12

41.13

---

(1) esquiva
(2) fuga

A síndrome de ativação seria em geral biologicamente (1) .... para o homem das cavernas e biologicamente (2) .... para um orador profissional.

Série 32 41.16

41.17

---

(1) vagarosamente (devagar)
(2) frequentemente (rapidamente)
(3) ansiedade

Uma determinada emoção*** definida pelos eventos que servem como reforçadores ou pelo aumento da probabilidade de um grupo de respostas.

Série 35 41.20

41.21

c (-) d 12.3	Na Figura 3, a pena já ocupou as quatro posições indicadas com as letras *a b c* e *d*. Ocupou primeiro a posição (1)............................ e por último (2)....................... 12.4 ← pág. 73
menos 12.8	Quanto mais rápidas forem as respostas, tanto (1)......... as pausas entre duas respostas e tanto (2)..................... as linhas horizontais traçadas pela pena. 12.9 ← pág. 73
(1) *a* (2) *b* 12.13	Dá-se o nome de *aceleração positiva* ao aumento na frequência. Observa-se aceleração positiva numa das duas Figuras 6 e 7. *Em qual delas?* Figura .... 12.14 ← pág. 73
c 12.18	A marca oblíqua ou "corte" é muito usada para indicar que uma resposta foi reforçada. Na Figura 8, as respostas de número.................... e.................... foram reforçadas. 12.19 ← pág. 73
100 (aproximadamente) 12.23	Se o papel se move muito devagar, talvez não seja possível medir acuradamente o tempo entre duas respostas quaisquer; mas na Figura 9 a escala diz que as respostas entre *a* e *b* separam-se por aproximadamente .... minutos. 12.24 ← pág. 73
inclinação 12.28	*Frequência de respostas* significa respostas/tempo (n.º de respostas ÷ tempo). A inclinação do registro acumulado é a distância (1)................ / a distância (2)................ . 12.29 ← pág. 73

SÉRIE **41**

Revisão
VERIFICAÇÃO DAS PARTES VIII-XI
Tempo provável: 15 minutos.

Vire a página e comece. →

---

(1) escapando
(2) esquivando-se

Série 33   41.3

No experimento que mostra a ineficiência da punição para eliminar uma resposta de um repertório, a punição esteve em efeito durante os primeiros 10 minutos .... de uma resposta reforçada com alimento

41.4

---

(1) incompatível
(2) punida

Série 39   41.7

Um pombo reforçado com alimento por bicar um disco durante um S^D mas não durante um S^Δ, bicará um segundo disco que retarda o aparecimento de ....

41.8

---

menor

Série 34   41.11

A punição não (1) .... a resposta. A frequência (2) .... temporariamente, em parte, porque a punição e os estímulos condicionados aversivos resultantes geram (3)...................... .

41.12

---

(1) apresentação
(2) remoção
(3) remoção
(4) apresentação

Série 37   41.15

O comportamento operante que adia um estímulo aversivo incondicionado é denominado comportamento de (1) .... O comportamento que termina um estímulo aversivo incondicionado é denominado comportamento de (2) ....

41.16

---

(1) negativos
(2) incompatíveis

Série 32   41.19

Na presença de um estímulo condicionado aversivo, uma resposta reforçada com alimento é emitida mais (1) ...., e uma resposta com uma história de esquiva mais (2) .... Estas e outras modificações similares definem (3) ....

41.20

---

(1) repressão
(2) incompatíveis
(com)

Série 39   41.23

FIM DA SÉRIE

PAINEL PARA A
SÉRIE 13   LEIA O PAINEL AGORA E CONSULTE
            QUANDO FOR NECESSÁRIO

Experimento 1.

Procedimento preliminar. Coloca-se, pela primeira vez, um pombo privado de alimento numa câmara experimental padrão e o experimentador aciona de tempos em tempos o mecanismo alimentador. Quando o mecanismo funciona, há um "clic" alto. Quando o pombo é colocado na câmara pela primeira vez, aos primeiros "clics" pode saltar, bater asas e correr de cá para lá. Depois de algum tempo este comportamento "emocional" cessa. Dizemos, então, que já houve *adaptação*. Eventualmente o pombo aprende a voltar-se para o alimentador e aproximar-se, sempre que ouvir o "clic".

O *"bicar o disco" condicionado.* Prende-se, agora, por detrás de uma abertura circular na parede, acima do alimentador, um disco plástico. O disco funciona como um interruptor (chave) elétrico. Quando o pombo bica o disco, fecha-se o circuito que opera o mecanismo alimentador. (O experimentador já não aciona mais o mecanismo.) Mantém-se um registro acumulado de todas as respostas ao disco. Dois exemplos aparecem nas Figuras 1A e 1B. Todas as respostas foram reforçadas, mas os movimentos oblíquos da pena, que indicam os reforçamentos, foram omitidos.

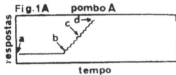
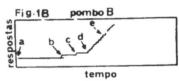

Experimento 2.

Coloca-se na câmara um pombo inexperiente. Não se dá nenhum treino preliminar, isto é, não se faz nenhuma tentativa de adaptar o pombo à câmara e ao clic, ou de estabelecer o clic como um reforço condicionado. Liga-se, desde o início, o disco ao alimentador. O registro acumulado aparece na Figura 2.

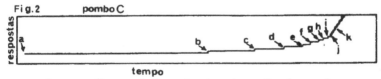

"A curva de aprendizagem". Os primeiros investigadores observaram organismos em câmaras-problema, labirintos e situações similares. Mediam as demoras sucessivas no responder, e construíam as "curvas de aprendizagem" acreditando construir o desenvolvimento básico do processo de aprendizagem. O Experimento 2 (Pombo C) é similar.

A curva à direita mostra as demoras entre respostas reforçadas de "bicar o disco".

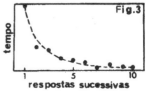

78

não está (já não está, não está mais) **40.5**	Na Figura 1, o registro para o controle ou procedimento "sem punição" apresenta muitas ligeiras variações na inclinação que indicam variações momentâneas na (1) .... de .... Tais variações (2) ** comuns no reforçamento em intervalo variável. 40.6 ← pág. 265
punida **40.12**	Figura 1. Exceto para os primeiros 4 minutos, a inclinação da curva na décima sessão de uma hora de (1) .... contínua é aproximadamente (2)** que a inclinação para a última sessão "sem punição". 40.13 ← pág. 265
maior **40.19**	Experimento 2. No primeiro dia de punição mais forte, a frequência de respostas é aproximadamente .... 40.20 ← pág. 265
menor **40.26**	Quando se usa um choque ainda mais intenso, se requer mais tempo para estabilizar a frequência. Quanto mais intensa for a punição, tanto mais .... será a elevação da frequência a um nível estável. 40.27 ← pág. 265
aumentou **40.33**	Figura 3. Cada resposta passou a ser punida outra vez começando da (1) .... flecha. A frequência de respostas (2) .... imediatamente. 40.34 ← pág. 265
(1) aumenta (2) maior **40.40**	**FIM DA SÉRIE**

SÉRIE 13

Parte III. Condicionamento Operante:
Contingências Exatas
FATORES QUE AFETAM A VELOCIDADE DO
CONDICIONAMENTO

Leia o painel da página anterior.

Tempo provável: 24 minutos. **Vire a página e comece.** →

---

(1) adaptem (2) reforço condicionado	Depois de um procedimento preliminar, o disco é ligado ao mecanismo alimentador. Pela primeira vez na história da vida do pombo uma bicada no disco***.
13.8	13.9
menor	A frequência de respostas na Figura 1 A (Pombo A) entre b e c é aproximadamente a mesma que entre.................... e ....
13.17	13.18
A	Experimento 2. Como o procedimento preliminar foi omitido no caso do Pombo C,*** oportunidade para adaptação das respostas incondicionadas à câmara experimental com a qual o pombo não estava familiarizado.
13.26	13.27
diminui	À medida que o pombo se adapta ao ruído, o tempo que decorre entre o ruído do mecanismo e o contato com a comida diminui. Isto acarreta o processo de .... do ruído como um reforço.
13.35	13.36
curva (de) aprendizagem	Quando, com os tempos entre as respostas sucessivas do Experimento 2, se constrói uma "curva de aprendizagem" como a da Figura 3, a curva descendente significa que os tempos tornam-se progressivamente ....
13.44	13.45
respondentes (reflexos)	O comportamento (1) .... mantém a economia interna do organismo. O comportamento (2) .... age sobre o ambiente.
13.53	13.54

não irão (não podem)	O esquema de intervalo variável, em (A), fornece uma linha base sobre a qual podem ser observados os efeitos da punição adicionada. O experimentador mantém esta linha base bastante tempo antes de introduzir o choque para ter certeza de que a frequência*** mudando.
40.4	40.5
(1) punida (2) a mesma (igual)	Experimento 1. A décima sessão de punição foi precedida de nove sessões de uma hora, durante as quais cada resposta foi ....
40.11	40.12
(1) de intervalo variável (2) estável (constante, uniforme)	No Experimento 2, o mesmo procedimento que no Experimento 1 foi seguido, exceto a intensidade do choque que foi .... no Experimento 2.
40.18	40.19
diminuir (abaixar, deprimir)	Experimento 2. Quando um choque suficientemente intenso acompanha cada resposta, a frequência das respostas permanece .... do que era na ausência da contingência punitiva.
40.25	40.26
(1) interrompida (2) flecha	Figura 3. Poucos segundos depois da interrupção da punição, a frequência de respostas .... acentuadamente.
40.32	40.33
menor	Imediatamente depois que a punição contínua for interrompida, a frequência (1) .... e é, durante algum tempo, (2) .... do que a normalmente gerada pelo esquema de reforço.
40.39	40.40

270

	Experimento 1. Durante o procedimento preliminar, os comportamentos "emocionais" são eliciados pela estranheza da câmara, pelo barulho do alimentador, etc. Estes comportamentos "emocionais"*** compatíveis com bicar o disco ou comer 13.1
será reforçada (operará o alimentador, produzirá comida) 13.9	O circuito elétrico do aparelho está disposto de tal maneira que, à bicada no disco, segue-se *imediatamente* o ruído do alimentador, que é............. .... 13.10
c (e) d 13.18	A Figura 1A mostra que o reforçamento da resposta em b produziu um imediato e substancial aumento na frequência. Este aumento se reflete na................... da curva depois de b. 13.19
não houve 13.27	No Experimento 2, a primeira resposta produz o ruído do alimentador. As respostas emocionais incondicionadas ao ruído ainda não se......................... . 13.28
condicionamento 13.36	Pode-se dizer que o Pombo C aprende muito mais devagar que A e B. A aprendizagem aparentemente demorada de C deve-se ao tempo necessário para (1)............... das respostas incondicionadas e para o estabelecimento de um reforço (2)....................... . 13.37
menores (mais curtos) 13.45	Experimento 2 (Figura 2). O registro do Pombo C não mostra rapidez na aquisição da resposta bicar o disco, porque outros processos também estão presentes. O pombo deve em primeiro lugar...............-se à câmara e ao ruído. 13.46
(1) respondente (reflexo) (2) operante 13.54	O comportamento (1).....................consiste em geral na atividade dos músculos estriados. O comportamento (2)...................consiste em geral na atividade dos músculos lisos e glândulas. 13.55

(1) síndrome (de) ativação (2) diminui (abaixa, altera) 40.3	Colocando eletrodos debaixo da pele, em (C), um choque de intensidade constante pode ser aplicado porque as variações na resistência da pele*** influenciar a voltagem que chega aos receptores da dor. 40.4
aumentou (elevou-se) 40.10	Figura 1. Embora cada resposta seja (1) .... durante o procedimento da punição, lá pelo fim do primeiro dia a frequência de respostas é aproximadamente (2)*** que a frequência durante o procedimento "sem punição". 40.11
(1) maior (2) maior 40.17	Em (H), as respostas continuavam a ser reforçadas em um esquema (1)*** sem punição até que o experimentador estivesse certo de que a frequência ficou (2) .... no valor que prevalecia antes da introdução do choque. 40.18
menor 40.24	O Experimento 2 indica que se a punição for suficientemente intensa irá .... a frequência da resposta mantida em um esquema de intervalo variável de reforço. 40.25
estável (uniforme, constante) 40.31	Experimento 3. Como descrito em (K), a punição foi (1) .... no ponto indicado pela primeira (2) .... na Figura 3. 40.32
(1) não ser (2) será 40.38	Na punição contínua de uma resposta mantida por reforço positivo, quanto maior severidade da punição (depois que um mínimo de intensidade for ultrapassado), tanto .... a frequência de respostas. 40.39

não são **13.1**	Experimento 1. Não se pode relacionar estas primeiras reações à câmara e ao ruído a nenhuma história anterior do condicionamento. Neste sentido, estes comportamentos "emocionais" são................................. **13.2**
reforço condicionado (ou) secundário **13.10**	Experimento 1. Cada bicada no disco é *imediatamente* reforçada pelo (1)....................., mas há uma pequena demora antes do reforço com (2)....................., porque o pombo precisa abaixar-se até o alimentador. **13.11**
inclinação **13.19**	O Pombo A (Figura A) alcançou sua frequência máxima de respostas depois de apenas...................... reforço. O condicionamento foi imediato. **13.20**
adaptaram **13.28**	No Experimento 2, o ruído ocorre no momento em que a resposta é emitida, mas não é ainda......... .... e, por isso, não há reforçamento. **13.29**
(1) adaptação (2) condicionado (secundário) **13.37**	O Pombo A demonstra que o condicionamento pode ocorrer quando já se completou a adaptação e quando cada resposta é imediatamente reforçada. **13.38**
adaptar-(se) **13.46**	O ruído deve também tornar-se............... .... antes que a resposta "bicar o disco" possa ser eficazmente condicionada. **13.47**
(1) operante (2) respondente (reflexo) **13.55**	Para se condicionar um operante estabelece-se uma sequência em que um estímulo reforçador siga imediatamente......................... . **13.56**

todas as	Os estímulos eliciam muitos respondentes do (1)................. de .... Um destes, suar, (2) .... resistência elétrica da pele.
40.2	**40.3**
(1) menor (2) não estavam	Figura 1. Durante o primeiro dia de punição, a inclinação do registro*** gradualmente à medida que a sessão progredia.
40.9	**40.10**
aumentou (elevou-se)	Em (G), o aumento da frequência de respostas foi (1) .... do que quando a punição estava em efeito e também (2) .... do que tinha sido na sessão que precedeu a introdução da punição.
40.16	**40.17**
não foram	Figura 2. Quando cada resposta era punida por um choque de intensidade moderada, a frequência de respostas depois das sessões diárias de uma hora é substancialmente .... do que era sem punição.
40.23	**40.24**
aceleração positiva	Figura 3. Durante o segundo período de 15 minutos da sessão, a frequência de respostas tornou-se relativamente ....
40.30	**40.31**
maior	A frequência de respostas mantida por reforço positivo pode (1)*** diminuída por uma leve punição contínua mas (2)*** diminuída por uma punição forte e contínua, enquanto a punição estiver em efeito.
40.37	**40.38**

incondicionados **13.2**	Experimento 1. À medida que a adaptação continua, o comportamento "emocional" cessa. A eliminação desse comportamento é similar à .... do comportamento condicionado. **13.3**
(1) ruído (barulho) (2) comida **13.11**	O ruído é eficaz como reforço, porque segue-se (1).................................... à resposta, enquanto há uma pequena (2)............................ antes que apareça o reforço incondicionado **13.12**
um **13.20**	Experimento 1. Em linguagem quotidiana, diríamos que o pombo A aprendeu a bicar o disco. **13.21**
reforço condicionado (ou secundário) **13.29**	Na Figura 2, a pausa *a-b* é (1)........................ que na Figura 1A, principalmente porque as reações incondicionadas à câmara experimental têm de se (2)............. . **13.30**
rapidamente (depressa, imediatamente) **13.38**	O registro do Pombo C não mostra tanto as diferenças na velocidade do condicionamento quanto: (*a*) a falta de (1)........................ à câmara e ao ruído: (*b*) a falta de um reforço condicionado que se siga (2).................. às primeiras respostas. **13.39**
reforço condicionado (ou secundário) **13.47**	Será que a "curva de aprendizagem" dos primeiros investigadores revela de fato o processo de aprendizagem da resposta "bicar o disco" como um "fato" isolado no comportamento? **13.48**
resposta **13.56**	Para condicionar um reflexo, associa-se um estímulo neutro repetidamente com **13.57**

constante (estável, uniforme)	Como indicado em (B), o esquema de intervalo variáv 1 minuto esteve em efeito durante*** sessões dos exp rimentos 1, 2 e 3.
40.1	**40.2**
reforçadas	Figura 1. Durante a primeira meia hora do primei dia de punição, a frequência de respostas foi consid ravelmente (1) .... do que no dia anteri quando as respostas (2)*** sendo punidas.
40.8	**40.9**
não estava (não está)	(*Leia agora o experimento 2*) Em (G), quando a puniçã foi descontinuada, a frequência de respostas .... por algum tempo.
40.15	**40.16**
trigésimo segundo	Figura 2. Nos dias 22, 27 e 32 houve muitas irregular dades na frequência de respostas, mas as frequênci gerais*** muito diferentes.
40.22	**40.23**
(1) reforçado (mantido) (2) punida	Figura 3. Durante os primeiros 15 minutos da sessão, frequência de respostas mostrou uma mudança gradu encontrada na maioria das sessões com esta combinaçã de reforço alimentar em intervalo variável e punição co tínua (por exemplo, Figuras 1 e 2). Mais especificament a frequência mostrou uma ....
40.29	**40.30**
punidas	Figura 3. A frequência de respostas entre as flechas muito maior que a que esse esquema normalmente ger Quando a punição contínua é interrompida, a frequênc: de respostas é, por algum tempo, ... do que s ria, se não tivesse havido punição.
40.36	**40.37**

267

extinção 13.3	Entretanto a adaptação difere da extinção, por não ter havido nenhum................. anterior de comportamento, tanto quanto sabemos. 13.4
(1) imediatamente (2) demora 13.12	Na Figura 1A, em *a* o disco foi ligado e o registrador posto a funcionar. O Pombo A emitiu a primeira bicada no ponto.......................... . 13.13
rapidamente (imediatamente) 13.21	Na Figura B (Pombo B) a primeira resposta ocorreu em 13.22
(1) maior (2) adaptar 13.30	As pausas relativamente longas entre *b* e *c* e entre *c* e *d* na Figura 2 explicam-se em parte pela necessidade de .... à câmara e ao ruído. 13.31
(1) adaptação (2) instantaneamente (imediatamente) 13.39	Depois de se observar o registro do Pombo C, pode-se suspeitar que o Pombo B também não tenha tido completa (1)............... ao ruído, ou que o ruído não estivesse bem estabelecido como (2)***. 13.40
Não 13.48	A "curva de aprendizagem" do Pombo A no Experimento 1 cairia para um nível baixo e constante depois de apenas .... resposta. 13.49
estímulo incondicionado 13.57	Um reforço condicionado adquire esta propriedade ao ser .... com reforço incondicionado. 13.58

→	(A) descreve o esquema usado através dos três experimentos. Quando não complicado por outras variáveis, este esquema gera uma frequência .... moderada de respostas.
	40.1
cada (toda)	Experimento 1. Enquanto a punição estava em efeito, todas as respostas foram seguidas de choque. As respostas também ainda estavam sendo .... em um esquema de intervalo variável.
40.7	40.8
aceleração	Experimento 1. Lá pelo décimo dia de punição, depois de muitos milhares de respostas terem recebido uma leve punição, a frequência geral do responder*** apreciavelmente diminuída.
40.14	40.15
maior	Experimento 2. A maior frequência geral durante a punição, que aparece na Figura 2, ocorreu no .... dia de punição.
40.21	40.22
maior (mais forte, mais intensa)	(*Leia agora o experimento 3*) Bicar o disco foi (1) .... em um esquema de intervalo variável. Exceto pelo período de 10 minutos descrito em (K), cada resposta foi (..........................).
40.28	40.29
nenhuma	Figura 3. A frequência de respostas durante os 10 minutos sem punição foi substancialmente maior do que durante as partes da sessão em que as respostas foram ....
40.35	40.36

condicionamento (reforçamento) **13.4**	Experimento 1. O procedimento preliminar é importante porque dá oportunidade a que os comportamentos emocionais incondicionados sejam **13.5**
b **13.13**	Durante todo o Experimento 1, o ruído do alimentador, um reforço condicionado, é acompanhado do reforço incondicionado que é..................... **13.14**
b **13.22**	O registro do Pombo B difere daquele do Pombo A, principalmente porque o tempo decorrido entre a primeira, segunda e terceira respostas foi bem **13.23**
adaptação **13.31**	A Figura 2 mostra uma aceleração...................... (positiva ou negativa?) bastante regular. **13.32**
(1) adaptação (2) reforço condicionado (secundário) **13.40**	No dia seguinte ao do Experimento da Figura 2, o Pombo C foi colocado de novo na câmara. Respondeu imediatamente. Todas as respostas emocionais à câmara que pudessem ser incompatíveis com o comportamento já tinham, evidentemente, sido completamente **13.41**
uma **13.49**	A "curva de aprendizagem" do pombo C poderia ser interpretada como mostrando o fortalecimento gradual do "hábito" de bicar o disco. Mas o Experimento 1 mostra que a aquisição do bicar o disco nem sempre ocorre.................-mente. **13.50**
associado **13.58**	Um estímulo repetidamente associado à comida adquire a propriedade de .... uma resposta operante. **13.59**

SÉRIE **40**

Parte XI. Punição
EFEITOS DA PUNIÇÃO CONTÍNUA
Leia o painel das páginas anteriore[s]
Tempo provável: 21 minutos.

Vire a página e comece. →

---

(1) frequência (de) resposta
(2) são

40.6

Experimento 1. Em (E), um breve e leve choque acor[-]panhava .... resposta.

40.7

---

(1) punição
(2) a mesma (igual)

40.13

Figura 1. Durante os primeiros 4 minutos do décim[o] dia, a frequência das respostas mostra .... positiva.

40.14

---

zero
(nula)

40.20

Experimento 2. Lá pelo quinto dia de punição mais fo[r]te, a frequência geral de respostas é .... q[ue] no primeiro dia.

40.21

---

demorada (vagarosa, retardada)

40.27

Quando se usou um choque maior do que no Experime[n]to 2, a frequência estável eventualmente alcançada e[ra] inferior à do trigésimo segundo dia no Experimento [.] Quanto .... a punição, tanto menor a fr[e]quência estável de respostas.

40.28

---

(1) segunda
(2) diminuiu (caiu, declinou)

40.34

Figura 3. Como descrito em (K), entre os pontos indic[a]dos pelas flechas, ... resposta foi punid[a.]

40.35

adaptados **13.5**	Experimento 1. Durante o procedimento preliminar o pombo fica eventualmente condicionado a aproximar-se do alimentador logo que ouve o barulho. Os dois estímulos, ... e comida, tendem, portanto, a ocorrer próximos um do outro. **13.6**
comida **13.14**	Como a comida acompanha o ruído durante todo o experimento, as propriedades reforçadoras do ruído não sofrem .... (tt). **13.15**
maior **13.23**	Figura 1B. O pombo atinge uma frequência de respostas constante depois de .... respostas terem sido reforçadas. **13.24**
positiva **13.32**	A aceleração positiva na Figura 2 significa simplesmente que, em geral, os intervalos entre respostas sucessivas tornaram-se progressivamente **13.33**
adaptadas **13.41**	É também provável que o pombo respondesse imediatamente no segundo dia, porque já tinha sido .... muitas vezes por bicar o disco. **13.42**
gradual-(mente) (lenta-mente) **13.50**	No Experimento 1, é importante estabelecer o ruído como um reforço, *não* porque um reforço condicionado seja mais eficaz que um reforço incondicionado, mas porque o ruído segue-se à resposta de maneira mais **13.51**
reforçar **13.59**	Um estímulo associado à comida adquire a propriedade de .... um reflexo. **13.60**

PAINEL PARA A
SÉRIE **40**   (continuação)
NÃO LEIA O EXPERIMENTO 3
ATÉ RECEBER INSTRUÇÕES

Experimento 3.
(J) Um pombo foi reforçado com alimento em um esquema de intervalo variável de 1 minuto. Um choque moderadamente intenso acompanhava cada resposta, como no Experimento 2.
(K) Lá pela metade da sessão, a punição foi suspensa por 10 minutos e depois reiniciada. O registro acumulado aparece na Figura 3.

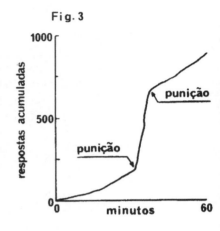

Fig. 3

barulho	Experimento 1. No procedimento preliminar, o barulho torna-se um reforço condicionado, porque o barulho e a comida estão sempre ....
13.6	**13.7**
extinção	Na Figura 1A, o tempo que decorreu antes que o pombo emitisse a primeira resposta pode ser determinado pelo comprimento da linha entre .... e ....
13.15	**13.16**
três	Figura 1B. Pode-se mostrar que o reforço da resposta em *b* foi eficaz, comparando a distância entre *a – b* com a distância entre .... e ....
13.24	**13.25**
menores	No Experimento 2, o "reflexo de susto" eliciado pelo barulho do mecanismo alimentador demora alguns segundos para passar. Há, portanto, uma ligeira................antes da ocorrência do reforço incondicionado.
13.33	**13.34**
reforçado	Os processos mais antigos de se obterem curvas de aprendizagem, exemplificados na Figura 3 do painel, parecem-se bastante com o caso do pombo identificado com a letra ....
13.42	**13.43**
imediata (rápida)	Uma "curva de aprendizagem"*** (descreve ou não?) a aprendizagem de uma resposta isolada, porque evidencia, em parte, a aquisição de um reforço condicionado, que só eventualmente prevê reforçamento imediato.
13.51	**13.52**
eliciar	Dá-se a um rato colocado na câmara experimental comida usando um mecanismo alimentador que faz um barulho. O barulho adquire a propriedade de (1)............salivação e de (2).................. a resposta "pressão da barra".
13.60	**13.61**

PAINEL PARA A
SÉRIE 40

(continuação)
NÃO LEIA O EXPERIMENTO 2
ATÉ RECEBER INSTRUÇÕES

Experimento 2.
(G) No fim do Experimento 1 a punição foi descontinuada. Para as primeiras poucas sessões, a frequência de respostas foi na realidade *maior* do que antes da introdução da punição.
(H) Depois de várias sessões sem punição, a frequência de respostas caiu para o nível original e tornou-se estável. O registro acumulado do último dia deste período sem punição aparece onde está marcado "Sem Punição" na Figura 2.
(I) Cada resposta foi então seguida de um choque como no experimento 1, mas foi usado um choque moderadamente forte, 50 volts em vez do mais leve de 30 volts. Registros acumulados de muitos dias sob este procedimento aparecem na Figura 2 (dias: 1.° até trigésimo segundo).

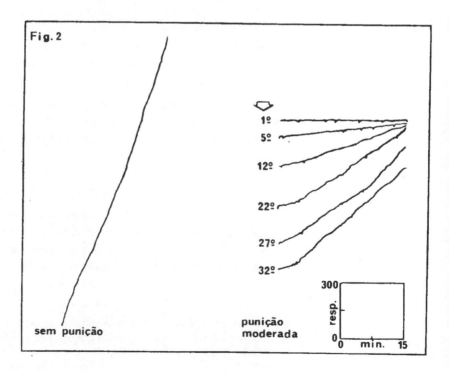

associados 13.7	Experimento 1. O procedimento preliminar tem dois efeitos importantes no futuro condicionamento do "bicar o disco". Dá tempo a que os comportamentos "incondicionados" se (1) .... e estabelece o ruído do alimento como (2) .... 13.8 ← pág. 79
a (e) b 13.16	O tempo que decorreu entre a primeira e a segunda respostas no registro do pombo A, Figura 1A, é muito .... que o tempo decorrido antes da primeira resposta. 13.17 ← pág. 79
b (−) c 13.25	Tem-se pensado algumas vezes que a velocidade de condicionamento indica "inteligência". O pombo é certamente menos inteligente que o homem; no entanto este não pode adquirir uma resposta comparável mais rapidamente do que o pombo identificado no painel com a letra .... 13.26 ← pág. 79
demora 13.34	À medida que desaparecem as respostas "de susto" ao barulho, o tempo entre a bicada e o reforço incondicionado .... 13.35 ← pág. 79
C 13.43	Nos procedimentos dos antigos investigadores, acreditava-se que o processo básico da aprendizagem se mostrava graficamente em uma .... de .... 13.44 ← pág. 79
não descreve 13.52	Bicar o disco é um exemplo de comportamento operante e, como tal, não deve ser confundido com comportamentos .... 13.53 ← pág. 79
(1) eliciar (2) reforçar 13.61	**FIM DA SÉRIE**

PAINEL PARA A
SÉRIE 40   LEIA O EXPERIMENTO 1 AGORA

Experimento 1

(A) Um pombo, privado de alimento, foi colocado na câmara experimental típica, a cada dia por sessão de 1 hora. O bicar o disco foi reforçado em um esquema de intervalo variável (intervalo médio de 1 minuto), até que a frequência de respostas ficasse estável de um dia para o outro.

(B) Este esquema de reforço permaneceu em efeito durante todos os experimentos que se seguem.

(C) Pequenos eletrodos foram inseridos embaixo da pele do pombo. Através desses eletrodos podia ser aplicado um breve choque (duração de 100 milésimos de segundo).

(D) O último dia de esquema de intervalo variável, sem ser complicado por punição, pode ser visto na Figura 1 onde está indicado "Sem Punição".

(E) No dia seguinte, *todas* as respostas foram seguidas de um breve e leve choque (30 volts). O registro acumulado dessa sessão está marcado "Punição (1ª hora)" na Figura 1.

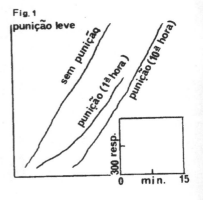

(F) Todas as respostas continuaram a ser punidas durante muitas sessões diárias e o esquema de reforço alimentar em intervalo variável permaneceu em efeito. O registro acumulado da 10ª sessão de punição continuada pode ser visto na Figura 1.

PAINEL PARA A
SÉRIE 14   LEIA AGORA E CONSULTE
QUANDO FOR NECESSÁRIO

O experimentador coloca vários pombos em câmaras de experimentação separadas. Um alimentador dá um pouquinho de comida a cada pombo de 15 em 15 segundos. Quando o experimentador volta mais tarde, encontra um dos pombos sentado e quieto, outro mudando de um pé para o outro, outro curvando-se, outro girando sobre si mesmo, outro levantando e abaixando a cabeça. Cada pombo continua a repetir seu próprio "ritual" entre os recebimentos de comida.

(1) diminui (2) incompatíveis com **39.3**	Quer o choque seja aplicado como consequência de uma resposta, quer independentemente de qualquer resposta, é eficaz na (1) .... temporária da frequência do comportamento mantido com reforço alimentar. Em qualquer dos casos, o choque produz um estado (2) .... ← pág. 257 **39.4**
(1) reforçados (2) probabilidade **39.8**	A criança que levou o beliscão pode deixar de rir por certo tempo. Mesmo que o beliscão não tenha acompanhado de perto o riso, o efeito terá sido***. **39.9** ← pág. 257
(1) aversivos condicionados (2) remoção (eliminação, redução) **39.13**	Situações em que as respostas tenham sido punidas geram estímulos aversivos condicionados. Comportamentos que terminam esses estímulos são .... **39.14** ← pág. 257
(evitar) esquivar **39.18**	A punição eventualmente leva ao reforçamento do "fazer outra coisa qualquer". Porque "fazer outra coisa qualquer" previne a ocorrência de estímulos condicionados aversivos, é um exemplo de comportamento de .... **39.19** ← pág. 257
(1) extinção (2) ser emitido (ocorrer, aparecer) **39.23**	Quando se extingue o comportamento incompatível, a resposta punida emerge com toda sua força. A resposta punida não foi emitida, enquanto havia competição com o comportamento incompatível, e por isso*** ocorre extinção desse comportamento. **39.24** ← pág. 257
(1) evita (esquiva) (2) repressão **39.28**	Uma pessoa descrita como "acanhada", "tímida" ou "inibida" está frequentemente ativa, "não emitindo comportamento" e com isso esquivando-se da execução de comportamentos que forem .... no passado. **39.29** ← pág. 257

SÉRIE 14

Parte III. Condicionamento Operante:
Contingências Exatas
CONTINGÊNCIAS ACIDENTAIS E COMPORTAMENTO SUPERSTICIOSO

Leia o painel da página anterior.

Tempo provável: 17 minutos. **Vire a página e comece.** →

---

acidental-(mente) 14.7	No "experimento de contingência acidental", o mecanismo alimentador operava cada 15 segundos *sem qualquer relação* com o que o pombo estivesse fazendo. Isto difere dos experimentos comuns, porque não é contingente a nenhuma resposta específica. 14.8
reforço 14.15	Uma resposta reforçada um número suficiente de vezes para alcançar uma alta frequência de emissão continua a ser reforçada, mesmo que não haja nenhuma conexão deliberada entre.................... e o funcionamento do mecanismo alimentador. 14.16
superstições 14.23	Um estudante pode coçar a cabeça enquanto tenta resolver um problema. Se neste momento encontra a solução, a resposta coçar a cabeça será........................ . 14.24
reforçado 14.31	A natureza "acidental das contingências" de reforço explica a diversidade das................ condicionadas no experimento descrito. 14.32
reforço 14.39	Pode ser que você esfregue uma pata de coelho, porque lhe disseram que traz sorte. O fato de terem dito que traz sorte torna mais provável que você................. (tt) a resposta pela primeira vez. 14.40
frequência 14.47	Já vimos que, em condições ideais, elevada e constante, um pombo pode atingir uma frequência alta e regular depois de apenas................reforço de uma resposta muito simples. 14.48

(1) estímulo aversivo incondicionado (2) síndrome (de) ativação **39.2**	Dá-se um choque num rato que recebeu alimento po[r] pressionar a barra. Mesmo que o choque não seja con[-]tingente à resposta, a frequência imediatamente (............................ porque as condições emocionais resul[-]tantes são (2)*** pressionar a barra. **39.3**
estímulo aversivo **39.7**	Os pais que beliscam a criança por estar rindo são (.................... pela terminação do riso. Aumenta a (............ de que os pais usem no futuro punição em situa[-]ção similar. **39.8**
reforçada **39.12**	Logo que os primeiros componentes de uma cadeia d[e] respostas frequentemente punida são emitidos, gera[m] estímulos (1) .... Qualque[r] comportamento de "fazer outra coisa qualquer" será r[e]forçado pela (2) .... desses estímulos. **39.13**
esquiva **39.17**	Ao permanecer ativamente imóvel, pode-se .... de fazer um movimento que se pareça com um que tenh[a] sido punido. **39.18**
reforçamento (condicionamento) **39.22**	Quando a punição for descontinuada, o comportamen[to] de esquiva resultante da punição anterior sofre (1) .... O comportamento antes punido pode então (2)***. **39.23**
(1) repressão (2) incompatíveis com **39.27**	Uma pessoa pode "falar acerca de outras coisas" (o[u] apenas falar) e por isso (1) .... de falar acerc[a] de situações aversivas. Não é necessário referir-se a is[so] como um processo de (2) .... que força respo[s]tas para fora da "consciência". **39.28**

	Nos experimentos comuns de condicionamento operante, uma................específica é acompanhada de reforço através de um dispositivo mecânico ou elétrico deliberadamente planejado pelo experimentador. 14.1
reforço 14.8	Operando o alimentador independentemente do que o pombo estivesse fazendo, o experimentador pôde mostrar os efeitos de uma contingência de reforço..................... 14.9
resposta (comportamento) 14.16	Um homem jogando numa máquina caça-níqueis pode puxar a alavanca de um jeito especial. Se neste momento ganhar é mais...................que puxe a alavanca da mesma maneira a próxima vez que jogar. 14.17
reforçada 14.24	Se o estudante resolve o problema enquanto coça a cabeça, é mais (1)...............que coce quando tiver outro problema, e este comportamento tem uma boa chance de ser (2) .... outra vez com a solução do novo problema. 14.25
respostas (rituais, superstições) 14.32	Um homem que ocasionalmente tirou sete nos dados, depois de ter por algum tempo "pedido" — "Vamos, venha 71", pode repetir as mesmas palavras durante uma sequência de lançamentos perdidos, mas se não mais conseguir, cessa, e a resposta eventualmente se............... 14.33
emita 14.40	Se você receber boas notícias logo depois de esfregar a pata de coelho, o comportamento supersticioso será acidentalmente..................... . 14.41
um 14.48	É pouco provável que uma resposta acidentalmente reforçada o seja novamente se o primeiro reforço não tiver resultado em uma..................frequência de respostas. 14.49

(1) elimina (2) diminui (3) ansiedade	Um choque recebido pelo rato nos pés é um (1) .... que eliciará reflexo característicos do (2) .... de ....
39.1	**39.2**
não é	A criança que leva um beliscão porque está rindo durante uma cerimônia para de rir imediatamente. Beliscar ....; as respostas a e são incompatíveis com o riso.
39.6	**39.7**
(1) punida (2) estímulos aversivos condicionados	A resposta que põe término a um estímulo aversivo ....
39.11	**39.12**
incompatível	Qualquer comportamento que "desloque" a resposta frequentemente punida previne o aparecimento dos estímulos aversivos incondicionados. A resposta que substitui a resposta normalmente punida é um exemplo de comportamento de ....
39.16	**39.17**
punida	A punição diminui indiretamente a frequência da resposta punida ao prover as condições para o .... do comportamento de esquiva incompatível.
39.21	**39.22**
incompatível com	Uma pessoa "não pode se lembrar" de uma experiência infantil altamente aversiva. O clínico chama isto de (......................... . É, provavelmente, em parte, o efeito de outras respostas que são (2)*** "pensar a respeito" da experiência aversiva.
39.26	**39.27**
(1) reforçado (2) possam não ser (não sejam)	**FIM DA SÉRIE**
39.31	259

resposta 14.1	Quando o experimentador planeja as contingências de reforço,*** (é ou não é?) acidentalmente que o reforço segue-se a determinada resposta. 14.2
acidental 14.9	Quando o alimentador opera independentemente do comportamento do pombo, é só por acidente que uma determinada resposta qualquer é 14.10
provável 14.17	Um jogador de boliche pode dar uma palmada na perna no momento em que a bola vai bater na garrafa. Embora este comportamento não tenha nenhum efeito sobre a bola, o "acerto" terá .... o bater com a mão na perna. 14.18
(1) provável (2) reforçado 14.25	Coçar a cabeça, morder o lápis, tamborilar na mesa, etc. não resolvem os problemas; são, pois, em geral formas de comportamento (1)................ resultantes de contingências (2)................ de reforço. 14.26
extinguirá 14.33	Quando a *eliminação* de um estímulo aumentar a frequência de uma resposta contingente, trata-se de um reforço.................... . 14.34
reforçado 14.41	Se esfregar a pata de coelho não tivesse sido emitido, não poderia ter sido reforçado. Uma vez que o comportamento supersticioso, sugerido verbalmente, tenha sido (1)................ , é possível que ocorra um reforçamento (2)................ . 14.42
alta 14.49	Um aprendiz particular lento pode necessitar de muitos reforços até desenvolver uma elevada frequência de respostas. É.................... (mais ou menos ?) provável que ele desenvolva comportamento supersticioso do que um aprendiz rápido. 14.50

	Uma punição leve e não continuada não (1) .... permanentemente um operante. A frequência de respostas (2) .... temporariamente por causa da punição e os estímulos aversivos condicionados resultantes geram (3) ....
	39.1
(1) contingente (dependente) (2) estímulo aversivo	Para que um estímulo aversivo abaixe a frequência de uma resposta positivamente reforçada,*** necessário que o estímulo seja contingente à resposta.
39.5	39.6
não é	Quando uma resposta for seguida imediatamente por um estímulo aversivo, se diz que a resposta foi (.................... . Estímulos que acompanham a punição tornam-se (2) ....
39.10	39.11
aversivos condicionados	Ao sair de uma situação em que a punição é comum, um homem pode prevenir a ocorrência do comportamento punido e dos estímulos aversivos resultantes. Isto é um caso de esquiva. Este comportamento é .... com o comportamento punido.
39.15	39.16
extinção	Embora deslocada por uma resposta de esquiva a resposta punida não está extinta. Quando o comportamento incompatível for extinto, a resposta .... ser emitida outra vez.
39.20	39.21
incompatível (de esquiva)	Quando uma resposta previne a ocorrência do comportamento punido, o clínico pode dizer que o comportamento punido foi "reprimido". A repressão pode ser interpretada como comportamento de esquiva que é** o comportamento punido.
39.25	39.26
(1) reforçado (2) diminuição, (redução)	Desde que o comportamento de punir os outros seja (1) .... pelos seus rápidos efeitos, será frequentemente repetido embora seus efeitos (2)*** permanentes
39.30	39.31

258

não é (elevada) 14.2	Existem no meio ambiente muitas contingências naturais de reforço. Um animal persegue sua presa silenciosamente porque uma resposta silenciosa é frequentemente reforçada. Este*** (é ou não é ?) um exemplo de contingência natural. 14.3
reforçada 14.10	Seja planejado ou acidental, o funcionamento do mecanismo alimentador................(tt) o que quer que o pombo esteja fazendo. Por isso a frequência de emissão destas respostas aumenta. 14.11
reforçado 14.18	O jogador de boliche pode assim fazer com o corpo movimentos como se orientasse a bola depois de ela estar correndo. Estes movimentos são frequentemente reforçados de modo............... (acidental ou natural?), ainda que de fato não tenham efeito sobre a bola. 14.19
(1) supersticioso (2) acidentais 14.26	Um homem desesperado jogando na roleta pode gritar o número em que jogou quando a roda vira. Se ganhar, é*** que grite o número a próxima vez que jogar. 14.27
negativo 14.34	Um homem está resfriado. Um amigo recomenda um "remédio" que é de fato sem nenhum valor. O homem experimenta e sente-se otimamente no dia seguinte. A *supressão* dos "males de resfriado" é um exemplo de reforço. 14.35
(1) emitido (2) acidental 14.42	O condicionamento acidental de um *respondente* também é possível. Em uma cidade debaixo de bombardeio, o vestígio de um abrigo antiaéreo pode ser............... com os estímulos incondicionados do padrão de reflexos do "medo". 14.43
menos 14.50	Uma pessoa "inteligente" pode ser definida como a que aprende depressa, mesmo quando as circunstâncias não são ideais. Assim, é especialmente susceptível em desenvolver.......................... . 14.51

SÉRIE **39**

Parte XI. Punição
OUTROS EFEITOS DA PUNIÇÃO.
FUNÇÕES DO ESTÍMULO AVERSIVO
Tempo provável: 16 minutos

Vire a página e comece. →

---

(1) diminuição (redução)
(2) emocional

A frequência do comportamento positivamente refor[çado] é diminuída por um estímulo aversivo, seja e[le] contingente ou não sobre a resposta. Na punição, u[m] estímulo aversivo é (1) .... sobre a re[s]posta, mas o efeito emocional é o mesmo que com (............ .... não contingente.

39.4
39.5

---

o mesmo (igual)

Para diminuir temporariamente a frequência de u[m] acesso de risos impróprios*** necessário que um b[o]lisção acompanhe imediatamente um risinho (que se[ja] contingente à resposta).

39.9
39.10

---

reforçados

Uma situação em que algumas respostas tenham si[do] punidas frequente ou severamente provê estímulos ... .

39.14
39.15

---

esquiva

Se a punição é repetidamente evitada pela execuçã[o] do comportamento incompatível, o reforçador aversiv[o] condicionado sofre .... e o comportamento i[n]compatível não é mais reforçado.

39.19
39.20

---

não

Uma pessoa pode ser incapaz de falar acerca de um[a] experiência altamente aversiva. Diz-se algumas veze[s] que a experiência foi "forçada no inconsciente" por u[m] processo chamado "repressão". Podemos interpretar [a] repressão como o deslocamento do comportamento pu[]nido pelo comportamento ....

39.24
39.25

---

punidos

Quando ridicularizamos alguém por fazer alguma cois[a] que reputamos indesejável, nosso comportamento é (1[)] .... por uma imediata (2) .... n[a] frequência do comportamento indesejável.

39.29
39.30

é 14.3	Tanto sob contingências planejadas como em contingências naturais, o reforçamento ocorre logo .... de uma dada resposta. 14.4
reforça 14.11	Se acontece de o pombo levantar a cabeça pouco antes que o alimentador funcione, então a resposta de*** será reforçada. 14.12
acidental 14.19	Um jogador de pôquer deixa a mesa por alguns instantes. Ao voltar, recebe uma ótima mão. As cartas boas mostram ser (1) .... se (2) .... a frequência com que se levanta da mesa. 14.20
provável 14.27	Como no experimento, a relação entre o receber a comida e o comportamento ritual é acidental, dizemos que se trata de um comportamento 14.28
negativo 14.35	Um homem experimenta um "remédio" para resfriados que *não* tem nenhum valor terapêutico; se depois ele se sente melhor e aliviado dos "males de resfriado", isto é um exemplo de contingência .... (acidental ou natural?) com um reforço negativo. 14.36
associado 14.43	Quando os vestígios, cores, etc. de determinado abrigo antiaéreo forem associados com os estímulos incondicionados provenientes de um ataque aéreo, isto constitui um exemplo de uma associação 14.44
superstições 14.51	**FIM DA SÉRIE**

punido 38.3	Experimento 1. Um segundo grupo, descrito em (I) (1)*** punido. A curva de extinção obtida com este grupo prevê um controle na determinação dos efeitos da (............................) . 38.4 ← pág. 252
maior (mais acentuada) 38.8	Experimento 1. A punição resulta em uma frequência (1) .... enquanto a contingência primitiva está em vigor, e a frequência continua a ser (2) .... durante algum tempo depois de a punição ter cessado. 38.9 ← pág. 252
não é, (não pode ser) 38.13	Experimento 1. Tapas nas patas dianteiras são estímulos aversivos que eliciam muitos respondentes do (1) .... de .... Se estes respondentes (2)*** compatíveis com pressionar a barra, a diminuição da frequência durante a punição fica, pelo menos em parte, explicada. 38.14 ← pág. 252
punido 38.18	Experimento 2. Durante (H), vários estímulos na situação experimental foram (1) .... com um estímulo aversivo, um tapa nas patas. Os estímulos tornaram-se estímulos (2) .... como no Experimento 1. 38.19 ← pág. 252
extinto (desaparecido, diminuído) 38.23	Experimento 2. Durante as 2 horas descritas em (I), pressionar a barra não poderia ter-se extinto porque barra estava***. 38.24 ← pág. 252
(1) diminui (2) aumenta (3) ansiedade 38.28	Se tivesse havido na câmara experimental uma porta, um rato punido teria sido reforçado por sair através da porta, pois esta resposta teria .... os estímulos aversivos condicionados gerados pela câmara. 38.29 ← pág. 252

depois **14.4**	O dar comida a um organismo que esteja dela privado tem sempre uma relação temporal com *algum* comportamento (talvez apenas o comportamento de ficar quieto) e deve portanto funcionar como .... para aquele comportamento. **14.5**
levantar a cabeça **14.12**	No "experimento de contingência acidental", se o levantar a cabeça foi acidentalmente reforçado uma vez, é muito mais (1)*** que o pombo levante a cabeça pouco antes do próximo (2).....................15 segundos depois. **14.13**
(1) reforço (2) aumentar **14.20**	Ao atirar os dados, em uma parada alta, o jogador pode dizer "Vamos, neguinhos, agora!" e ganhar. O comportamento verbal não surte efeito sobre (1)..............., mas o resultado da partida pode ter efeito sobre................. do jogador. **14.21**
supersticioso **14.28**	Se uma resposta anteriormente reforçada nunca mais receber reforço, eventualmente se **14.29**
acidental **14.36**	O alto e desagradável ruído, a estática em um rádio termina no momento em que um homem apenas tocava um dos botões. Se tocar um dos botões não teve de fato nenhum efeito, este é um exemplo de contingência (1) .... com reforço (2)..................... . **14.37**
acidental **14.44**	Se, mais tarde, o vestígio do abrigo antiaéreo elicia o padrão de respostas reflexas "medo", isto é um exemplo de reflexo condicionado (1).......................pois a associação de estímulos foi (2) **14.45**

extinção	Experimento 1. Durante os primeiros 10 minutos de extinção, como descrito em (C), um grupo de quatro ratos foi .... (tt) por cada resposta de pressionar a barra.
38.2	38.3
punido	Experimento 1. Durante a segunda hora, o registro para o grupo punido mostrou uma inclinação algo .... do que o registro do grupo não punido.
38.7	38.8
(1) menor (2) número	Outras coisas permanecendo iguais, o comportamento*** permanentemente eliminado pela punição, se a punição for descontinuada no futuro imediato.
38.12	38.13
(1) punidos (2) extinção	Durante os primeiros 10 minutos de extinção no Experimento 2 (descrito em H), o procedimento foi o mesmo que para o grupo .... no Experimento 1.
38.17	38.18
aversivas	Experimento 2. Durante as 2 horas descritas em (I), o estado de ansiedade deveria ter-se ....
38.22	38.23
(1) extinção (2) punição	Na ansiedade, o comportamento reforçado com alimento (1) .... e o comportamento de esquiva (2) .... Assim, as diminuições temporárias nos Experimentos 1 e 2 parecem ser exemplos do tipo de modificação que chamamos (3) ....
38.27	38.28

255

reforço	A apresentação de comida a um organismo dela privado .... o comportamento operante anterior, mesmo quando não se tenha a "intenção" de obter tal efeito.
14.5	14.6
(1) provável (2) reforço	Se a resposta que foi acidentalmente reforçada não ocorrer outra vez, logo, antes de uma segunda apresentação do alimentador, será ....(tt).
14.13	14.14
(1) dados (2) comportamento	Comportamento *supersticioso* significa comportamento em que não há nenhuma relação casual entre a resposta e o reforço. No experimento sobre "contingências acidentais", o comportamento do pombo é ...., pois não tem relação causal com o funcionamento do alimentador.
14.21	14.22
extinguirá	Se os intervalos em que a comida é dada forem muito longos, qualquer comportamento supersticioso resultante de um reforço acidental pode sofrer................ .
14.29	14.30
(1) acidental (2) negativo	Superstições transmitidas verbalmente e que são comuns numa cultura supõem muitos fatores. Quando executadas pela primeira vez, uma contingência............. acidental pode ocorrer.
14.37	14.38
(1) supersticioso (2) acidental	Um reforço pode seguir uma resposta, porque (*a*) existe uma relação causal *natural*, (*b*) alguém deliberadamente planejou ou (*c*) por acidente. O resultado*** o mesmo nos três casos.
14.45	14.46

(1) reforço (2) positivo	Experimento 1. Em (B), o reforçamento alimentar foi interrompido; a resultante modificação no comportamento é denominada ....
38.1	38.2
menor	Experimento 1. Durante a primeira hora de extinção, inclinação geral do registro para o grupo .... foi menor do que para o outro grupo.
38.6	38.7
o mesmo (igual)	Experimento 1. Conclusão: No caso de um breve período de punição leve, a frequência de respostas é (1) .... durante e logo depois da punição, mas o (2) .... de respostas emitidas até que a extinção se complete não se modifica.
38.11	38.12
extinção	(*Leia o experimento 2 agora e consulte-o quando necessário*) De (G) a (H) sabemos que os novos ratos foram (......................... (tt) por cada resposta durante os primeiros 10 minutos de (2) .... (tt) da resposta.
38.16	38.17
aversivo incondicionado	Experimento 2. Durante (H), os vários estímulos providos pela câmara adquiriram propriedades aversivas. Nas duas horas sem a barra, o estímulo aversivo incondicionado estava ausente e os estímulos da gaiola podiam perder suas propriedades ....
38.21	38.22
(1) extinto, (2) diminuição	Experimento 2. Os dados descritos em (L) demonstram que, embora um operante possa ser eliminado por (......................... não é eliminado por um breve período de (2) .... leve.
38.26	38.27

254

reforça 14.6	No experimento sobre contingências acidentais de reforço descrito no painel, o mecanismo alimentador operava cada 15 segundos independentemente do que o pombo estivesse fazendo. A resposta era reforçada apenas·····················-mente. 14.7 ← pág. 89
extinta 14.14	Como um só reforço já produz um condicionamento substancial, é altamente provável que uma resposta acidentalmente reforçada ocorra outra vez e receba .... adicional. 14.15 ← pág. 89
supersticioso 14.22	Falar aos dados, puxar a alavanca do caça-níqueis de um jeito especial, etc. são exemplos de ...., porque dependem de reforço acidental. 14.23 ← pág. 89
extinção 14.30	Se o experimento sobre contingências acidentais for repetido com muitos pombos, cada pombo desenvolve seu próprio "ritual". Cada pombo fará o que quer que seja que tenha sido........................ao fazer. 14.31 ← pág. 89
reforçada 14.38	Uma resposta que nunca é emitida não pode ser seguida de......................e, por isso, não pode ser condicionada. 14.39 ← pág. 89
é 14.46	Se um único reforçamento tiver apenas um efeito pequeno, é pouco provável que a resposta seguida por um reforço acidental ocorra com ························suficiente para que possa ser acidentalmente reforçada outra vez. 14.47 ← pág. 89

Experimento 1. Em (A), o pressionar a barra foi mantido em um esquema de (1) .... em intervalo fixo. A *apresentação* do alimento em seguida à resposta é definida como reforçamento (2) ....

38.1

---

(1) reforçadas
(2) punida

38.5

Experimento 1. Enquanto respostas estavam sendo punidas, a frequência das respostas foi .... para os ratos punidos do que para os ratos não punidos.

38.6

---

acréscimo

38.10

Experimento 1. Lá pelo fim do segundo dia de extinção, os dois grupos emitiram aproximadamente*** número total de respostas.

38.11

---

(1) condicionados
(2) ansiedade (emoção)

38.15

Experimento 1. Quando a punição é interrompida, esperamos que a frequência permaneça baixa até que os estímulos providos pela situação cessem de ser estímulos aversivos condicionados através da ....

38.16

---

não podia (não poderia)

38.20

Experimento 2. Durante 2 horas, na ausência da barra, as patas não foram estapeadas. Isto significa que os estímulos aversivos condicionados na câmara não estavam sendo associados ao estímulo .... o tapa.

38.21

---

(1) tiveram
(2) não tiveram

38.25

Experimento 2. Os estímulos aversivos condicionados da barra (e do comportamento de pressioná-la) que não poderiam ter-se (1) .... sob a condição (I), provavelmente causaram a ligeira (2) .... na frequência descrita em (K).

38.26

---

incompatível

38.30

FIM DA SÉRIE

253

PAINEL PARA A SÉRIE 15

NÃO LEIA O PAINEL ANTES DE RECEBER INSTRUÇÕES

Exemplo: Como treinar um cachorro a tocar com o focinho a maçaneta da porta. Você necessitará de um reforço que possa ser apresentado bem depressa, quando o comportamento for emitido. Um reforço *condicionado* é muito satisfatório, por exemplo, um estímulo *auditivo* tal como som de um cri-cri, desses que a gente encontra nas lojas por alguns centavos. Condicione o cachorro, fazendo cri-cri um pouco antes de atirar-lhe um pedacinho de comida no prato. Repita isso até que o cachorro corra para o prato no momento em que você tocar o cri-cri.

Você condiciona a resposta desejada esperando até que o focinho do cachorro encoste na maçaneta da porta, mas você pode ter de esperar longo tempo. Para evitar isso *modele* (ou *diferencie*) o comportamento. De início reforce qualquer resposta remotamente relacionada com a forma final. Por exemplo, o cachorro pode estar sentado, e nunca encostará o focinho na maçaneta enquanto assim estiver. Por isso, reforce *qualquer movimentozinho* tocando o cri-cri logo que o cachorro se mexer, e atirando um pequeno naco de comida no prato. (A vantagem do reforço *auditivo* condicionado é que alcança o cachorro instantaneamente, pouco importa para onde o cachorro estiver olhando.) Quando o cachorro estiver andando de cá para lá, reforce os movimentos na direção geral da porta e refreie os reforçamentos para movimentos em qualquer outra direção (*reforçamento diferencial*). Gradualmente modele o comportamento que se aproxima mais da porta e depois que se aproxime mais da maçaneta. Então reforce os movimentos que levam a cabeça perto da maçaneta. Finalmente apresente o reforço apenas quando tocar a maçaneta com o focinho. Esta modificação gradual do critério de reforçamento diferencial é conhecida como *aproximação sucessiva*. Todo o processo deve durar apenas alguns minutos.

Embora o objetivo seja fazer com que o focinho do cachorro encoste na maçaneta, um amplo padrão de comportamento foi fortalecido pelo reforçamento. O cachorro deve aproximar-se da porta, assumir uma postura especial, e assim por diante. Os vários *elementos* da resposta total devem ser condicionados no processo de modelagem.

Se quisermos agora condicionar uma resposta diferente, a primeira resposta pode ser uma ajuda ou um obstáculo, dependendo de as duas respostas terem ou não *elementos comuns*.

SÉRIE 38

Parte XI. Punição
EFEITOS DA PUNIÇÃO DURANTE A EXTINÇÃO D[E]
COMPORTAMENTOS REFORÇADOS
Leia o painel da página anterio[r]
Tempo provável: 16 minutos.

Vire a página e comece. →

---

(1) não foi (2) punição	Experimento 1. Enquanto os dados da figura estava[m] sendo coligidos, as respostas não foram (1) .... Durante os primeiros 10 minutos cada resposta de u[m] dos grupos foi (2) .... (tt)
38.4	38.5
(1) menor (2) baixa	Experimento 1. Durante o segundo dia de extinção, [o] grupo que tinha sido punido mostrou um ligeiro .... geral da frequência como se revela pela inclinação d[as] curvas.
38.9	38.10
(1) síndrome (de) extinção (2) não forem (forem in-)	Experimento 1. Durante a punição, os estímulos pr[o]vidos pela câmara experimental, o comportamento [do] rato, a barra, etc., são associados a um estímulo avers[i]vo. Assim, tornam-se estímulos aversivos (1) .... produzem um estado de (2) ....
38.14	38.15
(1) associados (2) aversivos condicionados	Experimento 2. Quando a barra foi retirada em (I), o[u]tras respostas já não podiam ser emitidas, e por isso [a] extinção*** ser completada.
38.19	38.20
ausente (removida, fora, retirada)	Experimento 2. Só a barra estava ausente durante o p[e]ríodo de 2 horas. Os estímulos aversivos condicionad[os] das outras partes da câmara (1)*** uma oportunida[de] de serem extintos enquanto os da barra (2)*** oportun[i]dade de serem extintos.
38.24	38.25
removido	Deixar a câmara teria diminuído a frequência de pre[s]sionar a barra, porque teria sido incompatível com [o] pressionar a barra. Também apenas virar de cost[as] para a barra é reforçado como comportamento de esqu[i]va e é também*** compressionar a barra.
38.29	38.30

252

SÉRIE 15

Parte IV. Modelagem
PRINCÍPIOS DA MODELAGEM DE NOVOS COMPORTAMENTOS
Leia o painel da página anterior.
Tempo provável: 20 minutos. **Vire a página e comece.** →

derrubará	Nos treinos de salto em altura, o treinador reforça *aproximações sucessivas* à boa forma, depois de alguns saltos bem-sucedidos .... o sarrafo.
15.7	15.8
diferencial	Há dois aspectos na modelagem de habilidades: (a) o reforçamento de certas respostas apenas, que é chamado (1) ....; e (b) modificações graduais dos requisitos para o reforçamento que são chamadas (2) ....
15.15	15.16
aproximações sucessivas	Uma maneira técnica e concisa de dizer: "Nós reforçamos movimentos em direção à porta e não reforçamos movimentos para longe da porta" é: "Nós .... movimentos para a porta".
15.23	15.24
relação	Tocar a maçaneta da porta é semelhante a tocar qualquer outra parte da porta, digamos o batente; os dois comportamentos têm .... comuns (tt).
15.31	15.32
pausa (intervalo)	Atividades como jogar boliche demoram certo tempo para serem modeladas por falta de reforçamento efetivo que siga .... -mente o comportamento.
15.39	15.40
modelagem	No tiro ao alvo, começamos de perto e nos movemos cada vez mais para longe à medida que nos tornamos mais hábeis. Afastar-se aos poucos aplica o princípio de***.
15.47	15.48

PAINEL PARA A
SÉRIE 38   LEIA O EXPERIMENTO AGORA E
             CONSULTE-O QUANDO NECESSÁRIO

Experimento 1
  (A) Oito ratos foram reforçados com alimento em um intervalo fixo por pressionar a barra.
  (B) Depois de três sessões diárias de uma hora cada, o reforçamento alimentar foi interrompido.
  (C) Para quatro ratos, o aparelho foi arranjado de tal modo que cada pressão da barra durante os primeiros 10 minutos de extinção resultasse em um "tapa" nas patas dianteiras pela volta rápida da barra à posição original.
  (D) Depois de 10 minutos os ratos não mais receberam "tapas".
  (E) Os outros 4 ratos nunca receberam "tapas".
  (F) Os registros acumulados das médias dos dois grupos durante duas sessões de extinção aparecem na Figura 1.

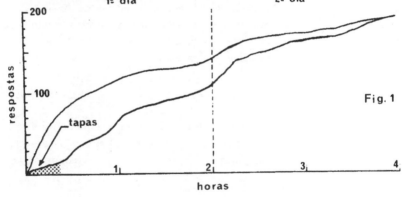

Experimento 2 (Não leia até receber instruções)
  (G) Um novo grupo de ratos recebeu o mesmo tratamento do grupo punido no Experimento 1 até a sessão de extinção.
  (H) Durante os primeiros 10 minutos de extinção cada resposta foi acompanhada de um "tapa".
  (I) Depois deste breve período de punição, cada rato foi deixado na gaiola por duas horas, mas a barra foi retirada.
  (J) Duas horas mais tarde a barra foi recolocada e continuou-se a extinção, sem que fossem dados outros "tapas" nas patas dianteiras.
  (K) Exceto uma muito pequena depressão inicial na frequência.
  (L) A curva de extinção foi idêntica à do grupo de ratos não punidos no Experimento 1.

	O campeão de salto em altura recebe reforços na pista de atletismo por "passar o sarrafo" sem derrubar. A altura do sarrafo determina qual o tipo e o impulso necessários para que a resposta seja bem-sucedida e por isso **15.1**
levantando **15.8**	A mudança progressiva do critério pelo qual se reforça uma resposta altera o comportamento através de *aproximações sucessivas*. Ao se requerer um salto cada vez ligeiramente mais alto, o comportamento é gradualmente modelado através de.............. .... **15.9**
(1) reforço diferencial (2) aproximações sucessivas **15.16**	No reforçamento diferencial, certa forma de comportamento é (1)***, enquanto outras, possivelmente bastante similares, são (2) ***. **15.17**
reforçamos diferencialmente **15.24**	O reforçamento diferencial de aproximações sucessivas à forma final do comportamento é mais do que simples condicionamento. Quando se adota este procedimento, se diz que estamos .... o comportamento. **15.25**
elementos **15.32**	Diferenciação de respostas .... (é ou não é?) sinônimo de modelagem. **15.33**
imediata(mente) **15.40**	Eventualmente *os estímulos* produzidos pelos movimentos bem-sucedidos no corpo do jogador (isto é, quando ele "pega o jeito") tornam-se condicionados como .... através da associação com a caída do pino. **15.41**
aproximações sucessivas **15.48**	**FIM DA SÉRIE**

(1) apresentado (2) removido 37.3	O reforçamento, seja ele a apresentação de um reforçador positivo ou a remoção de um reforçador negativo, ... a frequência da resposta que o precede. 37.4 ← pág. 246
(1) B (2) positivo 37.8	Um dos procedimentos que chamamos punição .... um reforçador positivo imediatamente depois da resposta. 37.9 ← pág. 246
(1) positivo (2) negativo 37.13	A remoção de um estímulo aversivo é (1) .... A apresentação de um estímulo aversivo é (2) .... 37.14 ← pág. 246
(1) D (2) A (3) reforçamentos 37.18	Uma resposta pode ser acompanhada de uma mudança de S^D para S^Δ. A terminação de S^D pode ser classificada como (1) .... (*use letra*) e a apresentação de S^Δ pode ser classificada como (2) .... (*use letra*). Ambos os casos são de (3) .... 37.19 ← pág. 246
emocional 37.23	Se um estado emocional eliciado pela punição for incompatível com o comportamento operante punido, a frequência do operante incompatível será .... enquanto durar o estado emocional. 37.24 ← pág. 246
estímulos aversivos condicionados (reforçadores negativos condicionados) 37.28	Quando uma cigarra soa por períodos de 3 minutos e consistentemente seguida de choque, (1) .... a frequência do comportamento com uma história de esquiva e (2) .... a frequência do comportamento reforçado com alimento. 37.29 ← pág. 246

reforçada	No treino de salto em altura, o tipo de salto que "passa o sarrafo" é reforçado, enquanto o tipo ligeiramente diferente que derruba o sarrafo***.
15.1	15.2
aproximações sucessivas	Quando o sarrafo está relativamente baixo, muitas......... diferentes de resposta são reforçadas.
15.9	15.10
(1) reforçada (2) extintas	(*Leia agora o painel e consulte-o quando necessário.*) No experimento descrito no painel, reforçamos diferencialmente o cachorro para mover-se de cá para lá, negando (1).................... até que o cão se (2)................
15.17	15.18
modelando (diferenciando)	O primeiro passo descrito no painel é o estabelecimento de um estímulo auditivo como reforçador (1)................ através da repetida associação com (2) *** (tt).
15.25	15.26
é	O processo pelo qual treinamos um cachorro a tocar a maçaneta da porta com o focinho é chamado (1)........... ou (2).................... de respostas.
15.33	15.34
reforçadores	Quando a "retroação" do corpo do jogador tornou-se um reforçador condicionado, reforça .... -mente o comportamento.
15.41	15.42

D **37.2**	O reforçamento pode ser positivo como quando um reforçador positivo é (1) ...., ou negativo quando um reforçador negativo é (2) .... (*atenção, consulte o painel*) **37.3**
apresentar **37.7**	Deixar a criança sem jantar por ter rabiscado a parede é um exemplo de (1) .... (*use letra*), pois o alimento é um reforçador (2) **37.8**
reforçadores **37.12**	A punição é a remoção de um reforçador (1) .... ou a apresentação de um reforçador (2) .... depois de uma resposta. **37.13**
não foi **37.17**	Uma resposta pode ser acompanhada de uma mudança de S^Δ para S^D. A terminação de S^Δ pode ser classificada como (1) .... (*use letra*) e a apresentação de um S^D pode ser classificada como (2) .... (*use letra*). Ambos os casos são (3) **37.18**
punição (B) **37.22**	Um estímulo aversivo tal como o choque elicia um estado **37.23**
síndrome (de) ativação **37.27**	Estímulos que acompanham ou antecedem uma resposta punida tornam-se .... ao serem associados ao castigo. **37.28**
(1) punida (2) acident(-al) **37.32**	**FIM DA SÉRIE**

249

reforçado não é **15.2**	O termo reforçamento *diferencial* indica que só as respostas que satisfazem certo critério são reforçadas. No salto em altura, a altura do sarrafo determina o critério para o reforçamento .... dos saltos. **15.3**
formas (tipos) **15.10**	Ao se levantar o sarrafo depois de alguns saltos bem-sucedidos, o treinador está aumentando o critério para .... diferencial. **15.11**
(1) reforço (2) mova **15.18**	O treinador inexperiente (provavelmente sem intenção) .... o comportamento do cachorro de ficar sentado e olhando para a pessoa que o alimenta com frequencia. **15.19**
(1) condicionado (2) reforçador incondicionado **15.26**	O reforçador condicionado auditivo é útil porque (como se explicou no painel) o reforçamento é mais eficaz quando ocorre*** -mente depois da resposta. **15.27**
(1) modelagem (2) diferenciação **15.34**	Qualquer resposta operante que ocorra imediatamente (1)*** de um reforço aumenta em (2)................ **15.35**
imediata-(mente) **15.42**	Aprende-se a jogar boliche mais depressa, se o instrutor imediatamente diz "boa" quando a jogada for boa, e não diz nada quando não for. Reforçando apenas jogadas relativamente boas, o instrutor está*** (tt) boas jogadas. **15.43**

101

A **37.1**	Um rato pressiona a barra e escapa do choque. Isto um exemplo de .... no quadro. (*use letra*) **37.2**
(1) C (2) apresentação (3) negativo **37.6**	Um dos procedimentos que chamamos punição é .... um reforçador negativo imediatamente depois de u propósito. **37.7**
aumenta **37.11**	Ao definir punição como B e C no quadro, não nos refer mos a nenhum efeito sobre o comportamento. A puniçã refere-se a procedimentos que são o inverso daquele que provaram ser .... (tt) **37.12**
inverso (oposto) **37.16**	Os efeitos da punição só podem ser descobertos pel realização de um experimento. Diversamente do refo çamento, a punição*** definida em termos de um efei determinado sobre o comportamento. **37.17**
(1) $(S)^\Delta$ (2) $(S)^D$ (3) reforçado **37.21**	Uma criança não tem permissão para sair porque s portou mal. Se "sair" for um reforçador positivo, isto um exemplo de **37.22**
punido **37.26**	Sem considerar a eficácia da punição, um estímulo aver sivo empregado como castigo irá eliciar os reflexos (sua palpitação, etc.) que constituem o .... de .... que ocorre em muitos estados emocionais. **37.27**
punido **37.31**	Um passageiro do "Andréa Doria" ligava um interrup tor de luz no momento em que o navio colidia com "Estocolmo". A resposta foi (1) .... Esta f uma contingência .... -al. **37.32**

diferencial	Reforçamento diferencial é o reforço de um tipo ou magnitude de resposta, enquanto tipos ou magnitudes similares*** reforçados.
15.3	15.4
reforço	Ao....................gradualmente suas exigências, o treinador está reforçando diferencialmente as aproximações sucessivas ao comportamento desejado.
15.11	15.12
reforça	Quando se nega reforçamento para o cachorro ficar sentado quieto, o cachorro logo..............de ficar quieto sentado.
15.19	15.20
imediata-(mente)	A comida atirada ao prato não estimula imediatamente o cachorro se ele não estiver olhando, mas um estímulo tal como o som de um "cri-cri" atinge o cachorro imediatamente.
15.27	15.28
(1) antes (2) frequência	Depois que o comportamento "tocar a maçaneta" foi modelado, podemos rapidamente condicionar "tocar a dobradiça". Aproveitamos os elementos previamente reforçados que os dois comportamentos têm em***.
15.35	15.36
reforçando diferencialmente	No jogo de boliche o instrutor diz "boa", no mesmo instante em que o principiante completa o movimento, o reforçamento é................e por isso mais eficaz.
15.43	15.44

	Um pombo bica um disco e o alimentador automático funciona. Isto é um exemplo de .... no quadr (*use letra*)
	37.1
aumenta	Bater numa criança por ter rabiscado a parede é u exemplo de (1) .... (*use letra*), porque b ter constitui a (2) .... de um reforçador (.......................... .
37.5	37.6
(1) resposta (2) remoção (3) apresentação	Um reforçamento se define como um evento que .... a frequência da resposta que o antecede.
37.10	37.11
(1) punição (punir) (2) reforçamento (reforçar)	A punição se define como o procedimento que é o .... do reforçamento.
37.15	37.16
(1) reforçadora (reforçamento) (2) punitiva (punição)	Uma criança não tem licença de sair para brincar fo enquanto não arrumar o quarto. "Dentro de casa" é u (1) S .... para brincar e "fora de casa" u (2) S .... Arrumar o quarto será, portant (3) .... pela apresentação de S^D e remoção de S
37.20	37.21
reforçado	Quando o pressionar a barra *liga* um choque, pressi nar a barra está sendo ....
37.25	37.26
(1) diminui (2) aumenta	Uma criança alcança o fogo e toca a chama. O comporta mento da criança foi .... por uma contingên cia natural.
37.30	37.31

não são	Falamos de reforçamento diferencial quando queremos indicar que algumas respostas são (1)*** e que outras bastante similares são (2)*** (tt).
15.4	15.5
aumentar	Ao modificar gradualmente os critérios de reforço diferencial, o treinador está modelando o comportamento desejado através de.............. sucessivas.
15.12	15.13
deixa	Mover-se e ficar quieto são incompatíveis. Quando reforçamos o mover-se, o cachorro deixa de ficar quieto, não apenas porque uma resposta (ficar quieto) se extingue, mas porque uma resposta diferente (mover-se), que é *** com ficar quieto, é reforçada.
15.20	15.21
auditivo	Um reforçador condicionado auditivo (o "cri-cri") é especialmente conveniente na modelagem do comportamento porque o som atinge o cachorro sem qualquer***.
15.28	15.29
comum	Depois de modelar "tocar a maçaneta", teremos dificuldade em modelar "ficar deitado no canto", pois teremos antes de.............. o comportamento incompatível "tocar a maçaneta".
15.36	15.37
imediato	O instrutor não deve esperar por uma jogada perfeita para dizer "boa". Deve usar ao mesmo tempo os princípios de reforço diferencial e aproximações sucessivas para.................... boas jogadas.
15.44	15.45

SÉRIE **37**	Parte XI. Punição CONCEITOS BÁSICOS Leia o painel da página anterio[r] Tempo provável: 13 minutos. **Vire a página e comece.** →
aumenta 37.4	O reforçamento pode ser positivo como em A ou negat[i]vo como em D. Em ambos os casos .... a frequê[n]cia futura da resposta. 37.5
remover 37.9	Na punição, uma (1) .... é seguida pela ([2]) .... de um reforçador positivo ou (3) .... de um reforçador negativo. 37.10
(1) reforçamento (reforçadora) (2) punição 37.14	Remover um reforçador positivo depois de uma respos[ta] é (1) .... Apresentar um reforçador positiv[o] depois de uma resposta é (2) 37.15
(1) B (2) C (3) punição 37.19	Quando for contingente sobre uma resposta, uma m[u]dança de S^D para S^Δ é (1) ...., e a mudança d[e] S^Δ para S^D é (2) 37.20
diminuída (deprimida, baixa, zero) 37.24	Quando o pressionar a barra *desliga* um choque, pre[s]sionar a barra é .... (tt) pela terminação d[o] choque. 37.25
(1) aumenta (2) diminui 37.29	Os estímulos aversivos condicionados gerados pe[lo] comportamento regularmente punido resultarão e[m] um estado de ansiedade no qual o comportamento p[o]sitivamente reforçado (1) .... de frequência e [o] comportamento de esquiva (2) 37.30

(1) reforçadas (2) extintas (*qualquer ordem*) **15.5**	Temos de falar alto, se quisermos ser ouvidos em uma reunião barulhenta. Em uma reunião barulhenta, o falar alto é ....(tt) reforçado. **15.6**
aproximações **15.13**	Habilidades complexas devem ser modeladas bem gradualmente. À medida que o critério para o reforçamento diferencial se modifica, se fazem............ ....ao comportamento final. **15.14**
incompatível **15.21**	Quando reforçamos movimentos em direção à porta, *mas não em outras direções,* estamos................... movimentos em direção à porta. **15.22**
demora (atraso) **15.29**	O uso do "cri-cri" para reforçar as respostas do cachorro é superior ao mero atirar pedaços de comida no prato, por causa da relação temporal entre......... (tt) e .... (tt), que pode ser melhor controlada. **15.30**
extinguir **15.37**	Para se aprender jogar boliche, deve-se modelar um padrão específico de movimentos. Derrubar a garrafa................. o comportamento. **15.38**
modelar **15.45**	Quando o instrutor vai aumentando devagarzinho os critérios para dizer "boa", está fazendo............ ....ao comportamento desejado. **15.46**

PAINEL PARA A
SÉRIE **37**   LEIA AGORA E CONSULTE
                  QUANDO NECESSÁRIO

O quadro indica as diferentes *contingências* possíveis entre uma resposta e os eventos que *seguem imediatamente* à resposta. Você poderá achar conveniente reproduzir este quadro em um pedaço de papel, usando abreviações para consultar ao responder os itens.

	APRESENTAÇÃO	REMOÇÃO
REFORÇO POSITIVO	A. reforçamento positivo	B. punição
REFORÇO NEGATIVO	C. punição	D. reforçamento negativo

diferencialmente 15.6	Para treinar salto em altura, a gente começa com o sarrafo bem baixo e vai levantando aos poucos. Se um salto quase derruba o sarrafo quando este estiver baixo, este mesmo salto*** quando estiver mais alto. 15.7 ← pág. 98
aproximações sucessivas 15.14	O saltador de altura é reforçado se passa o sarrafo, mas não se não o faz. A altura do sarrafo estabelece automaticamente o critério de reforço................... 15.15 ← pág. 98
reforçando diferencialmente 15.22	Na modelagem de qualquer comportamento dado, modificamos gradualmente o critério do que reforçar. O comportamento desejado é alcançado através de***. 15.23 ← pág. 98
respostas (e) reforço (QUALQUER ORDEM) 15.30	Para atingir melhores resultados na modelagem do comportamento, o reforçador condicionado deve ser apresentado em estreita .... temporal com a resposta. 15.31 ← pág. 98
reforça 15.38	No jogo de boliche há....................relativamente grande entre jogar a bola e a caída da garrafa. 15.39 ← pág. 98
aproximações sucessivas 15.46	Quando o instrutor reforça aproximações sucessivas cada vez mais próximas do comportamento desejado, chamamos este procedimento de.................. 15.47 ← pág. 98

reforço (reforçador)	Quando se diz que o homem está "sofrendo de" ansiedade pressupomos que estado .... é aversivo.
36.2	36.3 ← pág. 241
(1) extinção (2) adaptação	Ao recomendar que um homem mude de emprego para conseguir alívio das preocupações sobre o seu trabalho propõe-se mudar as condições emocionais pela remoção de***.
36.6	36.7 ← pág. 241
reforçadora	Ao diminuir a velocidade, o motorista**** estímulos aversivos condicionados que a alta velocidade eliciou.
36.10	36.11 ← pág. 241
negativo	Um homem pode em certos casos libertar-se dos efeitos aversivos de odiar alguém, afastando-se desse alguém. A emoção é reduzida ou eliminada pela remoção de seu ....
36.14	36.15 ← pág. 241
incompatível	Uma reação emocional pode rapidamente enfraquecer com a passagem do tempo. "Contar até dez" antes de agir com raiva .... a magnitude da reação, tornando mais remota do evento que a incitou.
36.18	36.19 ← pág. 241
aumentar	Quando um empregado é severamente repreendido por um erro cometido durante um período de ansiedade, a probabilidade de erros pode .... em resultado do aumento de ansiedade.
36.22	36.23 ← pág. 241

SÉRIE **16**

Parte IV. Modelagem
APLICAÇÕES DOS PRINCÍPIOS DA MODELAGEM
Tempo provável: 10 minutos.

Vire a página e comece. →

---

diferencialmente 16.4	Quando os pais reforçam diferencialmente uma criança pequena só pelos sons da língua deles, estes sons (1)*** de frequência, enquanto os sons "estrangeiros" (2)***. 16.5
(1) Elementos (2) reforçado 16.9	Quando empurramos um objeto pesado, ele só se move se o nosso empurrão exceder uma certa força. As contingências que determinam qual a força (do empurrão) que será............. ....são determinadas pelas propriedades físicas da situação. 16.10
(1) está (2) está 16.14	Se o treinador de dardo não *reforçar* nenhum arremesso ou apenas quando o recorde mundial for batido, (1)*** está usando aproximação sucessiva; ele está (2)*** um critério que, se alcançado, fará com que ele empregue reforço diferencial. 16.15
modelagem (diferenciação de respostas) 16.19	A maioria dos elementos de um comportamento recém-modelado já foram acompanhados de.................em aproximações anteriores. 16.20
imediata-(mente) 16.24	Um "artilheiro" adquiriu vagarosamente sua "classe", pois sempre decorre algum................depois de seu chute para que a bola percorra a distância até o gol e não possa ser defendida. 16.25
diferencialmente reforçadas 16.29	**FIM DA SÉRIE**

emocionais **36.1**	Ao dizer que alguém "gosta de um bom choro", pressupomos que um estado emocional ou certos estímulos que o acompanham são .... (tt) **36.2**
(1) positivos (2) negativos (*qualquer ordem*) **36.5**	Se uma pessoa tímida força a si própria para comparecer a muitas reuniões de grupos, sua timidez pode passar pelo processo de (1) .... (se a emoção for condicionada) ou de (2) ....(se for incondicionada) **36.6**
estímulos aversivos condicionados (reforçadores negativos) **36.9**	Uma forte ansiedade condicionada gerada pela velocidade pode fazer com que o motorista dirija devagar. A ansiedade é mais aversiva do que **36.10**
reforçadora **36.13**	Quando o libertar-se de uma emoção violenta é reforçador, isto constitui um exemplo de reforçamento **36.14**
incompatíveis **36.17**	Fazer o bem a alguém que nos trata com despeito .... com o comportamento emocional geralmente fortalecido pelo despeito. **36.18**
aversivo (emocional) **36.21**	O empregado que comete um erro devido à ansiedade pode ser repreendido pelo patrão. Isto irá provavelmente .... a ansiedade dele. **36.22**
intermitente **36.25**	**FIM DA SÉRIE**

	Aprender a atirar com uma pistola é relativamente fácil, depois de se ter modelado um bom desempenho no tiro com *carabina*. Certos·················· ··············(por ex.: apertar o gatilho, não tremer) podem ajudar a aprender a atirar com a segunda arma de fogo. **16.1**
(1) aumentam (2) extinguem-se **16.5**	Aprender a dizer "bola" facilita para a criança o aprender a dizer "bala", porque as duas respostas têm***. Parte da resposta "bala" já foi reforçada quando a criança dizia "bola". **16.6**
reforçada diferencialmente **16.10**	No chamar alguém que está longe, só chamadas em voz alta serão reforçadas. Gritar é reforçado..................... **16.11**
(1) não (2) usando **16.15**	Pode acontecer que uma criança só consiga a atenção da mãe se levantar a voz. Sem querer, a mãe está............ .... o falar alto. **16.16**
reforço **16.20**	Quando casos ligeiramente excepcionais são reforçados diferencialmente logo que são emitidos, uma nova unidade de comportamento é.............. através de aproximações sucessivas. **16.21**
tempo **16.25**	Um bom artilheiro pode ser reforçado *instantaneamente*, se a estimulação de seus músculos (a "sensação" de que vai ser um gol certo) tiver se tornado um reforço................. . **16.26**

107

→	Um "dramalhão" é um livro, peça de teatro ou fita de cinema destinado a reforçar o leitor ou o espectador a gerar efeitos .... moderados. 36.1
aversivo 36.4	Alguns tipos ou graus de estados emocionais são reforçadores (1) .... enquanto outros são reforçadores (2) 36.5
reforçadora 36.8	Quando aconselhamos alguém sobre os perigos de guiar correndo muito, mostrando fotografias de trombadas, acidentes, cadáveres, etc., associamos os estímulos gerados pela velocidade a estímulos aversivos. Os estímulos da velocidade tornam-se***. 36.9
condiciona (aumenta) 36.12	A redução de estados intensos de raiva "ódio", "pavor" etc., é .... (tt) para a maioria das pessoas. 36.13
extinção 36.16	O ódio que um homem sente pode ser reduzido, se ele empenhar em comportamentos emocionais que sejam .... com o ódio. 36.17
incompatível com o 36.20	Comportamentos de destreza aprendidos enquanto está calmo podem ser perturbados pela ansiedade. "Vaiar e xingar" um jogador de bola ao cesto do time oposto que vai cobrar uma falta é uma tentativa de perturbar o seu comportamento usando um estímulo 36.21
(1) reforçado (condicionado) (2) extinção 36.24	Os pais que tentam extinguir as birras e manhas da criança devem estar atentos para ignorá-las *constantemente*, do contrário estarão mantendo o comportamento com reforçamento 36.25

elementos comuns **16.1**	O comportamento operante de um bebê compõe-se de uma atividade geral indiferenciada: agitação de pernas e braços, meneios com a cabeça, etc. A partir dessa atividade geral, os movimentos hábeis das crianças são gradual e vagarosamente.............. através do reforço diferencial. **16.2**
elementos comuns **16.6**	Quando se aprende uma segunda língua, novos padrões vocais já terão sido modelados através de reforço.............., quando a primeira língua foi aprendida. **16.7**
diferencialmente **16.11**	A altura de voz da conversa normal foi.................pelo uso de reforçamento diferencial por parte dos membros da comunidade verbal. **16.12**
reforçando diferencialmente **16.16**	Quando a mãe se acostuma com a voz moderadamente alta da criança, poderá responder apenas a chamados mais altos ainda. A intensidade da voz da criança..............gradualmente através do reforçamento diferencial involuntário. **16.17**
modelada (diferenciada) **16.21**	Uma pessoa que é proficiente em um esporte provavelmente adquirirá rapidamente proficiência em outro esporte, se os dois requererem movimentos, coordenação, etc., similares. Por "similar" queremos dizer que as respostas requeridas têm***. **16.22**
condicionado **16.26**	O treinador que conhece um bom chute pode acelerar a aprendizagem fornecendo reforço diferencial............ (Por exemplo, gritando antecipadamente "gol!".) **16.27**

SÉRIE 36

Parte X. Emoção II
AS EMOÇÕES COMO CONDIÇÕES AVERSIVAS REFORÇADORAS
Tempo provável: 9 minutos.

Vire a página e comece. →

---

emocional
(ansiedade)

36.3

Ao ir ao psiquiatra procurar alívio das preocupaçõe[s] o homem está escapando de condições emocionais qu[e] têm as propriedades de um estímulo ....

36.4

---

estímulos
(estímulos aversivos, causas)

36.7

A sensação de descer uma "montanha-russa" ou de e[s]tar em um carro em velocidade é um exemplo de cond[i]ção emocional que é ....

36.8

---

escapa dos (se esquiva dos, põe término, elimina)

36.11

A sociedade em geral condena reações emocionais vi[o]lentas, tais como "ciúme", "medo", "raiva", "ódio", etc. [A] condenação da sociedade .... as proprie[da]des aversivas.

36.12

---

estímulos
(causas)

36.15

Se uma pessoa perde o ódio condicionado por alguém em resultado de estar frequentemente perto dele e[m] condições que não despertam ódio, a condição emocion[al] desaparece através da ....

36.16

---

enfraquece
(diminui)

36.19

"Amai os vossos inimigos" recomenda que nos dediqu[e]mos a um comportamento emocional*** ódio.

36.20

---

aumentar

36.23

Podemos aconselhar os pais a ignorarem as manhas [e] birras da criança se acreditarmos que este comport[a]mento tem sido (1) .... (tt) pela reação dos pa[is] e pode por isso ser eliminado através da (2) ....

36.24

modelados (diferenciados)	Mesmo no bebê, respostas vocais rudimentares são reforçadas. À medida que a criança cresce, os ouvintes reforçam vocalizações cada vez mais acuradas. Exigir uma linguagem melhor aos 3 anos do que aos 2 ilustra ....da modelagem.
16.2	16.3
diferencial	Quando um brasileiro aprende chinês, a habilidade no desenho dos caracteres deve ser modelada; mas quando aprende francês, as habilidades necessárias à escrita daquela língua já (1)*** modeladas. A escritura do francês e do português têm muitos (2)................. ....
16.7	16.8
modelada (diferenciada) (aceitável, condicionada)	Se ao ensinar um arremesso de dardo, o treinador fica satisfeito com *todas* as jogadas, mesmo más, ele (1)*** está usando aproximações sucessivas e (2)*** está usando reforçamento diferencial.
16.12	16.13
aumenta	Originamos "novas" formas de comportamento reforçando diferencialmente formas que se aproximam gradativamente da final. Chamamos este processo de ....do comportamento.
16.17	16.18
elementos comuns	Quando aprendemos a guiar um carro, a habilidade "transfere-se" para o guiar outros carros. Isso é de se esperar porque os comportamentos de guiar os dois carros *** muito diferentes.
16.22	16.23
imediato	A irritação que o falar muito alto produz e a impossibilidade de se ouvirem murmúrios estabelecem os limites superior e inferior de intensidade das respostas verbais que o ouvinte irá....................... ....
16.27	16.28

aversivo condicionado	Experimento 1. Em (F) se descreve parte do padrão de comportamento que caracteriza a (1) .... Este padrão é agora produzido por um estímulo (2) ....
35.3	35.4 ← pág. 236
(1) decréscimo (2) aumento	Experimento 1. Um estimulante (anfetamina) .... a frequência, quando a cigarra *não* está tocando.
35.8	35.9 ← pág. 236
diminui (abaixa)	Experimento 1. Sob a ação do tranquilizante, a cigarra (um estímulo aversivo condicionado) tem*** influência sobre a frequência.
35.13	35.14 ← pág. 236
depois	Experimento 2. Em sessões anteriores o pressionar a barra (1) .... o choque. Por isso, o pressionar a barra nesse experimento é um comportamento de (2) ....
35.18	35.19 ← pág. 236
(1) alta (2) baixa	Figura 2. Enquanto a cigarra toca, como entre os pontos 2 e 3, a frequência da resposta reforçada com alimento (1) .... , enquanto a frequência de resposta que tem uma história de esquiva é mais (2) .... do que antes do começo da cigarra.
35.23	35.24 ← pág. 236
(1) alta (2) diminui	Figura 2. Imediatamente antes do começo da cigarra (por exemplo, no ponto 2), a frequência de ambas as respostas aproxima-se de .... por um momento. Observe a repetição de todos esses detalhes complexos do registro na repetição do ciclo.
35.28	35.29 ← pág. 236

240

aproximações sucessivas **16.3**	O balbuciar de uma criança pequena já contém presumivelmente os sons básicos de todas as línguas. Mas os pais reforçam·····················(tt) apenas os sons de sua própria língua **16.4** ← pág. 106
(1) foram (2) elementos comuns **16.8**	Reforçar um operante pode muitas vezes aumentar a força de um outro. (1).................... comuns ficam fortalecidos, quando um dos operantes for (2)...................... **16.9** ← pág. 106
(1) não (2) não **16.13**	Se o treinador diz "muito bem" cada vez que um arremesso for melhor que o anterior, ele*** usando aproximações sucessivas e*** usando reforçamento diferencial. **16.14** ← pág. 106
modelagem **16.18**	É verdade que, para que uma resposta possa ser reforçada, ela deve ser emitida; não obstante, pelo processo chamado ...., é possível criar unidades de comportamento complicadas, que de outra maneira nunca teriam aparecido. **16.19** ← pág. 106
não são **16.23**	O reforço mais eficiente é o que acompanha............ -mente a resposta. (*Resposta temporal*) **16.24** ← pág. 106
reforçar diferencialmente **16.28**	Quando andamos no convés de um navio em alto mar, a forma ligeiramente diferente do andar ("o gingar de marinheiro") é modelada pelas contingências especiais que determinam quais formas de andar serão numa superfície que ondula vagarosamente.····· ··········· **16.29** ← pág. 106

adaptação	Experimento 1. A contingência descrita em (E) estabelece a cigarra como um estímulo*** que produz ansiedade.
35.2	35.3
(1) decresce (diminui cai) (2) zero	Experimento 1. Quando a cigarra já soou por um breve tempo, o rato comporta-se da maneira descrita em (F Assim, embora haja (1) .... na frequênc: do comportamento reforçado com água, há (2) .... no encolher-se, etc.
35.7	35.8
maior	Experimento 1. Enquanto a cigarra está ausente, tranquilizante (reserpina) .... a frequênc: geral, em comparação com a sessão de controle.
35.12	35.13
(1) razão fixa (2) elevada (3) pausa	Experimento 2. Os reforços não estão marcados na F gura 2. Entretanto, como o esquema é uma razão de 1 o aspecto em degraus do registro entre os pontos 1 e sugere que os trechos horizontais muito curtos ocorre imediatamente .... do reforço.
35.17	35.18
(1) não ocorria (estava desligado, estava ausente) (2) ocorria (aparecia, estava presente)	Experimento 2, Figura 2. Quando o estímulo aversiv condicionado está ausente, a frequência da resposta r forçada com alimento é (1) ...., e a frequênc: de resposta com uma história de esquiva é bastante (: ....
35.22	35.23
(1) diminui (2) aumenta	Figura 2. Alguns efeitos de "granulação fina" adiciona podem ser vistos. Durante a maior parte do intervalo d cigarra, a frequência do comportamento de esquiva é (....................., mas imediatamente antes dos choque nos pontos 1 e 3, a inclinação do registro de esquiva (2 ....
35.27	35.28

SÉRIE 17

Revisão
VERIFICAÇÃO DAS PARTES I a IV
Tempo provável: 20 minutos.

Vire a página e comece. →

---

(1) negativo
(2) positivo

Série 9   17.5

Citar os sistemas de respostas implicados nas seguintes ações: andar até a mesa, pôr comida na boca e mastigar utilizam músculos (1)***; umedecer a comida com saliva utiliza (2)***; passar a comida até o estômago, (3)***; e prover os sucos digestivos do estômago, (4)***.

17.6

---

temporal

Série 3   17.11

Depois de um chimpanzé ter trocado fichas por comida, água, uma companheira, etc., as fichas*** reforçadores eficazes, se o chimpanzé estiver bem alimentado mas privado de água.

17.12

---

modelando

Série 15   17.17

Coçar a cabeça seguidamente, morder a ponta do lápis, tamborilar na mesa, etc., enquanto se está estudando, são frequentemente comportamentos (1).............., que resultam de contingências de reforço (2).................

17.18

---

(1) adaptado
(2) imediatamente

Série 13   17.23

Na modelagem de qualquer comportamento dado, modificamos gradualmente o critério de reforço das respostas. Chega-se ao comportamento desejado através de***.

17.24

---

(1) respondente
(reflexo)
(2) operante

Série 10   17.29

Apanhar um copo de água ou dizer "Água, por favor" são exemplos de comportamento (1)................; entretanto, qualquer exemplo isolado desse comportamento é chamado (2)..................

17.30

---

(1) dimensões
(2) internos

Série 6   17.35

Um reforço condicionado pode se tornar*** através de associações com os vários reforços incondicionados apropriados às diferentes privações.

17.36

(1) intervalo variável (2) constante (uniforme, regular) 35.1	Experimento 1. (C) descreve o efeito emocional de u[m] estímulo não familiar. Em (D), o animal já foi suficie[n]temente exposto à cigarra para que tenha havido um .... completa. 35.2
não há 35.6	Experimento 1. Na sessão de controle (sem droga[s] mais ou menos *depois* do primeiro meio minuto de ciga[r]ra, a frequência (1) .... até quase (2) .... aí permanece, até que o período termine com um choqu[e]. 35.7
(1) aumenta (2) diminui 35.11	Experimento 1. A ansiedade indicada pela supressã[o] da frequência de respostas durante o estímulo avers[i]vo condicionado é .... nas sessões com estim[u]lante do que nas sessões normais (de controle). 35.12
(1) diminui (2) aumenta 35.16	(*Leia agora o experimento 2*) Experimento 2. O puxar d[a] corrente estava em um esquema em (1)*** de refo[r]ço alimentar. Este esquema produz uma frequênci[a] constante e (2) .... de respostas com uma (3) .... depois de cada reforço. 35.17
(1) aversivo condicionado (2) choque (estímulo aversivo incondicionado) 35.21	Experimento 2, Figura 2. Entre os pontos 1 e 2 (e [em] outras porções comparáveis da sessão), o estímulo ave[r]sivo condicionado (1)*** e (2)*** entre os pontos 2 e 3. 35.22
ansiedade 35.26	Na ansiedade, a frequência do comportamento refo[r]çado com alimento (1) .... e a frequência d[o] comportamento de esquiva (2) 35.27

	Num registro acumulado a inclinação da curva indica a (1)*** e os traços transversais ou "risquinhos" geralmente indicam os (2)***. 17.1
(1) estriados (2) glândulas (3) músculos lisos (4) glândulas **Série 6** 17.6	Muitos dos chamados traços de personalidade atribuídos aos indivíduos (agressividade, persistência, simpatia, etc.) são simplesmente modos de indicar .... da emissão de certos tipos de comportamento pelo indivíduo. 17.7
são (permanecem) **Série 11** 17.12	Os operantes são eliminados de duas maneiras diferentes: a resposta é emitida e fica sem reforço no processo chamado (1)................, mas não é emitida no processo chamado (2)................ 17.13
(1) supersticiosos (2) acidentais **Série 14** 17.18	Dois modos eficazes de evitar comportamentos condicionados indesejáveis são: (a) (1).............-los pela suspensão do reforço e (b) condicionar comportamentos (2) 17.19
aproximações sucessivas **Série 15** 17.24	Para condicionar um reflexo, um estímulo neutro é (1) .... com um (2)................ .... 17.25
(1) operante (2) resposta **Série 10** 17.30	Mentir gera estímulos que adquirem o poder de eliciar respostas condicionadas que ocorrem na................ 17.31
generalizado **Série 11** 17.36	Os reforços usados pelos treinadores de animais são distribuídos (1)................, mas um pombo procurando comida entre as folhas de um parque está submetido a contingências (2)................ 17.37

	Experimento 1. Em (A), a linha base sobre a qual s vai observar ansiedade é provida por um esquema c reforço em (1)***, usando água. Este esquema gera um frequência (2) .... e moderada. 35.1
(1) cigarra (2) baixo 35.5	Durante a sessão "normal" ou de controle (salina) (con parando o período sem cigarra com o primeiro me minuto de cada período de cigarra)*** (há ou não há modificação na frequência quando a cigarra começa. 35.6
decréscimo 35.10	Experimento 1. O estimulante (1) .... a fr quência do pressionar a barra durante a ausência c estímulo aversivo condicionado, e (2) .... a fr quência de pressionar a barra na presença do estímu aversivo condicionado. 35.11
(1) estímulo aversi- vo condicionado (2) diminuir 35.15	Experimento 1. Por definição, uma droga que diminui ansiedade é aquela que (1) .... o efeito de u estímulo aversivo condicionado. Uma droga que aume ta a ansiedade, (2) .... o efeito de um estímu aversivo condicionado. 35.16
(1) fim (2) não eram 35.20	Figura 2. No ponto 2, a cigarra começa a tocar. A ciga ra tornou-se um estímulo (1) .... por causa das muitas associações anteriores com o (....................., como no ponto 3. 35.21
ansiedade 35.25	A Figura 2 ilustra duas modificações que ocorrem s multaneamente em um único organismo. Estas modi cações caracterizam um estado de 35.26
(1) aversivo condicionado (2) ansiedade (3) decréscimo (4) aumento 35.30	**FIM DA SÉRIE**

(1) frequência (de respostas) (2) reforços **Série 12** 17.1	O comportamento (1)...................... é fortemente influenciado pelas consequências das respostas semelhantes anteriores, enquanto o comportamento (2) .... depende do estímulo que o antecede. 17.2
frequência (probabilidade) **Série 10** 17.7	No reforço diferencial, só se (1)*** uma forma ou grandeza do comportamento, enquanto outra ou possivelmente outras formas ou magnitudes são (2)***. 17.8
(1) extinção (2) esquecimento **Série 10** 17.13	Um reflexo condicionado, à medida que o número de associações entre os estímulos incondicionado e condicionado aumentam, a latência do reflexo condicionado (1) .... e a magnitude da resposta condicionada (2) ...., até que ambos alcancem um certo limite. 17.14
(1) extingui(-los) (2) incompatíveis **Série 10** 17.19	Um estímulo que elicia a resposta, sem que tenha havido condicionamento anterior, é chamado (1)................. ....; um estímulo que elicia a resposta só depois de ter havido condicionamento é chamado (2) 17.20
(1) associado (2) estímulo incondicionado **Série 3** 17.25	No experimento típico, quando uma bicada opera o alimentador, o reforço (1).................é imediato, enquanto que o reforço (2).................é ligeiramente retardado. 17.26
ansiedade (medo) **Série 5** 17.31	Um aprendiz particularmente lento pode exigir muitos reforços, antes de desenvolver uma alta frequência de respostas. É.................... provável que ele desenvolva respostas supersticiosas que um aprendiz mais rápido. 17.32
(1) deliberadamente (2) naturais **Série 7** 17.37	Quando um comportamento diminui de frequência e quando, tanto quanto sabemos, não houve condicionamento anterior do comportamento, não chamamos esse processo de extinção, mas sim de..................... 17.38

SÉRIE **35**	Parte X. Emoção II EXPERIMENTOS DE ANSIEDADE Leia o painel da página anterior Tempo provável: 17 minutos. **Vire a página e comece. →**
(1) ansiedade (2) aversivo condicionado 35.4	Figura 1. Os pequenos segmentos entre as flechas reta quebrada foram registrados enquanto a (1) .... estava em operação. Estas porções do registro foram de locadas ligeiramente para (2) .... a fim (destacá-las do resto do registro. 35.5
aumenta 35.9	Experimento 1. Quando a cigarra *está* tocando, o est mulante produz .... na frequência em cor paração com a frequência durante a cigarra na sessã normal (ou controlada por uma solução salina). 35.10
pouca (menos, menor) 35.14	Experimento 1. A cigarra, sendo um (1)***, produz u estado de ansiedade indicado pelo fato de (2) .... a frequência de pressionar a barra mantida por reforç mento positivo. 35.15
(1) adiava (atrasava, pospunha) (2) esquiva 35.19	Experimento 2. Durante esta sessão (e várias outra anteriores do gênero), os únicos choques foram aquel no (1) .... dos períodos de cigarra. Estes era inevitáveis no sentido de que (2)*** contingentes sob a ausência do comportamento de esquiva. 35.20
(1) baixa (2) alta 35.24	Um estímulo aversivo condicionado modifica a prob bilidade de muitas respostas. A modificação produzi(por um estímulo aversivo condicionado é chamada est do de 35.25
zero 35.29	Experimento 2. Conclusão: A apresentação de um es mulo (1) .... tem como result do um estado de (2) ...., indicado em parte p (3) .... no comportamento reforçado com alime to e um (4) .... no comportamento que tem un história de esquiva. 236 35.30

(1) operante (2) respondente (reflexo) **Série 10** 17.2	Em um reflexo condicionado, quando o estímulo condicionado é repetidamente apresentado sozinho, a magnitude da resposta condicionada (1)................ e a latência do reflexo condicionado (2)................, até que se complete (3)................ 17.3
(1) reforça (2) extintas **Série 15** 17.8	O experimentador deliberadamente dispõe para que o bicar do disco seja reforçado, mas os comportamentos supersticiosos são condicionados por reforço................ . 17.9
(1) diminui (2) aumenta **Série 4** 17.14	Uma psicóloga alimentava um bebê quando ele emitia balbucios, mas *não* quando ele chorava. Esperaríamos que o chorar com fome fosse (1)........................(tt) porque (2)................(tt) foi retido. 17.15
(1) estímulo incondicionado (2) estímulo condicionado **Série 3** 17.20	Se um vigia antiaéreo nunca vê o tipo de avião que ele deve identificar, a frequência com que observa o céu (1).................. Em outras palavras, o seu comportamento de observações se (2)*** (tt). 17.21
(1) condicionado (secundário) (2) incondicionado (primário) **Série 13** 17.26	Em um reflexo, quanto mais intenso for o estímulo, maior (1).................. da resposta e menor (2).............. do reflexo. 17.27
menos **Série 14** 17.32	O comportamento operante tem consequências diretas sobre o ambiente. Uma consequência que resulta em posterior aumento da frequência da resposta operante é chamada..................(tt). 17.33
adaptação **Série 13** 17.38	Aprender a dizer "bola" torna mais fácil para a criança aprender a dizer "bala", porque as duas respostas têm***. 17.39

PAINEL PARA A

SÉRIE **35**

LEIA O EXPERIMENTO 1 AGORA. AGUARDE INSTRUÇÕES PARA LER O EXPERIMENTO 2

Experimento 1
(A) Um rato privado de água é reforçado com água em um esquema de intervalo variável até que o responder se estabilize em uma frequência moderada — a linha base sobre a qual a ansiedade será observada.
(B) Cada 10 minutos, uma cigarra toca por 3 minutos.
(C) Quando a cigarra tocou pela primeira vez, a frequência do pressionar a barra diminuiu.
(D) Logo depois a cigarra não tem mais efeito sobre a frequência.
(E) O rato recebe um choque no fim do período de cada 3 minutos de cigarra.
(F) Logo, quando toca a cigarra, o animal começa a encolher-se e permanece quase imóvel. Ocorre ereção de pelos, defecação, etc.
(G) Exemplos de registros durante este estágio aparecem na Figura 1, onde se lê "salina". A flecha reta indica o começo da cigarra. A flecha em forma de raio indica um breve choque, seguido imediatamente pelo término da cigarra.
(H) Para destacar o desempenho na presença da cigarra, o registro foi ligeiramente deslocado para baixo entre as flechas.
(I) Uma solução salina injetada no rato não tem nenhum efeito. O desempenho é típico de ratos não injetados.
(J) Reserpina é um tranquilizante.
(K) Anfetamina é um estimulante.

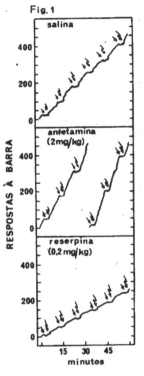

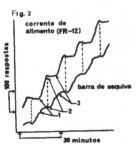

Experimento 2
(*Aguarde instruções para ler*)

Um macaco privado de alimento recebe comida cada décima segunda vez que puxa uma corrente. Ao mesmo tempo está presente uma barra que antes fora usada em um procedimento de esquiva (uma resposta à barra adiava um choque por 20 segundos). Na sessão representada pelo registro da Figura 2, a contingência de esquiva não estava em efeito, mas a extinção ainda não era completa. Períodos de silêncio e de cigarra terminados por choque alternavam-se a cada 6 minutos. Entre os pontos 1 e 2 na Figura 2, a cigarra e o choque permaneciam desligados; depois, no ponto 2 tocou a cigarra continuando até o ponto 3; em 3 houve um breve choque e terminou a cigarra.

(1) diminui (2) aumenta (3) extinção **Série 4** 17.3	Quando se reforça um pombo por bicar um disco, o estímulo reforçador ocorre logo (1)................da bicada, e (2)................com que a resposta é (3)..........(tt) aumenta. 17.4
acidental **Série 14** 17.9	Num reflexo, (1)................do estímulo é a intensidade mínima suficiente para (2)............uma (3)................ 17.10
(1) extinto (2) reforço **Série 10** 17.15	Certos grupos de respostas, tais como os eliciados por um súbito ruído, são característicos de um estado de............ 17.16
(1) diminui (2) extingue **Série 9** 17.21	Você não continuará a trabalhar, se o seu cheque de pagamento for recolhido "por falta de aviso", porque o efeito do reforço (1)................generalizado desses cheques desaparecerá na (2)...................... . 17.22
(1) magnitude (2) latência **Série 1** 17.27	Quando uma resposta é eliciada por um estímulo, sem que tenha havido condicionamento anterior, a sequência se chama............ .... 17.28
reforço **Série 8** 17.33	Se, ao ensinar cobrança de pênaltis, um treinador ficar "satisfeito" com qualquer chute, por pior que seja, ele (1)*** usando aproximações sucessivas e também (2)*** usando reforço diferenciado. 17.34
elementos comuns **Série 16** 17.39	**FIM DA SÉRIE**

não aparece (ou expressão equivalente)	Figura 1. Os pequenos traços ou "marquinhas" verticais no registro indicam ....
34.3	34.4 ← pág. 230
pressionar a barra (baixar a alavanca)	Experimento 1. Pressionar a barra não gera os vários estímulos aversivos condicionados gerados pelas outras respostas na câmara. Essas outras respostas geram ...., que são associados aos choques.
34.8	34.9 ← pág. 230
4.000 (*milhares redondos*)	Experimento 1. O animal precisa receber um choque ocasional ou os estímulos aversivos condicionados gerados pelos outros comportamentos perderão suas propriedades aversivas através da ....
34.13	34.14 ← pág. 230
2 minutos	Figura 2. Cada ponto indica, para determinada sessão, o (1) .... de respostas no disco que (2)***.
34.18	34.19 ← pág. 230
baixo	Figura 2. Durante as primeiras sessões, um S^Δ ou apresentado sempre que se esgotassem os (1)*** depois da última (2) ....
34.23	34.24 ← pág. 230
menor (mais curto)	O Experimento 2 demonstra que um (1) .... pode vir a ser estímulo aversivo capaz de manter comportamento de (2) ....
34.28	34.29 ← pág. 230

(1) depois (2) frequência (3) emitida	O desligar a televisão durante um anúncio é reforçado pela cessação de um reforço (1)..............; ligar num programa muito divertido é reforçado pela apresentação de um reforço (2)..................
Série 8 17.4	17.5 ← pág. 111
(1) limiar (2) eliciar (3) resposta	Um aspecto importante no condicionamento pavloviano é a relação................ entre as apresentações do estímulo inicialmente neutro e do estímulo incondicionado.
Série 1 17.10	17.11 ← pág. 111
medo (emoção, ansiedade)	Quando reforçamos diferencialmente aproximações sucessivas a uma forma final de comportamento, estamos .... o comportamento.
Série 5 17.16	17.17 ← pág. 111
(1) condicionado (2) extinção	Um operante simples pode ser condicionado com bastante rapidez, se o organismo estiver (1).............à situação e se o reforço seguir à resposta (2)...............
Série 11 17.22	17.23 ← pág. 111
reflexo incondicionado	A associação de dois estímulos é necessária para condicionar comportamento (1)...................; os reforços são necessários para condicionar o comportamento (2)...............
Série 3 17.28	17.29 ← pág. 111
(1) não está (2) não está	Os músculos lisos modificam as (1).................... dos vários órgãos (2)................
Série 16 17.34	17.35 ← pág. 111

(1) adia (pospõe, esquiva) (2) esquiva	Experimento 1. O rato já respondeu antes sob este pr cedimento experimental durante muitas sessões. A sim, o condicionamento inicial*** na Figura 1.
34.2	34.3
aversivos condicionados	Experimento 1. O único comportamento na câmara qu não foi acompanhado de choque é***.
34.7	34.8
quatro	Experimento 1. Cada percurso completo da pena cruza: do o papel representa cerca de 1.000 respostas. Uma v que o animal comece a responder, ele pressiona a bari .... vezes (milhares redondos) antes de receb outro choque.
34.12	34.13
esquiva	Experimento 2. Durante as sessões 1-19 (excluindo 2 12), se nenhuma resposta ocorresse no disco que posp o S^Δ durante***, ocorria um período de S^Δ de 1 minu (ou em "tempo sustado").
34.17	34.18
não houve (não havia)	Figura 2. O número de respostas emitidas durante a sessões 2 e 12 foi muito mais .... que duran as outras sessões.
34.22	34.23
maior	Cada resposta adiava o choque, no Experimento 1, p apenas 8 segundos. A frequência de respostas foi mai no Experimento 1 do que no Experimento 2, em par porque cada resposta adiava o estímulo aversivo por u .... período de tempo.
34.27	34.28

PAINEL PARA A
SÉRIE 18   LEIA AGORA E CONSULTE QUANDO NECESSÁRIO

Quando todas as respostas são reforçadas, falamos de *reforço contínuo*. Frequentemente, entretanto, um operante é reforçado apenas ocasionalmente, isto é, o reforço é *intermitente*. Em um tipo de reforço intermitente, uma resposta é reforçada só depois que um certo número de respostas tenha sido emitido (*reforço em razão*). Em outro tipo, uma resposta é reforçada só depois que tiver decorrido um certo tempo (*reforço em intervalo*). Um dado esquema de reforço é programado através de aparelho composto de contadores, cronômetros, etc.

Pombos privados de alimento foram reforçados com alimento ao bicar um disco na câmara experimental padrão. Mostram-se seções características do registro acumulado obtido onde se pode observar a frequência e as modificações na frequência com que o pombo bica o disco submetido aos diversos esquemas de reforço.

Experimento 1
Um esquema de intervalo fixo.

O equipamento experimental inclui um cronômetro que começa a marcar logo depois do reforço. Depois de se terem passado 10 minutos, o disco e o alimentador são ligados e a resposta seguinte é reforçada. As respostas que ocorrerem durante o intervalo de 10 minutos não são reforçadas.

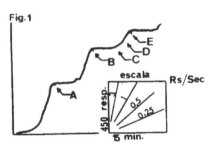
Fig. 1

(1) 8 (2) resposta **34.1**	Experimento 1. Pressionar a barra (1) .... choque por 8 segundos. Desde que o rato não recebe choques, se pressionar a barra com a frequência suficien isto é um exemplo de comportamento de (2) **34.2**
(1) estímulo aversivo (reforço negativo) (2) ansiedade **34.6**	Experimento 1. Muitas das respostas emitidas pelo ar mal (exceto pressionar a barra) foram seguidas de ch que. Tais comportamentos geram estímulos que fica associados ao choque e se tornam estímulos **34.7**
(1) é (2) privação **34.11**	Experimento 1. Depois de alguns minutos, o rato com ça a responder com uma frequência bastante elevad Não recebe mais choques até que a pena tenha cruza o papel quase .... vezes. **34.12**
(1) alimento (2) S^Δ **34.16**	Experimento 2. As respostas em um dos discos só era eficazes no evitar S^Δ, por isso, o responder neste dis é um exemplo de comportamento de **34.17**
duas **34.21**	Experimento 2. Durante as sessões 2 e 12*** S^Δs. O re ponder no disco que previamente adiava o S^Δ não tinl nenhum efeito. **34.22**
aumenta **34.26**	Quanto menor for o período de adiamento de um es mulo aversivo, ... será a frequência respostas. **34.27**
período de tempo **34.31**	**FIM DA SÉRIE**

SÉRIE 18

Parte V. Reforço Intermitente
DEFINIÇÃO DE ESQUEMAS; ESQUEMAS DE INTERVALO FIXO

Leia o painel da página anterior.
Tempo provável: 19 minutos. **Vire a página e comece.** →

---

mantido

Quando o reforço cessa completamente, o operante***.

18.5 — 18.6

---

razão
(razão variável)

Um operário trabalhando por "tarefa" recebe R$ 50,00 por cada conjunto de 20 artigos que produz. Quando ao terminar um conjunto é assim reforçado, o reforço está em um esquema de..................................

18.11 — 18.12

---

(1) dez minutos
(2) reforço

Experimento 1. Outra resposta foi reforçada depois de (1)···························fixo decorrido a contar do último reforço. Este esquema é chamado esquema de reforço em (2)·············   ·················.

18.17 — 18.18

---

inclinações

Uma estimativa grosseira da frequência de respostas representadas no registro acumulado pode ser obtida por comparação da (1)..........................do registro com as inclinações mostradas em (2)........................

18.23 — 18.24

---

(1) reforçada
(2) depois

Experimento 1. Depois de B, a resposta reforçada seguinte foi em (1).................. e a frequência registrada imediatamente (2)............... deste ponto é cerca de 2,5 resposta por segundo.

18.29 — 18.30

---

reforçadas

Experimento 1. Responder "imediatamente depois de um reforço" se extingue por falta de ....durante esta parte de intervalo. (Extinção em uma condição, mas não em outra se chama discriminação e será estudada mais tarde.)

18.35 — 18.36

Experimento 1. O rato recebe um choque só quando mais de (1) .... segundos se passarem depois da última (2) .... do rato ou depois do último choque.

34.1

---

(1) baixa
(2) choques

Experimento 1. O choque é um (1) ....
.... incondicionado. Um estímulo que precede o choque com frequência produz a predisposição emocional chamada (2) ....

34.5 · 34.6

---

primeira

Experimento 1. A baixa frequência inicial sugere que a ansiedade (1)*** necessária para um comportamento de esquiva adequado. Isto parece com o estabelecer uma condição de (2) .... antes de um reforço positivo.

34.10 · 34.11

---

(1) esquiva
(2) evita
(elimina, pospõe)

(Leia agora o experimento 2 e consulte-o sempre que necessário) Experimento 2. Há dois discos neste aparelho. Respostas a um dos discos foram reforçadas com (1) ...., em um esquema de intervalo variável, exceto quando o (2) .... (tt) estava presente.

34.15 · 34.16

---

(1) reforçadas
(2) esquiva

Figura 2. Durante as sessões 1-19 (excluindo 2 e 12) cerca de .... centenas de respostas foram emitidas por sessão no disco que adiava o S^Δ.

34.20 · 34.21

---

diminuído

Figura 2. Diminuir o intervalo pelo qual uma resposta adia um S^Δ (de 2 minutos para 45 segundos), ... consideravelmente o número de respostas por sessão.

34.25 · 34.26

---

frequência

No comportamento de esquiva, uma variável que se mostra de considerável importância é o*** pelo qual a resposta adia o estímulo aversivo.

34.30 · 34.31

231

	A "aquisição", ou condicionamento, do comportamento refere-se a um aumento da frequência de ocorrência de uma resposta resultante de **18.1**
extingue-se **18.6**	Quando um operante só ocasionalmente é seguido de reforço, diz-se que o esquema de reforço é **18.7**
razão (razão fixa) **18.12**	Em um esquema de razão, o número de respostas requerido para um reforço pode ser constante (esquema de razão fixa) ou ser variável (esquema de razão variável). Jogar é semelhante a um esquema de (1)*** e trabalho por "tarefa" a um esquema de (2)***. **18.13**
(1) intervalo (período) (2) intervalo fixo **18.18**	Experimento 1. O esquema é chamado esquema de (1) .... porque só depois de se terem passado 10 minutos poderá ocorrer outro (2) .... (e mesmo assim só se o organismo (3) ....). **18.19**
(1) inclinação (2) *escala **18.24**	Experimento 1. Foram reforçadas respostas nos pontos B e E. A inclinação do registro de D e E está entre as duas inclinações .... e .... mostrado na escala. **18.25**
(1) E (2) antes **18.30**	Experimento 1. Em um esquema de reforço em intervalo fixo, a frequência de respostas é (1) .... logo depois de um reforço e (2) .... imediatamente antes do reforço seguinte. **18.31**
reforço **18.36**	Experimento 1. O padrão de respostas, típico dos esquemas de intervalo fixo, desenvolve-se em parte por causa da .... das respostas que ocorrem logo depois de um reforço. **18.37**

SÉRIE **34**

Parte IX. Comportamento de Esquiva e Fuga
EXPERIMENTOS DE ESQUIVA
Leia o painel da página anterio[r]
Tempo provável: 17 minutos.

Vire a página e comece. →

---

choques
(estímulos aversivos)

34.4

Experimento 1. Nos primeiros minutos da sessão qu[e] aparecem em *a* na Figura 1, a frequência foi (1) .... e o animal recebeu muitos (2) ....

34.5

---

estímulos

34.9

Figura 1. A despeito de uma longa história de esquiva[r]-se do choque, o rato recebe muitos choques durante .... parte da sessão, indicada em *a*. Est[es] provocam emoção.

34.10

---

extinção

34.14

O Experimento 1 demonstra comportamento de (1) .... Este comportamento (2) .... os estím[u]los incondicionados aversivos.

34.15

---

(1) número
(2) evita S^Δ
(pospõe S^Δ)

34.19

Experimento 2. As respostas na presença de S^Δ nun[ca] foram (1) .... Assim, adiar a perda de um[a] oportunidade de ser reforçado em um disco manté[m] comportamento de (2) .... no outro disco.

34.20

---

(1) 2 minutos
(2) resposta

34.24

Experimento 2. Na quadragésima quarta sessão, o i[n]tervalo entre a última resposta e o aparecimento de u[m] S^Δ foi .... para 45 segundos.

34.25

---

(1) S^Δ
(2) esquiva

34.29

O período de tempo pelo qual uma resposta adia [ou] pospõe um estímulo aversivo é um fator importan[te] na determinação da .... da resposta [de] esquiva.

34.30

reforço	Um operante anteriormente adquirido e que é consistentemente não reforçado irá se.........................
18.1	**18.2**
intermitente	Existem várias maneiras de esquematizar os reforços intermitentes. Sob alguns esquemas um operante poderá extinguir-se; sob outros poderá ser................em força.
18.7	**18.8**
(1) razão variável (2) razão fixa	Quando você telefona para a casa de um amigo e não respondem, algum tempo deve-se passar antes que ele volte para casa e possa atender uma segunda chamada. Você será reforçado com uma resposta, só se você chamar na....................... certa.
18.13	**18.14**
(1) intervalo fixo (2) reforço (3) responder	No registro acumulado, (1)................traça um pequeno degrau a cada resposta. A frequência da resposta é indicada pela (2)....................da linha.
18.19	**18.20**
1 (e) 3	Experimento 1. A frequência de respostas representadas pelo registro entre D e E é aproximadamente 2,5........... por..............................
18.25	**18.26**
(1) menor (mais baixa) (2) maior (mais elevada)	Experimento 1. Depois de C há (1)........................ inclinação, mas entre C e D a frequência é ainda (2). .... que entre D e E.
18.31	**18.32**
extinção	*Ao contrário* do experimento de "superstição", em um esquema de reforço em intervalo fixo é preciso que a resposta específica (bicar) ocorra depois de decorrido o intervalo. O reforço é contingente à emissão da .... no esquema de intervalo.
18.37	**18.38**

PAINEL PARA A
SÉRIE 34

LEIA O EXPERIMENTO 1 AGORA E CONSULTE QUANDO NECESSÁRIO

Experimento 1

Coloca-se um rato na câmara experimental típica, cujo soalho foi eletrificado de modo que o rato possa receber choques. Um breve choque ocorre a cada 8 segundos, a menos que o rato pressione a barra; esta resposta adia o choque por 8 segundos completos. O rato recebe um choque toda a vez que deixar de emitir uma resposta dentro de 8 segundos a contar da última resposta ou choque. O animal esteve submetido a estas mesmas contingências durante muitas sessões. (O espaço em branco do papel de registro foi cortado fora e os diversos segmentos foram aproximados um do outro para facilitar a reprodução.) Choques ocasionais estão indicados por tracinhos verticais (não confundir com os restos dos traços da pena ao recomeçar por ter chegado ao fim do papel).

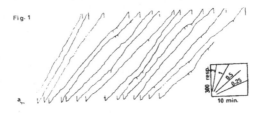

Experimento 2

(*Não leia o experimento 2 até receber instruções*)

Em um aparelho padrão, um pombo privado de alimento bicava um disco, que proporcionava comida em um esquema de intervalo variável, quando estivesse presente um S^D (disco iluminado). Em S^Δ as respostas não produziam comida. O aparelho continha também um segundo disco. Sempre que o pombo deixasse de responder a este segundo disco durante certo tempo (2 minutos na primeira parte da Figura 2 e 45 segundos na segunda parte), aparecia um S^Δ por um minuto no disco de reforço alimentar. Este procedimento já continuava por vários dias quando foram tomados os dados da Figura 2. Nesta foi marcado um ponto para cada sessão indicando o número total de respostas no disco que adiava o S^Δ. Nos dias 8 e 12 não se apresentou S^Δ, quer o pombo respondesse quer não.

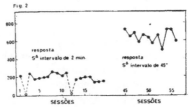

extinguir	Frequentemente, um operante é reforçado apenas ocasionalmente, isto é, o reforço é............................ .
18.2	18.3
mantido	Não ganhamos sempre no jogo de dados. Nem sempre recebemos uma resposta quando telefonamos a um amigo. O reforço nessas circunstâncias ocorre................
18.8	18.9
hora (intervalo)	Quando um reforço só se torna acessível depois de um certo lapso de tempo, diz-se que é um esquema de intervalo. Usar o telefone é frequentemente reforçado em um esquema de............................
18.14	18.15
(1) pena (2) inclinação	Experimento 1. As respostas que foram reforçadas ocorreram nos pontos assinalados com as letras***.
18.20	18.21
respostas (por) segundos	Experimento 1. As partes horizontais do registro indicam períodos em que.................ocorreram respostas.
18.26	18.27
(1) maior (2) menor	Experimento 1. Um esquema de reforço em intervalo fixo resulta em (1)................ de respostas logo depois do reforço; a frequência então gradualmente (2) e alcança o máximo logo antes do (3)***.
18.32	18.33
resposta	Em um esquema de intervalo fixo, a contingência da emissão da resposta (1)*** (é ou não é?) deliberadamente arranjada; no experimento de "superstição" a contingência da emissão da resposta (2)*** (é ou não é?) deliberadamente arranjada.
18.38	18.39

evitamos 33.3	Desde que os estímulos de objetos que se aproxima rapidamente precedem com frequência estímulos dolorosos, os estímulos visuais de objetos que se aproxime rapidamente se tornam reforçadores .... 33.4 ← pág. 224
reforçado 33.8	Alguns comportamentos são etiquetados "pecaminosos" e muitas comunidades desdenham os "pecadores" .... associados a estes comportamento tornam-se reforços negativos condicionados. 33.9 ← pág. 224
ansiedade 33.13	Quando dizemos que um homem "parece sentir-se culpado" de ter feito algo, estamos descrevendo uma modificação no padrão de comportamento característica .... 33.14 ← pág. 224
(1) estímulo aversivo (reforço negativo) (2) escapar 33.18	Quando a vítima de um assalto entrega a carteira, (......................... à ameaça e (2) .... a agressão corporal. 33.19 ← pág. 224
positivo 33.23	Cortar lenha por causa das censuras é trabalho duro em parte, porque os estímulos gerados na situação está associados aos estímulos aversivos da censura. A situação cortar lenha fornece então estímulos .... 33.24 ← pág. 224
S^Δ 33.28	Um pombo reforçado com comida por bicar um disco na presença de S^D mas não durante um ocasional S^Δ, bica um segundo disco que adie o aparecimento de S^Δ. Bicar segundo disco é chamado comportamento de .... por causa dos efeitos sobre S^Δ. 33.29 ← pág. 224

intermitente **18.3**	O comportamento precisa não só ser adquirido, mas também ser mantido pelo reforço. Nas condições de reforço contínuo, depois de atingir a frequência máxima, um operante é·················com a força máxima apenas se continuar a ser reforçado. **18.4**
intermitentemente **18.9**	No jogo de dados, o ganhar se deve ao "acaso". Existe sempre uma *razão* média do número de lançamentos para o número de ganhos. Em termos técnicos, esta é a *razão* média do número de (1) (lançamentos) para o número de (2) (ganhos). **18.10**
intervalo (intervalo variável) **18.15**	A acessibilidade do reforço depende do número de respostas anteriores nos esquemas de (1)················ e da passagem do tempo nos esquemas de (2)··············· **18.16**
A, B, E (*qualquer ordem*) **18.21**	No aparelho registrador desses experimentos, o papel move-se muito devagar e a pena traça degraus muito pequenos (1.000 respostas são necessárias para que a pena percorra a largura do papel). Frequentemente não é possível ver o registro deixado por uma única················. **18.22**
não **18.27**	Experimento 1. A inclinação entre B e C indica uma frequência de respostas próxima de·····················respostas por segundo. **18.28**
(1) ausência (baixa frequência) (2) aumenta (3) reforço seguinte **18.33**	Experimento 1. Em um esquema de intervalo fixo, a curva de respostas acumuladas tem uma aceleração bastante constante durante parte do intervalo. Como a frequência aumenta, se diz que a aceleração é··············· **18.34**
(1) é (2) não é **18.39**	O experimento de "superstição"*** (é ou não é?) um exemplo de esquema de reforço em intervalo fixo. **18.40**

reforço negativo	Os estímulos visuais produzidos por objetos que se aproximam rapidamente com frequência são acompanhados de estímulos dolorosos. Quando nos esquivamos de tais objetos, nós .... a dor.
(1) evita (2) foge	Um menino que hesita mergulhar de um trampolim alto pode ser chamado de maricas. Quando ele finalmente mergulha, escapa de ser chamado um maricas e o seu mergulho é .... pelo término de um estímulo aversivo condicionado.
ansiedade	Estímulos gerados por comportamentos "pecaminosos" podem tornar-se aversivos porque precedem a punição. Quando o comportamento é emitido (por causa de outras variáveis), os estímulos aversivos condicionados geram ....
incompatíveis	O assaltante ameaça sua vítima. Usa (1)*** (tt) para controlar o comportamento de sua vítima. A vítima pode (2)*** à ameaça entregando a carteira.
negativo	Um escoteiro pode não achar aversivo cortar lenha. Tal comportamento pode ser reforçado, ao se acender uma fogueira para cozinhar e dar calor. Cortar lenha neste caso é reforçado por um reforço ....
(1) S^D (2) S^Δ	A perda de oportunidade de obter reforço positivo é aversiva. Em outras palavras, um S .... é um estímulo aversivo.

227

mantido 18.4	Um operante na sua força máxima será.............., se o reforçamento continua. 18.5 ← pág. 118
(1) respostas (2) reforços 18.10	Um esquema de reforço em que o número de reforços obtidos depende do número de respostas emitidas se chama um *esquema de razão*. Jogar dados pode ser reforçado em um esquema de...................... 18.11 ← pág. 118
(1) razão (2) intervalo 18.16	*Leia a descrição do Experimento 1*. No Experimento 1 uma resposta é reforçada só depois de terem passado pelo menos (1).................. ....depois do último (2).................... 18.17 ← pág. 118
resposta (deslocação da pena) 18.22	A *escala* embaixo e à direita do painel mostra várias......... que resultam das várias frequências da resposta. 18.23 ← pág. 118
zero 18.28	Experimento 1. A marca transversal em B indica que a resposta foi (1)............... Imediatamente (2)............. de B, o registro indica um período sem resposta. 18.29 ← pág. 118
positiva 18.34	Experimento 1. Quando o pombo foi colocado nesse esquema pela *primeira vez*, bicava com elevada frequência, mesmo logo depois do reforço; mas respostas que ocorrem logo depois de um reforço nunca são................. . 18.35 ← pág. 118
não é 18.40	**FIM DA SÉRIE**

(1) foge (2) reforço negativo (estímulo aversivo) **33.1**	É uma prática comum chicotear um cavalo até que e[le] galope. O galopar é condicionado através de **33.2**
(1) reforçados (2) negativo condicionado **33.6**	A pessoa que corre do consultório do dentista depo[is] de apenas ouvir a broca (1)*** a estimulação doloros[a] acarretada pelo uso da broca e (2)*** do som. **33.7**
condicionado **33.11**	A predisposição emocional chamada ansiedade é ger[a]da por estímulos aversivos condicionados. Um estímu[lo] que regularmente precede dor gera **33.12**
reforçadas **33.16**	A punição severa do comportamento sexual pode também; condicionar estímulos que eliciam os respondent[es] observados na ansiedade. Esses respondentes pode[m] ser .... com o comportamento sexual adequad[o]. **33.17**
(1) reforçado (2) maior **33.21**	O escoteiro é censurado por não cortar lenha num e[s]forço de aumentar a frequência desse comportamen[to] através do uso de um reforço **33.22**
diminuir (reduzir, baixar) **33.26**	Em um operante discriminativo, (1) S .... é [a] ocasião na qual uma resposta é seguida de reforço. ([2)] S .... é a ocasião em que nenhum refor[ço] acompanha a resposta. **33.27**

226

PAINEL PARA A
SÉRIE 19   LEIA AGORA APENAS O
EXPERIMENTO 2 E ESPERE PARA LER
O RESTO DO PAINEL QUANDO
RECEBER INSTRUÇÕES

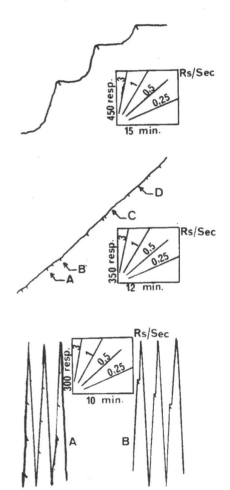

Experimento 1
   Um esquema de Intervalo Fixo.

Experimento 2
   Um esquema de Intervalo Variável
   O equipamento experimental está disposto de tal modo que uma resposta é reforçada depois de um intervalo de tempo que varia de uns poucos segundos até 6 minutos, a contar do último reforço. O intervalo médio é de 3 minutos.

Experimento 3
   Um esquema de razão fixa
   O reforço ocorre apenas na 210.ª (Registro A) ou na 900.ª (Registro B) resposta, depois do último reforço. (Tais razões elevadas podem ser atingidas, apenas se se começar com razões menores, aumentando-as gradualmente.)

Experimento 4
   A resistência à extinção varia de acordo com o tipo de esquemas ao qual o organismo foi condicionado. Operantes mantidos com reforço contínuo extinguem-se rapidamente, quando o reforço é suspenso (o organismo raramente emite mais que umas poucas centenas de respostas não reforçadas). Operantes mantidos por *reforço intermitente* demoram consideravelmente mais para extinguir. Por exemplo, em um experimento, depois de a resposta ter sido mantida em uma razão fixa de 900 e de ter sido suspenso o reforço, o pombo emitiu 73.000 respostas durante as primeiras 4 horas e meia de extinção.

124

	Um cavalo é chicoteado até que galope. Ao galopar cavalo (1) .... do (2) .... da chicotadas. 33.1
condicionado 33.5	Depois de alguma experiência com o som da broca dentista, comportamentos que o eliminem serão (.................. . O som da broca é um reforço (2) 33.6
síndrome (de) ativação 33.10	"Ansiedade" é um nome comum para a predisposiçã "emocional" gerada por um estímulo que frequentemen *precede* um estímulo aversivo incondicionado. A ansied de é pois gerada por um estímulo aversivo 33.11
estímulos aversivos (reforços negativos condicionados) 33.15	Quando como resultado da punição estímulos envo vidos no comportamento sexual tornam-se estímulo aversivos condicionados, então o comportamento sexu no casamento irá sofrer, se as respostas ainda fore .... pelo término desses estímulos. 33.16
síndrome (de) ativação 33.20	Um escoteiro é censurado por não fazer a sua parte corte de lenha; o cortar madeira *não* foi (1) .... modo apropriado a sua privação no momento ou algu comportamento incompatível tem uma probabilidade (..................... . 33.21
diminuir (baixar) 33.25	O professor que usa forte controle aversivo para faze os alunos estudarem pode .... a probabilidad de que os alunos estudem depois de formados. 33.26
reforços negativos (estímulos aversivos) 33.30	**FIM DA SÉRIE**

SÉRIE 19

Parte V. Reforço Intermitente
ESQUEMAS DE INTERVALO VARIÁVEL, RAZÃO FIXA E RAZÃO VARIÁVEL

Veja o painel da página anterior.

Tempo provável: 19 minutos. **Vire a página e comece.** →

será	Experimento 2. O intervalo mais curto em um esquema de intervalo variável pode ser bem pequeno. Um reforço pode ocorrer*** depois de outro reforço.
19.6	19.7
0,5	Comparada à frequência observada em alguns esquemas, a frequência do Experimento 2 é moderada. Podemos dizer que os esquemas de intervalo variável geram uma frequência relativamente............. e bastante..................
19.13	19.14
(1) 210 (2) 900	Um pombo não poderia mudar abruptamente de reforço contínuo (todas as respostas são reforçadas) para uma razão fixa de 900, porque o operante estaria............... antes da 900.ª resposta.
19.20	19.21
(1) variável (2) variável	Algumas vezes ocorrem pausas depois de um reforço nos esquemas de razão (1)............, mas não nos esquemas de razão (2)................
19.27	19.28
(1) pausa (2) aceleram(-se) positiva -(mente)	Para produzir uma elevada frequência de respostas sem pausas apreciáveis, poderíamos usar um esquema de...... ....
19.34	19.35
mais	A expressão *resistência à extinção* refere-se ao número de respostas emitidas depois de ter sido suspenso o reforço. Quando poucas respostas não reforçadas são necessárias para que se complete a extinção, dizemos que a*** é baixa.
19.41	19.42

SÉRIE **33**

Parte IX. Comportamento de Esquiva e Fuga
ANÁLISE DE EXEMPLOS DE ESQUIVA E FUGA
Tempo provável: 14 minutos.

Vire a página e comece. →

---

negativos
condicionados

O som da broca do dentista geralmente precede a estimulação dolorosa do dente. O som da broca torna-se um estímulo aversivo ....

33.4   33.5

Estímulos

Além do seu papel de reforço, um estímulo aversivo é uma variável "emocional". Um estímulo aversivo elicia o grupo de reflexos chamado***.

33.9   33.10

---

ansiedade

Uma criança é severamente punida por uma brincadeira sexual. Os estímulos envolvidos no comportamento sexual podem tornar-se***.

33.14   33.15

---

(1) escapa
(2) evita

Quando atacado por um bandido, um homem pode envolver-se em extenso comportamento respondente (por exemplo, aumento do batimento cardíaco, suor, dilatação da pupila, arrepio nos cabelos, etc.). Tomados em conjunto estes reflexos são chamados ....

33.19   33.20

---

aversivos
condicionados

Os estímulos aversivos condicionados que acompanham "cortar lenha para escapar à censura" podem tornar atividade ainda mais aversiva e a probabilidade de que ela ocorra na ausência de censuras irá .... ainda mais.

33.24   33.25

---

esquiva

Um pombo continua a bicar um disco que adia S^Δ. Isso demonstra que os S^Δs também podem agir como***.

33.29   33.30

	No Experimento 2, a acessibilidade de um reforço para uma determinada resposta depende da passagem do***. **19.1**
logo (imediatamente) **19.7**	Experimento 2. Na figura, dois longos períodos consecutivos de respostas não reforçadas ocorrem em............ e **19.8**
moderada (e bastante) constante (*qualquer ordem*) **19.14**	Experimento 2. Se o intervalo médio tivesse sido menor (maior densidade de reforços), a frequência teria sido maior. Quanto maior for o intervalo médio em um esquema de intervalo variável,.............. a frequência de respostas. **19.15**
extinto **19.21**	Experimento 3. No registro 3 há uma pausa depois do **19.22**
(1) fixa (2) variável **19.28**	Ao comparar o Experimento 2 e o Experimento 3, você concluiria que são os esquemas de razão ou que são os esquemas de intervalo os que produzem as frequências mais altas? **19.29**
razão variável **19.35**	Desde que um esquema de razão (1).............não produz pausas depois de um reforço, a curva é mais regular que a produzida por uma razão (2)..............., que frequentemente produz pausas. **19.36**
resistência à extinção **19.42**	Quando um operante é "resistente à extinção",............ respostas não reforçadas são emitidas antes que a extinção se complete. **19.43**

aumenta 32.4	Um sinônimo de "reforço negativo" é "estímulo aversivo". Um choque elétrico é um reforçador (1) .... ou um estímulo (2) .... 32.5 ← pág. 218
término 32.10	O comportamento reforçado pelo término de um estímulo aversivo se chama .... 32.11 ← pág. 218
(1) definido (2) definidos 32.16	Quando o término de um estímulo reforça a resposta o estímulo é um (1)...................... .... Estes estímulos (2)*** ser definidos cientificamente como "desagradáveis". 32.17 ← pág. 218
evitar 32.22	O choque elicia a síndrome de ativação e predispõe o organismo a emitir o comportamento de fuga. Porque o choque faz isto mesmo sem condicionamento anterior, o choque um estímulo aversivo .... 32.23 ← pág. 218
não 32.28	O reforço imediato para respostas de esquiva é a .... dos reforçadores negativos condicionados (por exemplo uma luz que vem regularmente antes de um choque). 32.29 ← pág. 218
associados 32.34	O cachorro que salta de um compartimento para outro logo que se acende a luz, evita o choque que é um estímulo (1) .... e escapa da luz que é um estímulo (2) .... 32.35 ← pág. 218

223

(intervalos variáveis de) tempo **19.1**	Experimento 2. Quando uma resposta foi reforçada, decorre um espaço variável de tempo antes que outra resposta seja reforçada. Isto é chamado um esquema de.............. .... **19.2**
C (e) D **19.8**	Experimento 2. A curva tem muitas pequenas irregularidades, tem uma aparência "granulada". Isso significa que existem ligeiras mudanças momentâneas na***. **19.9**
menor **19.15**	Experimento 2. Se modificarmos o intervalo médio de 3 para 1 minuto, deveremos esperar que a frequência de respostas **19.16**
reforço **19.22**	Experimento 3. No registro A há poucas (1)............... depois do reforço. A frequência é maior e (2).............. . **19.23**
os de razão **19.29**	Comparando o Experimento 2 com o Experimento 3, podemos concluir que um esquema de (1)................... .... gera uma frequência maior que um esquema de (2).............. .... **19.30**
(1) variável (2) fixa **19.36**	Leia o Experimento 4. Em condições de reforço contínuo todas as respostas são reforçadas. Depois desse esquema, quando o reforço for suspenso, o tempo que a extinção demora é............... . **19.37**
muitas **19.43**	São necessárias muito............... respostas não reforçadas para extinguir um operante depois de reforço intermitente do que depois de reforço contínuo. **19.44**

fuga	Quando um rato já fugiu uma vez do choque por ter pressionado uma barra, ... a probabilidade de que venha a pressionar a barra, quando o choque for outra vez administrado.
32.3	32.4
elicia	Fuga é uma forma do comportamento reforçado pe..................... de um estímulo aversivo.
32.9	32.10
aumenta	Um reforço positivo é (1)*** em termos de sua capacidade de aumentar a frequência da resposta que o antecede. Tais reforços positivos não podem ser cientificamente (2)*** como "agradáveis" ou "satisfatórios".
32.15	32.16
(1) esquiva (2) evitado	Em um espaço com dois compartimentos, quando a luz precede o choque, o cachorro, nas primeiras tentativas, recebe o choque na presença da luz, porque ainda não adquiriu o comportamento que irá .... o choque.
32.21	32.22
foge	O comportamento de esquiva pode parecer não ser reforçado, pois o estímulo aversivo incondicionado (por exemplo, o choque)*** ocorre depois de respostas de esquiva bem-sucedidas.
32.27	32.28
incondicionado	À medida que prossegue a extinção do comportamento de esquiva, o animal logo começa a esperar até que o estímulo aversivo incondicionado seja outra vez apresentado; então os estímulos aversivos, condicionado e incondicionado, são .... uma vez mais e o comportamento se restabelece.
32.33	32.34
reforçada	**FIM DA SÉRIE**
32.39	

intervalo variável **19.2**	Experimento 2. Neste esquema, o intervalo entre reforços varia de (1)*** a (2)***. **19.3**
frequência **19.9**	A frequência de respostas entre C e D é aproximadamente a*** que a frequência entre A e B. **19.10**
aumente **19.16**	Experimento 2. Se modificarmos o intervalo médio de 3 para 4 minutos, devemos esperar que a frequência de respostas......................... . **19.17**
(1) pausas (2) constantes **19.23**	O Experimento 3 sugere que............... depois do reforço sejam tanto mais possíveis, quanto maior for a razão fixa. **19.24**
(1) razão fixa (2) intervalo variável **19.30**	Uma gradativa aceleração positiva entre reforços é produzida por um esquema de reforço em............ .... **19.31**
curto (breve) **19.37**	De uma resposta que é sempre reforçada se diz que é mantida em um esquema de reforço **19.38**
mais **19.44**	Uma resposta continuamente reforçada é menos .... à extinção do que uma intermitentemente reforçada. **19.45**

reforçada negativa-(mente) ||O comportamento operante reforçado pelo término de um reforçador negativo se chama *fuga*. Pressionar uma barra que desliga o choque é ....
32.2	32.3
privação	Além do seu papel como reforço negativo, o choque .... muitas respostas que fazem parte da síndrome de ativação.
32.8	32.9
negativo	Reforçamento negativo (terminação de um reforço negativo) e reforçamento positivo (apresentação de um reforço positivo) são ambos definidos exclusivamente em termos de seu efeito que .... a frequência de uma nova resposta.
32.14	32.15
evita	Depois do condicionamento, um cachorro salta fora do compartimento, quando a luz, geralmente acompanhada pelo choque, se acende. É um comportamento de (1) ...., pois o choque é (2) .... pelo cachorro.
32.20	32.21
(1) evita (2) incondicionado	Ao saltar depois que a luz se acende mas antes que o choque ocorra, o cachorro *evita* o choque, mas .... (término) da luz.
32.26	32.27
extinto	Quando o reforçador condicionado negativo tornou-se ineficiente porque o animal vem concomitantemente evitando o reforço incondicionado, o animal começa a esperar demasiado tempo, e o estímulo aversivo .... é recebido outra vez.
32.32	32.33
terminados (eliminados, escapados)	Agressão contra um tirano que usa controle aversivo será ...., se o resultado for uma redução nos estímulos aversivos que o tirano usa.
32.38	32.39

(1) alguns segundos (2) 6 minutos	Experimento 2. Neste esquema, 3 minutos é*** entre respostas reforçadas.
19.3	19.4
mesma	Experimento 2. Exceto pelas pequenas modificações momentâneas, em um esquema de intervalo variável a frequência de respostas é bastante .... em contraste com a frequência em um intervalo fixo.
19.10	19.11
diminua	(*Leia o Experimento 3*). Experimento 3. Em um esquema de razão fixa, os reforços seguem um número .... de ....
19.17	19.18
pausas	Experimento 3. Exceto pelas pausas, a frequência de respostas por segundo neste esquema de razão fixa aproxima-se mais de 3; 1; 0,5; 0,25 ou 0 respostas por segundo?
19.24	19.25
intervalo fixo	Em um esquema de reforço em razão fixa, a primeira resposta de uma nova razão é seguida por outras respostas com uma frequência .... e ....
19.31	19.32
contínuo	Existe uma pequena resistência à extinção nas respostas que foram sempre reforçadas (isto é, em reforço ....).
19.38	19.39
resistente	Uma mãe que deseja parar com as birras pode não ceder sempre. Ocasionalmente, quando estiver especialmente cansada, poderá ceder. Ela está reforçando as birras ....
19.45	19.46

(1) positivo (2) reforçador negativo (estímulo aversivo) 32.1	Um rato sobre uma grade eletrificada pressiona uma barra que desliga uma corrente elétrica suficientemente forte para estimular dolorosamente. A resposta .... -mente. 32.2
reforço 32.7	A apresentação de um estímulo aversivo é análogo a um repentino aumento na .... apropriada a um reforço positivo. 32.8
(1) fugimos (terminamos) (2) aversivo 32.13	Quando uma resposta termina um reforço negativo (estímulo aversivo), sua frequência em ocasiões semelhantes no futuro aumenta. O evento é chamado reforçamento 32.14
(1) esquiva (2) fuga 32.19	Um cachorro colocado em um de dois compartimentos adjacentes aprende a saltar de um para o outro compartimento, quando uma luz se acende, se a luz for regularmente acompanhada de um choque. É um caso de comportamento de *esquiva* porque, saltando antes do choque, o cachorro .... o choque. 32.20
condicionado 32.25	O cachorro que salta do compartimento quando a luz se acende, mas antes que o choque seja dado, (1) .... choque (o estímulo aversivo (2) ....). 32.26
perder 32.31	Com a repetição bem-sucedida do comportamento de esquiva, os reforçadores negativos condicionado e incondicionado já não são mais associados e o reforçador condicionado torna-se menos eficiente. O comportamento de esquiva começa então a ser 32.32
(1) negativo (2) interferir 32.37	O "gozador" usa um perigoso método de controle, porque os estímulos aversivos que ele administra podem ser .... por suas vítimas com uma espécie de contra-agressão. 32.38

intervalo médio (tempo médio) **19.4**	Uma resposta emitida logo depois de um reforço nunca é reforçada em um esquema de intervalo (1).................... Uma resposta imediatamente depois de um reforço pode ser reforçada às vezes em um esquema de intervalo (2)......................... **19.5**
constante (uniforme) **19.11**	Pode-se fazer com que o registro obtido seja "granulado" ou "liso" através de pequenas modificações em determinados intervalos do esquema de intervalo variável. As modificações momentâneas de frequência*** ser controladas pelos intervalos componentes. **19.12**
fixo (de) respostas **19.18**	*Um marcador de tempo ou relógio* é usado na programação de esquemas de (1)..............fixo e um *numerador* é usado na programação de esquemas de (2)..............fixa. **19.19**
3 **19.25**	Em um esquema de razão fixa, os reforços ocorrem depois de um número fixo de respostas. Um esquema de razão variável prevê reforços depois de um número................ de respostas. **19.26**
elevada (e) constante (*qualquer ordem*) **19.32**	Pausas depois de um reforço ocorrem algumas vezes em esquemas de intervalo fixo como de razão fixa. No caso de............ ...., as respostas recomeçam abruptamente. **19.33**
contínuo **19.39**	Experimento 4. Depois de o comportamento ter sido mantido em uma razão de 900:1, o reforço foi suspenso. Nas primeiras 4 horas e meia de extinção foram emitidas ....respostas. **19.40**
intermitentemente **19.46**	Ao reforçar intermitentemente as birras, a mãe está fazendo com que fiquem muito .... à extinção. **19.47**

Quando a apresentação de um estímulo reforça a resposta anterior, o estímulo é chamado um reforçador (1) .... Quando a terminação de um estímulo reforça a resposta anterior, o estímulo é um (2) ....

32.1

---

(1) privação
(2) apresentar (dar)

Apresentar um estímulo aversivo é como privar um organismo de comida no sentido de que ambos tornam possível uma espécie de ....

32.6 · 32.7

---

(1) reforço negativo
(2) estímulo aversivo
(*qualquer ordem*)

Quando fechamos uma janela que dá para uma rua barulhenta, nós (1)*** ao barulho que é um estímulo (2) ....

32.12 · 32.13

---

esquiva

Um cachorro pode saltar para fora do compartimento antes que seja dado o choque, no caso do comportamento de (1) ...., ou pode saltar depois que é dado o choque, no caso do comportamento de (2) ....

32.18 · 32.19

---

(1) aversivo
incondicionado
(2) aversivo
condicionado

Quando a luz é frequentemente seguida pelo choque, qualquer resposta que faça terminar a luz é reforçada. A luz torna-se um reforçador negativo .... (estímulo aversivo).

32.24 · 32.25

---

(1) condicionado
(2) incondicionado

Se o cachorro continua, tentativa após tentativa, a saltar logo que a luz acende, a luz já não se associa ao choque; por isso a luz começa a .... suas propriedades de reforço condicionado negativo, através da extinção.

32.30 · 32.31

---

respondentes
(reflexos, respostas)

Em geral, não é conveniente modelar comportamentos desejáveis (habilidades) com um reforçador (1) .... porque ele elicia muitos reflexos que podem (2) .... com o comportamento a ser modelado.

32.36 · 32.37

(1) fixo (2) variável 19.5	Experimento 2. Ao contrário do esquema de intervalo fixo, em um esquema de intervalo variável uma resposta emitida logo depois de uma reforçada*** ocasionalmente reforçada. 19.6 ← pág. 125
podem 19.12	Experimento 2. Neste esquema de intervalo variável (intervalo médio de 3 minutos) que valor mais se aproxima da frequência de respostas (respostas por segundo): 0,0; 0,25; 0,5; 3? 19.13 ← pág. 125
(1) intervalo (2) razão 19.19	Experimento 3. No registro A, existem (1) .... respostas entre reforços, e no registro B, existem (2) .... respostas entre reforços. 19.20 ← pág. 125
variável 19.26	As pausas depois de um reforço ocorrem nos esquemas de intervalo fixo, mas não nos esquemas de intervalo (1) .... Do mesmo modo, *não* esperamos pausas consistentemente depois do reforço em um esquema de razão (2).......................... 19.27 ← pág. 125
razão fixa 19.33	Em um esquema de reforço em intervalo fixo há uma (1) ....depois do reforço, as respostas depois recomeçam e (2)............-se.....................-mente até alcançar a frequência terminal imediatamente antes do reforço seguinte. 19.34 ← pág. 125
73.000 19.40	Respostas mantidas por reforço intermitente são........... resistentes à extinção que respostas mantidas por reforço contínuo. 19.41
resistentes 19.47	**FIM DA SÉRIE**

SÉRIE 32

Parte IX. Comportamento de Esquiva e Fuga
CONCEITOS BÁSICOS
Tempo provável: 20 minutos.

Vire a página e comece. →

---

(1) negativo
(2) aversivo

Antes que um reforço positivo, tal como alimento, poss[a] ser usado efetivamente, precisamos arranjar um estad[o] apropriado de (1) .... Da mesma maneir[a] antes que a terminação do choque possa reforçar a re[s]posta, precisamos primeiro (2) .... o choqu[e]

32.5 | 32.6

---

fuga

O estímulo que reforça comportamentos que o termin[a]ram se denomina (1) .... [ou] (2) ....

32.11 | 32.12

---

(1) reforço negativo
(2) não podem

No comportamento de esquiva, uma resposta é emitid[a] antes que ocorra o estímulo aversivo e a resposta evi[ta] ou pospõe o estímulo. Um cachorro que aprende a salta[r] para fora do compartimento experimental antes que [o] choque seja apresentado, exibe um comportamento [de] ....

32.17 | 32.18

---

incondicionado

O choque é um estímulo (1) .... Quando uma luz é associada várias vezes com o choqu[e], a luz torna-se um estímulo (2) ....

32.23 | 32.24

---

fuga
(eliminação, término)

O reforçamento para uma resposta de *esquiva* é a te[r]minação de um estímulo aversivo (1) .... E[m] uma esquiva bem-sucedida, não ocorre o estímulo ave[r]sivo (2) ....

32.29 | 32.30

---

(1) aversivo
incondicionado
(2) aversivo
condicionado

A apresentação de um estímulo aversivo não só pr[o]porciona uma oportunidade de reforçar removend[o] ou eliminando-o, mas elicia os muitos .... [da] síndrome de ativação.

32.35 | 32.36

SÉRIE 20	Parte V. Reforço Intermitente ESQUEMAS DE REFORÇO: SUMÁRIO E REVISÃO Tempo provável: 11 minutos. Vire a página e comece. →
razão 20.4	Em geral, os esquemas de intervalo geram uma frequência .... que os esquemas de razão. 20.5
resistente (à) extinção 20.9	Uma vez que a resposta esteja condicionada, pode-se torná-la muito*** através de reforço intermitente. 20.10
devagar 20.14	Um vendedor pode realizar uma venda para cada 30 visitas em *média*. As vendas ocorrem em um esquema de razão 20.15
c (razão variável) 20.19	Uma frequência de respostas *sem* pausas longas é gerada pelos esquemas de intervalo 20.20
pausa 20.24	O estudante que acaba de terminar um trabalho de aproveitamento semestral pode achar difícil iniciar uma outra tarefa. A "dificuldade em começar" parece análoga à .... depois do reforço, quando os reforços nunca estão próximos um do outro. 20.25
resistência à extinção (persistência) 20.29	Quando um marido, que foi *sempre* receptivo às aproximações afetuosas da esposa, torna-se de repente indiferente, os esforços da esposa em ser afetuosa podem .... mais depressa do que se ele tivesse sido ocasionalmente indiferente no passado. 20.30

(1) reforçado (2) reforçado 31.3	A privação de comida .... a probabilidade (emissão de toda uma classe de operantes que no pass do tenham sido reforçados com alimento. 31.4 ← pág. 213
incompatíveis 31.8	Os reflexos compreendidos pela síndrome de ativaçã ocorrem ao mesmo tempo em muitas emoções diversa tais como raiva, medo ou cólera. Por isso*** definir n nhuma emoção particular através de uma lista dos r flexos que ela implica. 31.9 ← pág. 213
não são 31.13	Na maioria dos casos de medo e raiva, qualquer re posta que termine a condição excitante aumentará (frequência. O reforço pelo término de um estímulo d nomina-se .... 31.14 ← pág. 213
elicia 31.18	O constrangimento corporal, um estímulo emocion incondicionado para uma criancinha, elicia os compo tamentos .... da síndrome de ativação, provê para o reforço de qualquer comportamento op rante que remova o constrangimento. 31.19 ← pág. 213
adaptação 31.23	Quando um estímulo neutro é associado a um estímu emocional incondicionado, o estímulo neutro torna-......................... .... capaz de eliciar reflexos. 31.24 ← pág. 213
emocional 31.28	Quando deixamos de receber um reforçamento cost meiro, dizemos que estamos *frustrados*. Estamos rel tando um estado emocional produzido pela*** de u reforço usual. 31.29 ← pág. 213

	Uma resposta é mantida por reforço contínuo quando .... as respostas são reforçadas. 20.1
menor 20.5	A extinção mais rápida ocorre depois do reforço.............. 20.6
resistente à extinção 20.10	Afeição, atenção e aprovação servem algumas vezes de reforços generalizados. Fornecem estímulos tão sutis que às vezes passam desapercebidos. Quando passam desapercebidos*** (é ou não é?) provável que sirvam como reforços. 20.11
variável 20.15	Os vendedores estão frequentemente em um esquema de razão variável porque as vendas dependem do (1).......... de visitas e porque (2)*** (é ou não é?) possível predizer se determinada visita resultará ou não em venda. 20.16
variável 20.20	Uma pausa longa depois de um reforço, seguida de uma aceleração *gradual*, é gerada por um esquema de 20.21
pausa 20.25	Um observador de radar procurando identificar aeroplanos deve emitir "comportamento de olhar". Este é reforçado ao ver um avião. Desde que os aviões aparecem *de tempos em tempos*, o olhar está em um esquema de........... .... 20.26
extinguir-se 20.30	Quando um isqueiro que *sempre* trabalhou bem de repente falha, deixamos de tentar acendê-lo depois de umas poucas tentativas. É um exemplo de (1).............. rápida de uma resposta mantida em reforço (2)............ 20.31

classe (grupo, conjunto) 31.2	Um animal *faminto* pode ser (1) .... pe alimento; um animal *assustado* pode ser (2) .... pelo término de uma condição ameaçadora. 31.3
reforçamos 31.7	Mesmo quando privada de alimento, uma pessoa *ansio* pode não comer. As respostas que aumentam de probab lidade durante a *ansiedade* são .... com come 31.8
operante 31.12	O cientista deve, em cada caso, descobrir as operaçõ que modificam a frequência de uma classe de resposta As emoções medo, raiva etc.,*** em si mesmas causa do comportamento. 31.13
adaptação 31.17	O constrangimento corporal (impossibilidade de m vimentar-se) é um estímulo emocional incondicionac para as criancinhas; por isso .... respost reflexas da síndrome de ativação. 31.18
adaptação 31.22	Quando um fabricante planeja um elevador que desça co uma aceleração que não é perturbadora para a maior dos adultos, mas que assusta as crianças ou os adult inexperientes, está contando com o processo de .... de um estímulo incondicionado. 31.23
síndrome (de) ativação 31.27	Algumas condições definidas pelos seus efeitos no co dicionamento operante também têm efeitos emocionai Tomar um doce, um reforçador, de uma criança tem u efeito .... (raiva, cólera, etc.). 31.28
emocional 31.32	**FIM DA SÉRIE**

todas **20.1**	O reforço continua a ser importante depois de ter sido adquirido o comportamento. Certos esquemas de reforço continuam a ter efeito na .... da força do comportamento. **20.2**
contínuo **20.6**	Para produzir comportamentos persistentes estáveis, mudamos do reforço contínuo para o reforço............., aumentando gradativamente o tamanho do intervalo ou da razão. **20.7**
não é **20.11**	Porque a afeição, a atenção e a aprovação não são muitas vezes percebidas por quem as recebe, o comportamento por elas reforçado tende a ser reforçado ....-mente. **20.12**
(1) número (2) não é **20.16**	A perseverança legendária pode ilustrar a resistência à extinção criada pelos esquemas de **20.17**
intervalo fixo **20.21**	O pagamento "por tarefa" na indústria é um exemplo de esquema de **20.22**
intervalo variável **20.26**	O observador de radar pode parar de "olhar", se o tempo médio entre o aparecimento dos aeroplanos for muito grande, isto é, o comportamento*** se não for ocasionalmente reforçado. **20.27**
(1) extinção (2) contínuo **20.31**	Quando um desses isqueiros em que não se pode confiar só acende depois de 5 tentativas em *média*, o comportamento de acendê-lo é reforçado em um esquema de....... .... **20.32**

predisposto **31.1**	As condições de privação alteram a probabilidade de toda uma classe de respostas. Do mesmo modo, as condições de emoção alteram a probabilidade de toda uma*** de respostas. **31.2**
(1) mais (2) menos **31.6**	Nós nos .... a nós mesmos, ao reforçar a pessoa com quem "estamos de amores". **31.7**
predisposição (mais probabilidade) **31.11**	O leigo pode identificar com bastante precisão os estados de medo, raiva etc., não do comportamento reflexo, mas sim das modificações que agem sobre o ambiente. As emoções individuais são identificadas pelo comportamento **31.12**
incondicionados **31.16**	Um pombo colocado na câmara experimental pela primeira vez emite muitos comportamentos emocionais condicionados ou incondicionados. Antes de tentar condicionar uma resposta, devemos permitir certo tempo para a **31.17**
estímulo incondicionado **31.21**	Um piloto de jato eventualmente reage desemocionalmente a zero g. Isto mostra que um reflexo emocional incondicionado sofre eventualmente **31.22**
condicionamento **31.26**	Depois de as palavras "mau" e "errado" terem sido frequentemente acompanhadas de punição, eliciarão o grupo de reflexos implicados no .... de **31.27**
(1) emocional (2) reforçadas **31.31**	Quando uma resposta foi consistentemente reforçada no passado e o reforço é interrompido de repente, pode ocorrer *emoção*. Tentar abrir repetidamente o trinco quebrado de uma porta pode ter um tal efeito **31.32**

manutenção **20.2**	A acessibilidade do reforço depende da passagem do tempo nos esquemas de **20.3**
intermitente **20.7**	Nos primeiros passos de condicionamento de uma resposta, é preciso que o reforço seja bastante frequente (de preferência contínuo); se não acontecer assim a resposta poderá se ...., antes que o reforço seguinte seja acessível. **20.8**
intermitente -(mente) **20.12**	Comportamentos muito persistentes são produzidos por reforço intermitente, isto é, produz-se considerável .... à extinção. **20.13**
razão variável **20.17**	O jogar patológico ilustra a elevada frequência de respostas produzidas por esquemas de **20.18**
razão fixa **20.22**	A menos que complicado por outras condições de trabalho, o pagamento por tarefa gera uma frequência .... e uniforme de trabalho, exceto talvez por algumas paradas depois de completar a unidade. **20.23**
se extingue **20.27**	Em um esquema de intervalo variável, quanto mais longo for o intervalo médio, menor será a frequência. Assim, um observador de radar em uma área com muitos aviões exigirá uma frequência .... de "olhar" do que um em uma área com poucos aviões. **20.28**
razão variável **20.32**	Qual dos dois isqueiros deixamos de tentar acender, depois de um menor número de tentativas: (a) um que até hoje nunca falhou, ou (b) um que habitualmente só acende depois de algumas tentativas? **20.33**

→	Um animal privado de alimento está predisposto a emitir comportamento anteriormente reforçado com alimento. Um animal *assustado* está .... a emitir comportamento anteriormente reforçado pelo término de uma situação *assustadora*. 31.1
aumenta 31.5	Quando com *raiva*, é (1) .... provável que a gente bata numa pessoa e (2) .... provável que a reforcemos positivamente. 31.6
podemos (pode-se) 31.10	As predisposições caracterizam uma emoção determinada. Um homem *enraivecido* pode esmurrar a mesa, bater a porta ou começar uma briga. O homem enraivecido tem maior .... a emitir certos operantes que outros. 31.11
reforçadora 31.15	Desde que "muito pouco familiares" implica ausência de condicionamento anterior, tratamos os reflexos resultantes como reflexos 31.16
adaptado 31.20	"Cair" é um estímulo emocional para as crianças de colo. Uma acentuada "redução da gravidade" (isto é, o valor de g) é um .... que elicia muitas respostas reflexas de síndrome de ativação. 31.21
condicionamento 31.25	Palavras como "mau" ou "errado" frequentemente vêm junto a castigos. Por isso, através de ...., as palavras chegam a eliciar os reflexos da síndrome de ativação. 31.26
emocional 31.30	Não encontrar cigarros em casa quando as lojas estão fechadas pode resultar em um estado (1) .... porque as respostas tais como procurar nos bolsos, na cigarreira, caixa, etc., não são (2) .... pela descoberta de cigarros. 31.31

214

de intervalo 20.3	A acessibilidade do reforço depende do número de respostas nos esquemas de .... 20.4 ← pág. 132
extinguir 20.8	O reforço intermitente pode tornar o comportamento muito persistente, isto é, muito .... à .... (tt). 20.9 ← pág. 132
resistência 20.13	Respostas reforçadas por reforços generalizados como atenção, afeição, etc. frequentemente se extinguem muito ...., porque a sutileza dos estímulos fez o esquema intermitente. 20.14 ← pág. 132
razão variável 20.18	Qual o tipo de esquema que gera as mais elevadas frequências de respostas? (a) intervalo variável; (b) intervalo fixo; (c) razão variável; (d) reforço contínuo. 20.19 ← pág. 132
elevada (alta, rápida) 20.23	Se a unidade do trabalho pago por tarefa for grande, poderá haver .... depois de completada a unidade. 20.24 ← pág. 132
maior 20.28	Quando um marido é algumas vezes atencioso mas algumas vezes indiferente, sua esposa pode continuar a tentar aproximações afetuosas durante um longo tempo em que ele esteja indiferente. O comportamento deve mostrar forte ***, porque foi mantido por reforço intermitente. 20.29 ← pág. 132
(a) 20.33	**FIM DA SÉRIE**

SÉRIE **30**	Parte VIII. Emoção I PREDISPOSIÇÕES NA EMOÇÃO Tempo provável: 15 minutos. **Vire a página e comece.** →
aumenta 31.4	A presença de um estímulo doloroso .... probabilidade de emissão de toda uma classe de opera: tes que tenham sido no passado reforçados pela reduçã da estimulação dorolosa. 31.5
não podemos 31.9	Sob diferentes condições emocionais, diferentes event« servem como reforçadores, e diferentes grupos de op rantes aumentam sua probabilidade de emissão. P« estas *predisposições**** definir uma emoção específic: 31.10
reforço negativo 31.14	Arredores ou ambientes muito pouco familiares pode funcionar como uma situação emocional. A fuga dess« ambientes será .... (tt) 31.15
reflexos (respondentes) 31.19	Com o tempo, o índio papua fica .... (tt) « constrangimento corporal e não mais exibe comport mento emocional condicionado em resposta a ele. 31.20
estímulo condicionado 31.24	Uma variedade ilimitada de estímulos pode se torn« "emocional" através do processo de 31.25
recusa (perda, falta, carência) 31.29	Estados emocionais podem ocorrer, quando não se rec be um reforço costumeiro. Nos primeiros estágios de e tinção depois de reforço contínuo, esperamos encontr: um efeito 31.30

PAINEL PARA A
SÉRIE 21

LEIA AGORA E CONSULTE QUANDO NECESSÁRIO

Fase 1

Um pombo faminto foi condicionado a bicar um disco da maneira usual. O comportamento foi mantido em curtas sessões diárias por 4 semanas, reforçando-se cada 25.ª resposta. Durante este tempo o disco era iluminado por uma luz verde. O disco mudava de cor depois de cada reforço. A Figura 1 é o registro acumulado da última sessão com este procedimento. As marcas transversais indicam reforços.

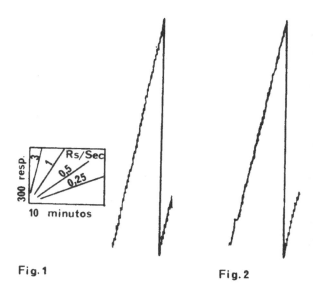

Fig. 1   Fig. 2

Fase 2

Enquanto o disco estivesse vermelho, o reforço acompanhava cada 25.ª resposta, como sempre. Entretanto, depois de cada reforço o disco ficava verde por 2 minutos durante os quais *nenhuma* resposta era reforçada. Depois de 2 minutos o disco voltava ao vermelho e as 25.ª respostas eram reforçadas. O disco ficava verde, etc.

O comportamento foi registrado em dois registradores acumulativos, um para cada período de luz verde e vermelha. A Figura 2 é o registro acumulado das respostas ao disco vermelho, o papel só se movia quando o disco estava vermelho. Marcas transversais indicam reforços.

A Figura 3 é o registro acumulado das respostas ao disco verde (apenas durante os períodos de 2 minutos alternados com os de luz vermelha da Figura 2). As respostas à luz verde não foram reforçadas; as marcas transversais indicam a mudança de luz para vermelho (esse registrador parava até que o pombo emitisse as 25 respostas registradas na Figura 2).

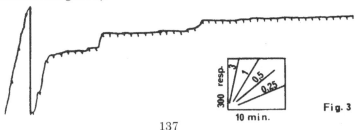

Fig. 3

síndrome (de) ativação **30.3**	Parte da síndrome de ativação supre o oxigênio necesário. A inspiração se acelera e os bronquíolos do pumão se dilatam. Esses reflexos*** parte das emoções (medo ou raiva. **30.4** ← pág. 208
(1) se acelera (2) se dilatam (3) secretada **30.8**	Na síndrome de ativação, certos reflexos aumentam (fluxo de oxigênio e de açúcar para os músculos estria dos. Também .... as pulsações do coração. **30.9** ← pág. 208
diminui **30.13**	Uma maneira de investigar a síndrome de ativação é r gistrar o GSR. Um dos reflexos da síndrome de ativaçã (suar) (1) .... a resistência elétrica da pel Esta resposta é chamada reação (2) .... da .... **30.14** ← pág. 208
(1) muitos (2) síndrome (de) ativação **30.18**	Na síndrome de ativação, a resistência elétrica da pe (1) .... , o teor de açúcar no sangue (2) .... o oxigênio no sangue (3) ...., e as pupilas (4) .... **30.19** ← pág. 208
não **30.23**	A síndrome de ativação ocorre em certas emoções, ma ocorre também quando se faz grande .... se emoção. **30.24** ← pág. 208
prejudicial **30.28**	Os médicos frequentemente aconselham aos pacientes qu sofrem do coração, de pressão alta ou de úlceras no estôm go evitar esforços ou situações emocionais. Os efeitos vi cerais seriam especialmente .... em tais caso **30.29** ← pág. 208

SÉRIE 21

Parte VI. Controle de Estímulos
DISCRIMINAÇÃO DE ESTÍMULOS

Leia o painel da página anterior.
Tempo provável: 35 minutos.

Vire a página e comece. →

---

(1) vermelho
(2) reforçada

21.10

Na Fase 2, depois que uma resposta tiver sido reforçada, o disco fica verde e .... resposta é reforçada.

21.11

---

ocorreram

21.21

Figura 3. Depois dos três primeiros períodos de SΔ (seis minutos de SΔ), o responder torna-se mais irregular e lá pelo oitavo período de SΔ, a frequência torna-se muito .... ao que era antes.

21.22

---

extingue

21.32

Um operante condicionado pode continuar a ser reforçado na presença de um certo som. O responder na presença deste som*** mantido por reforço contínuo.

21.33

---

múltiplo

21.43

O comportamento fica submetido ao .... em um esquema múltiplo.

21.44

---

três

21.54

No condicionamento de um reflexo (ou respondente), a resposta ocorre e nada é contingente à sua ocorrência. Necessita-se apenas .... um estímulo neutro com um estímulo incondicionado.

21.55

---

(1) $(S)^D$
(2) $(S)\Delta$

21.65

Quando um empregado deseja deixar o trabalho mais cedo, é provável que o empregador, se estiver sorrindo, diga "sim". O sorriso funciona como (1) ...., pois é então que o pedir para sair cedo pode ser (2) ....(tt).

21.66

sobrevivência (aceitável: existência, segurança) **30.2**	O termo *síndrome de ativação* descreve o efeito de u[m] grande número de respostas que são eliciadas ao me[s]mo tempo por certos estímulos (por exemplo, estímul[os] dolorosos). O .... de .... é caract[e]rístico das emoções de medo e raiva. **30.3**
(1) síndrome (de) ativação (2) reflexos (respondentes) **30.7**	Na síndrome de ativação, a inalação (1) .... os bronquíolos (2) ...., e é (3) .... adrenalina. **30.8**
(1) cessam (2) cessam **30.12**	Como parte do síndrome de ativação, um estímulo dol[o]roso elicia perspiração que .... a resistênc[ia] elétrica da pele (reação galvânica da pele ou GSR). **30.13**
síndrome (de) ativação **30.17**	Nos "estados emocionais", (1) .... respondent[es] ocorrem ao mesmo tempo, o que é tecnicamente cham[a]do (2)*** de **30.18**
síndrome (de) ativação **30.22**	Embora a síndrome de ativação sempre ocorra no med[o,] raiva, ansiedade, etc. também ocorre como resultado [de] trabalho pesado na ausência de emoção. Assim, a sí[n]drome de ativação*** implica necessariamente um[a] emoção. **30.23**
(1) útil (2) inútil (mesmo prejudicial) **30.27**	As desordens psicossomáticas são, em parte, atribu[í]veis ao síndrome de ativação na ansiedade prolongad[a.] A síndrome de ativação não é, com frequência, apen[as] inútil; no caso das desordens psicossomáticas é ....[.] **30.28**
não foram **30.32**	**FIM DA SÉRIE**

	Durante a Fase 1, o comportamento foi mantido por um esquema de reforço em***.	
		21.1
nenhuma	Quando um certo estímulo é a ocasião na qual as respostas são seguidas de reforço, o estímulo é chamado *estímulo discriminativo* (S^D). Na Fase 2, a luz vermelha é um*** para bicar o disco.	
21.11		**21.12**
inferior	As respostas nunca são reforçadas na presença de $S\Delta$. Suspender o reforço resulta na .... da resposta.	
21.22		**21.23**
será (é)	Se a resposta for reforçada quando o som tiver muita intensidade, mas não quando tiver pouca, a intensidade elevada torna-se um (1) S .... e a baixa um (2) S.................... .	
21.33		**21.34**
controle de estímulos	Em um "esquema de extinção a intervalo múltiplo variável", as respostas são reforçadas em intervalo variável durante um estímulo e são*** durante outro estímulo.	
21.44		**21.45**
associar	Ao contrário do desenvolvimento do controle de estímulos no comportamento reflexo, uma discriminação operante requer uma contingência de	
21.55		**21.56**
(1) S^D (2) reforçado	É mais provável que uma moça cuja expressão do rosto pareça mais "atraente" seja mais pretendida do que uma cuja expressão pareça "orgulhosa". Uma moça pode assumir uma expressão "atraente" para exercer .... (tt) de estímulos sobre o comportamento de um jovem.	
21.66	139	**21.67**

elicia **30.1**	A maioria das respostas eliciadas no medo ou na raiv ativam o organismo no sentido de que elas aumenta a capacidade dele para o esforço físico. Essa "síndrom de ativação" é importante para a .... organismo em um ambiente altamente primitivo. **30.2**
adrenalina **30.6**	No chamado (1) .... de ...., sangue é fartamente provido tanto de açúcar como oxigênio. Os mecanismos responsáveis são membros um grupo de (2) .... característicos de a gumas emoções. **30.7**
cessam (param, diminuem) **30.11**	Na síndrome de ativação, a atividade dos músculos sos dos intestinos (1) ....; do mesmo modo (......................... a salivação e as outras secreções gástrica **30.12**
dilatação **30.16**	Em certas emoções muitos reflexos são postos em aç ao mesmo tempo no chamado .... de **30.17**
não é **30.21**	Uma importante característica dos organismos ou tuações que chamamos "emocionais" é a presença .... de **30.22**
pouca (nenhuma) **30.26**	Para uma pessoa que se dispõe a disputar uma corrida, síndrome de ativação será biologicamente (1) .... enquanto para o trabalho realizado numa escrivar nha, a síndrome de ativação será biologicamente (...................... . **30.27**
todas **30.31**	Muitas emoções diferentes acarretam a síndrome ativação. Por essa razão, antigas tentativas de disti guir as emoções na base dos reflexos implicados* bem-sucedidas. **30.32**

razão fixa **21.1**	Figura 1. Vinte e cinco respostas por reforço é uma razão relativamente pequena. A Figura 1 mostra uma frequência de resposta (1) .... (e relativamente constante) e poucas, se algumas, (2) .... depois do reforço. **21.2**
S^D (estímulo discriminativo) **21.12**	Um $S\Delta$ (S-delta) é um estímulo que está consistentemente presente quando a resposta *não* é reforçada. Na Fase 2, a luz (1) .... é o $S\Delta$ e a luz (2) .... é o S^D. **21.13**
extinção **21.23**	Na Figura 3, o responder na presença de (1) .... sofre uma quase completa (2) .... antes do fim da sessão em que se procede a discriminação. **21.24**
(1) $(S)^D$ (2) $(S)\Delta$ **21.34**	Se uma resposta for frequentemente reforçada quando um som de alta intensidade estiver presente, mas não quando um som de baixa intensidade estiver presente, uma ....-ção se desenvolve (em um organismo capaz de distinguir intensidades de som). **21.35**
extintas **21.45**	A discriminação é um caso especial de controle de estímulos. Quando a resposta foi extinta na presença de um estímulo e mantida na presença de outro, desenvolve-se uma **21.46**
três termos **21.56**	Na discriminação operante, uma resposta (1) .... na presença de um (2) S .... será provavelmente reforçada, enquanto uma resposta (3) .... na presença de um (4) S .... não será reforçada. **21.57**
controle **21.67**	Quando um bebê diz "pa-pa", a resposta pode ser especialmente reforçada quando o pai está presente. O padrão visual provido pela presença do pai torna-se (1) ....; todos os outros padrões visuais tornam-se (2) .... para a emissão de "pa-pa". **21.68**

	Um estímulo doloroso ou *amedrontador* .... muitas respostas que fazem parte do comportamen respondente observado nas emoções do medo ou raiva 30.1
adrenalina 30.5	Na medo ou raiva, a quantidade de açúcar no sangu aumenta porque a .... é secretada pela glâ dula adrenal, que por sua vez age sobre o fígado. 30.6
(1) açúcar (e) oxigênio (2) aumento 30.10	Na síndrome de ativação, há cessação da atividade d músculos lisos das vísceras. As contrações do estôma 30.11
maior 30.15	A síndrome de ativação inclui a .... da pupil 30.16
é 30.20	A síndrome de ativação*** biologicamente útil, quanc não se requer uma atividade extraordinária. 30.21
síndrome (de) ativação 30.25	Nas culturas civilizadas, raramente as pessoas se emp nham em agressões físicas quando com raiva, ou corre quando com medo. Embora a síndrome de ativação est ja presente, é, provavelmente, de*** utilidade biológic 30.26
cessam 30.30	A síndrome de ativação consiste num grande núme de respostas reflexas que são .... eliciadas mesmo tempo em um único padrão. 30.31

(1) alta (2) pausas	As condições experimentais existentes quando os dados da Figura 1 foram colhidos diferem dos esquemas comuns em razão fixa em um ponto, a cor do disco (1) .... depois de (2) .... reforço.
21.2	21.3
(1) verde (2) vermelha	Na Fase 2 foram usados dois registradores. O registrador que produziu a Figura 2 funcionava só sob S^D e o outro (produzindo a Figura 3) só sob $S\Delta$. Enquanto um registrador funcionava, o outro estava***.
21.13	21.14
(1) $S\Delta$ (luz verde) (2) extinção	Fase 2. Depois de cada período de 2 minutos de $S\Delta$ há um período de (1) S .... durante o qual o pombo emite 25 respostas e a 25ª resposta é (2) ....
21.24	21.25
discrimina(-ção)	Quando uma resposta operante é emitida na presença de um S^D e não na presença de um $S\Delta$, desenvolveu-se ....
21.35	21.36
discriminação	Quando as respostas ocorrem na presença de um estímulo e não na presença de outro, formou-se uma (1) ....; a resposta está sob (2) ....
21.46	21.47
(1) emitida (2) $(S)^D$ (3) emitida (4) $(S)\Delta$	O controle de estímulos de um operante difere do de um reflexo. A ação de um estímulo produzindo uma resposta só é chamada "eliciação", no caso do comportamento ....
21.57	21.58
(1) S^D (2) $S\Delta s$	Em uma discriminação operante, o S^D dá ocasião a que uma resposta seja .... se for emitida.
21.68	21.69

SÉRIE 30

Parte VIII. Emoção I
SÍNDROME DE ATIVAÇÃO
Tempo provável: 12 minutos.

Vire a página e comece. →

---

fazem (são)

Na síndrome de ativação, o hormônio chamado *adrenalina* descarrega no sangue açúcar proveniente do fígado. No medo ou na raiva, a secreção de .... eliciada pela glândula adrenal.

30.4 — 30.5

---

aumentam

Na síndrome de ativação, o sangue é fartamente abastecido pelo (1) .... e .... que são levados aos tecidos musculares mais rapidamente pelo (2) .... da pulsação.

30.9 — 30.10

---

(1) diminui
(2) galvânica (da) pele

Numa emoção muito forte, os olhos saltam ligeiramente e as pupilas se dilatam. Estes reflexos favorecem uma .... entrada de luz nos olhos.

30.14 — 30.15

---

(1) diminui
(2) aumenta
(3) aumenta
(4) se dilatam

A síndrome de ativação*** biologicamente útil, se necessita de um grande reforço físico (como correr ou lutar).

30.19 — 30.20

---

esforço

Em momentos de crise, sabe-se de pessoas que realizaram tarefas hercúleas, tais como levantar a frente de um automóvel. Tais esforços extremos são possíveis, em parte, por causa do .... de ....

30.24 — 30.25

---

prejudiciais (perigosos)

Fortes respostas emocionais depois de uma refeição pesada podem ser prejudiciais porque, na síndrome de ativação, cessam as secreções gástricas e as contrações do estômago e dos intestinos .... também.

30.29 — 30.30

(1) mudava (modificava-se) (2) cada	Na Fase 1 do experimento, a cor do disco alternava entre (1) .... e .... , mudando depois de (2)***.
21.3	21.4
parado (desligado)	Na Fase 2, a Figura 2 mostra respostas que ocorreram nas partes da sessão em que a razão fixa estava em vigor. Respostas na presença de S^D foram registradas na Figura ....
21.14	21.15
(1) $(S)^D$ (2) reforçada	Fase 2. Lá pelo fim da sessão já se estabeleceu o controle de estímulos, pois o responder durante $S\Delta$ ocorre com uma frequência (1) ...., enquanto em S^D o responder ocorre com frequência (2) ....
21.25	21.26
discriminação	Discriminação é um caso especial de controle de estímulos. Quando ocorrerem duas frequências diferentes de resposta na presença de diferentes estímulos, a resposta está sob***.
21.36	21.37
(1) discriminação (2) controle de estímulos	Desenvolve-se controle de estímulos, quando está em vigor um esquema ....
21.47	21.48
respondente	Um respondente é (1) ....-ado pelo seu estímulo, mas na discriminação operante o S^D é simplesmente a ocasião em que a resposta será reforçada, se for (2) ....-da.
21.58	21.59
reforçada	A presença do pai, como estímulo discriminativo ou S^D, é (1) .... em que o dizer "pa-pa" do bebê será (2) .... , se emitido.
21.69	21.70

(1) intervalo (2) razão Série 18 29.3	A frequência com que um organismo normal come, se tiver sempre acesso ao alimento, modifica-se em .... 29.4 ← pág. 203
(1) menor (2) maior Série 22 29.8	Uma resposta que ocorra imediatamente depois de um reforço nunca é reforçada em um esquema de intervalo (1) .... Uma resposta, imediatamente após um reforço, é algumas vezes reforçada em um esquema de intervalo (2) .... 29.9 ← pág. 203
cíclicas (periódicas) Série 28 29.13	Objetos em dois pontos adjacentes no espaço geralmente controlam respostas de alcançar de .... apenas ligeiramente diversas. 29.14 ← pág. 203
(1) reforçamos (2) extinguimos (não reforçamos) Série 24 29.18	Quando uma resposta está sob o controle de uma única propriedade de um estímulo (que não pode existir sozinha), dizemos que houve***. 29.19 ← pág. 203
menos provável Série 26 29.23	Ao desenhar uma cópia de um quadro, apenas aqueles movimentos que produzem semelhança são reforçados, por isso o reforçamento é .... 29.24 ← pág. 203
reforçada, extinta (*qualquer ordem*) Série 21 29.28	**FIM DA SÉRIE**

(1) vermelho (e) verde (2) cada reforço (25 respostas) **21.4**	Na Figura 1 as marcas transversais indicam respostas que foram **21.5**
2 **21.15**	A frequência de respostas é aproximadamente a mesma na Figura 1 e na Figura 2. As respostas continuam a ser mantidas em plena força na presença do estímulo .... (tt). **21.16**
(1) baixa (talvez zero) (2) elevada (alta) **21.26**	Pelo fim da primeira sessão na Fase 2, o bicar o disco está sob controle de estímulos, pois a mudança da cor de verde (SΔ) para vermelho (S^D), imediatamente .... a frequência de respostas. **21.27**
controle de estímulos **21.37**	O disco é iluminado por uma luz amarela durante o reforço em intervalo fixo e por uma luz azul durante o reforço em intervalo variável e o pombo comporta-se adequadamente em cada um dos esquemas. Isto é um exemplo de ***. **21.38**
múltiplo **21.48**	O processo de discriminação é essencialmente .... em que um dos esquemas é extinção. **21.49**
(1) elici-(ado) (2) emiti-(da) **21.59**	Um S^D é a *ocasião* na qual um dado operante pode ser reforçado. O gongo que chama para o jantar, como um S^D, é .... em que ir para a mesa será reforçado. **21.60**
(1) ocasião (2) reforçado **21.70**	Quando lemos em voz alta, as nossas vocalizações estão sob o controle de uma série de estímulos visuais da página. As letras impressas são (1) .... discriminativos; as vocalizações são respostas (2) **21.71**

contínuo	A acessibilidade do reforço depende da passagem d tempo em esquemas de (1) ...., e do nú mero de respostas em esquemas de (2) ....
Série 25 29.2	29.3
(1) reforçar (2) S^D	Se uma forte luz branca estiver frequentemente present quando a resposta for reforçada, uma luz de intensida média produzirá uma frequência de respostas (1) .... que a da luz forte e (2) .... que a de uma lu bem fraquinha.
Série 23 29.7	29.8
(1) lentamente (2) intermitente- mente	O comer, o beber, o dormir, o comportamento sexual, atividade geral mostram mudanças .... quando as várias condições de privação não são mani puladas experimentalmente.
Série 20 29.12	29.13
(1) privações (2) generalizado	Ao ensinar uma criança a copiar uma linha, não fic mos esperando por um desenho perfeito. Nós (1)*** movimentos que produziram linhas razoavelmente p recidas, mas (2)*** movimentos que produzem linha muito diferentes.
Série 27 29.17	29.18
(1) *a* (2) *d* (3) *b* (4) *c*	Quanto mais alimento o animal tiver acabado de come tanto .... o seu comportamen de ingestão.
Séries 18 e 19 29.22	29.23
diferencial	No estabelecimento de uma discriminação, uma respo ta é*** na presença de um estímulo e*** na presença outro estímulo.
Série 24 29.27	29.28

reforçadas **21.5**	Se as luzes vermelha e verde do disco tivessem influências diferentes sobre a frequência das respostas,................do registro deveria modificar-se depois de cada reforço. **21.6**
discriminativo **21.16**	Fase 2, Figura 3, mostra respostas que ocorreram enquanto o disco estava verde e nenhuma resposta foi reforçada. As respostas na presença de S................ estão registradas na Figura 3. **21.17**
aumenta (eleva) (aceitável: modifica, afeta) **21.27**	No fim do período que aparece nas Figuras 2 e 3, a frequência de respostas é bastante diferente para S^D e $S\Delta$. Esta é uma forma de................de estímulos denominada discriminação. **21.28**
controle de estímulos **21.38**	Imediatamente depois do reforço, liga-se a luz amarela do disco durante 10 minutos e então vigora um esquema de intervalo fixo de 10 minutos. O pombo assim reforçado fará primeiro uma (1) .... e depois emitirá respostas com uma frequência (2) **21.39**
esquema múltiplo **21.49**	Um caso bastante comum de discriminação é reforçamento contínuo na presença de um estímulo e não reforçamento na presença de outro. Este esquema múltiplo compõe-se de reforço (1) .... e (2) **21.50**
ocasião **21.60**	Uma palavra sussurrada de aviso pode ser a ocasião em que um homem correrá vigorosamente. Na discriminação operante, a magnitude de resposta *não* é necessariamente dependente da .... do S^D. **21.61**
(1) estímulos (2) respostas **21.71**	Diz-se a uma criança que está aprendendo a ler que está "certa" quando os padrões vocais corretos ocorrem na presença de determinados padrões visuais. Ao descrever o desenvolvimento desse comportamento (1) ....-tivo, devemos especificar (2).................... termos (*quantos ?*). **21.72**

(1) discriminações (2) generalização	Dirigir corretamente um automóvel exige que o organismo tenha um repertório ....
Série 22 29.1	29.2
(1) classe (2) classe	Cada estímulo em uma cadeia tem a dupla função ((1) .... a resposta que o precede e ser u (2) .... para a resposta que o sucede.
Série 26 29.6	29.7
não é	Respostas reforçadas pelos reforçadores generalizad da afeição, aprovação, etc. em muitos casos extinguem- muito (1) .... por causa dos reforçamentos q ocorrem (2) .... devido à sutileza dos estímulos.
Série 27 29.11	29.11
generalização	Quando associado a vários reforçadores incondicion dos apropriados a várias privações, um reforço condici nado será eficaz sob vários tipos de (1) .... U reforço deste tipo se denomina reforço (2) ....
Série 22 29.16	29.17
resistentes	(1) .... intervalo fixo (2) .... intervalo variáv (3) .... razão fixa (4) .... razão variável
Série 20 29.21	29.22
privação (de) alimento	Habilidade em "copiar um desenho" continuará a s modelada sem o auxílio de outra pessoa, uma vez que "semelhança" tenha-se tornado um reforçador, pois aut maticamente proverá o reforço .... necessár à modelagem.
Série 28 29.26	29.27

inclinação (operantes) **21.6**	Quando a frequência ou a forma da resposta é diferente sob estímulos diferentes, se diz que o comportamento está sob o controle de estímulos. A Figura 1 *não* apresenta sinais de que haja .... de .... nem para o verde nem para o vermelho. **21.7**
(S)Δ [S-delta] **21.17**	As marcas transversais da Figura 3 indicam o momento em que termina S .... e o registrador para de funcionar. **21.18**
controle **21.28**	Diz-se que um organismo desenvolveu uma discriminação, quando o responder se mantém na presença de (1) .... (tt) e sofreu certo grau de extinção na presença de (2) .... (tt). **21.29**
(1) pausa (2) positivamente acelerada **21.39**	Imediatamente depois do reforço, a luz do disco muda para azul e então vigora uma razão fixa *pequena*. O pombo treinado responderá com uma frequência .... (talvez sem nenhuma pausa inicial). **21.40**
(1) contínuo (2) extinção **21.50**	Uma discriminação operante se estabelece com uma contingência de *três termos*. Dispõe-se o reforço na seguinte ordem: (a) presença de S^D; (b) esperar que a resposta seja emitida; e (c) prover o **21.51**
intensidade (magnitude) **21.61**	A magnitude da resposta depende da intensidade do estímulo no caso do comportamento (1) ...., mas muito menos no caso do comportamento (2) **21.62**
(1) discrimina(-tivo) (2) três **21.72**	Em uma discriminação operante, a resposta será provavelmente reforçada quando (1) .... estiver presente, mas não quando (2) .... estiver presente. **21.73**

	O provador profissional de vinhos pode fazer delicadas (1) .... Mostra muito pouca (2) .... entre os vários vinhos. 29.1
generalizado Série 27 29.5	Para a maioria dos estados de privação, existem alternativas de procedimento que pertencem a uma mesma (1) .... pois têm o mesmo efeito sobre toda uma (2) .... de respostas. 29.6
cadeia Série 23 29.10	Uma elevada frequência de respostas*** (é ou não é) por si só indicação para se inferir um alto nível de privação, sem o conhecimento de outros fatores tais como esquema de reforço. 29.11
(1) respondente (reflexo) (2) operante Série 21 29.15	Um organismo pode emitir a mesma resposta a dois estímulos bastante semelhantes, se um deles esteve presente durante o reforçamento. O termo para este fenômeno é***. 29.16
(1) privação (de) água (2) condicionada (reforçada) Série 26 29.20	Reforçar intermitentemente birras temperamentais torna-as muito .... à extinção. 29.21
(1) S^D (2) resposta (3) reforçar Série 21 29.25	No laboratório, o peso de um animal expresso como uma porcentagem de seu peso normal é usado como uma medida de sua história de .... de 29.26

controle (de) estímulos **21.7**	Na Fase 1, Figura 1, não há sinais de controle de estímulos porque a frequência de respostas é a*** tanto na cor vermelha como verde do disco. **21.8**
(S)Δ **21.18**	As respostas na presença de SΔ nunca são (1) .... As respostas registradas na Figura 3 (2)*** reforçadas. **21.19**
(1) S^D (2) SΔ **21.29**	O experimento narrado no painel demonstra o processo para se estabelecer uma forma de *controle de estímulos* denominada................ . **21.30**
elevada **21.40**	Quando a luz do disco é algumas vezes amarela e algumas vezes azul (e o esquema é algumas vezes de intervalo fixo e outras de intervalo variável respectivamente), o responder de um pombo treinado*** apropriado ao esquema em vigor em determinado momento. **21.41**
reforço **21.51**	O S^D é a ocasião na qual uma resposta, se ...., será provavelmente reforçada. **21.52**
(1) reflexo (2) operante **21.62**	Um aviso sussurrado pode ser imediatamente seguido de uma corrida. Na discriminação operante, o tempo entre estímulo e resposta não é necessariamente dependente da .... do S^D. **21.63**
(1) S^D (2) SΔ **21.73**	Colocar um operante sob o controle de estímulo exige três eventos: um (1)................ que é a ocasião na qual uma (2)................ será seguida por (3) **21.74**

SÉRIE 29

Revisão
VERIFICAÇÃO DAS PARTES V – VII
Tempo provável: 14 minutos.

Vire a página e comece. →

---

ciclos

	Independentemente do estado de privação específico presente no momento, um reforço .... pode ser usado para condicionar uma nova resposta.

Série 28 29.4 29.5

---

(1) fixo
(2) variável

O operante chamado "abaixar a barra por comida" é composto de muitos estágios ou partes integrantes e uma .... de estímulos e respostas.

Série 19 29.9 29.10

---

formas
(topografias)

As variações de magnitude da resposta acompanhavam de perto as variações na intensidade do estímulo no caso do comportamento (1) ...., mas muito menos no caso do comportamento (2) ....

Série 25 29.14 29.15

---

abstração

Suar excessivamente devido ao trabalho pesado ou à emoção tem um efeito similar ao da (1) .... de .... sobre uma classe de respostas que foi (2) .... pela água.

Série 22 29.19 29.20

---

diferencial

Na discriminação operante falamos de uma contingência de *três termos*. Os eventos são dispostos na seguinte ordem: a) apresentar o (1) ...., b) esperar pela (2) .... e c) (3) ....

Série 24 29.24 29.25

203

(aproximadamente) a mesma **21.8**	Na Fase 2, a resposta já não é reforçada quando a cor do disco é (1)................, mas continua a ser reforçada em uma razão fixa de 25, quando a cor do disco é (2)............................ **21.9**
(1) reforçadas (2) não foram (não são) **21.19**	Na Figura 3, as marcas transversais aparecem em intervalos de............ minutos. **21.20**
discriminação **21.30**	Ao se estabelecer uma discriminação, a resposta é (1)*** na presença de um dos estímulos e (2)*** na presença do outro. **21.31**
será (é) **21.41**	Quando o desempenho do pombo é apropriado a um esquema durante um estímulo e a outro durante outro estímulo, trata-se de um exemplo de..........de.......... **21.42**
emitida **21.52**	Em uma discriminação operante um estímulo (1)............ deve preceder a resposta e um estímulo (2)................. deve segui-la pelo menos ocasionalmente. **21.53**
intensidade (aceitável: magnitude) **21.63**	A latência varia em função da intensidade do estímulo no comportamento (1)............, mas apenas ligeiramente, se depender, no comportamento (2)................... **21.64**
(1) S^D (2) resposta (3) reforço **21.74**	No comportamento reflexo, se diz que o estímulo condicionado (1)............ a resposta condicionada. Mas na discriminação operante, o S^D é apenas (2)............ em que a resposta poderá ser reforçada. **21.75**

C (e) E *(qualquer ordem)* 28.3	Os dois camundongos que demoraram mais tempo pa obter 720 bolinhas*** (foram ou não foram?) os de pe normal. 28.4 ← pág. 198
(1) um (2) menos 28.8	O padrão que se repete no camundongo normal de fr quências altas e baixas é denominado ciclo *alimenta* Cada .... dura 21 horas. 28.9 ← pág. 198
ciclos 28.13	Se um experimentador não for cuidadoso ao controlar privação, os resultados de um experimento em condiç namento operante usando um reforçador alimentar* ser perturbados pelas mudanças cíclicas na frequênci como as mostradas em C. 28.14 ← pág. 198
(1) aumenta (2) ciclos 28.18	Em muitas espécies a fêmea exibe um ciclo menstru que afeta o comportamento sexual. A probabilidade comportamento sexual é .... em certas fases .... em outras fases do ciclo. 28.19 ← pág. 198
(1) C (2) A 28.23	Os registros A e B atingem o nível de 720 bocados e muito (1) .... tempo que os registros C e E, er bora as frequências em a e b sejam ligeiramente .... que as encontradas nos registros A e I 28.24 ← pág. 198
(1) A (e) B (2) D 28.28	Dos três camundongos obesos (A, B e D), o registro ob do de (1)*** mostra um comer quase contínuo, enquan o registro obtido de (2)*** mostra "refeições" muito fr quentes com pequenas pausas entre elas. 28.29 ← pág. 198

(1) verde (2) vermelha 21.9	Na Fase 2, as luzes verde e vermelha continuam a ser alternadas; quando o disco fica (1)..............a 25.ª resposta será portanto (2).................... 21.10 ← pág. 138
2 21.20	Figura 3. Durante os primeiros seis minutos da Fase 2, as respostas durante SΔ*** (ocorreram ou não ocorreram?) com uma frequência próxima à do dia anterior e que aparece na Figura 1. 21.21 ← pág. 138
extinta reforçada (*qualquer ordem*) 21.31	Se respostas na presença de um som de certa intensidade não forem reforçadas, o responder na presença do som se .... 21.32 ← pág. 138
controle de estímulos 21.42	Em um esquema *múltiplo*, dois ou mais esquemas estão em vigor e um estímulo diferente está presente durante cada um. Um intervalo fixo durante uma luz amarela e uma razão fixa durante uma luz azul é um exemplo de esquema .... de intervalo fixo à razão fixa. 21.43 ← pág. 138
(1) discriminativo (2) reforçador 21.53	As condições necessárias para o estabelecimento de uma discriminação operante são: um estímulo discriminativo, uma resposta e um estímulo reforçador. A contingência contém .... (*quantos?*) termos. 21.54 ← pág. 138
(1) respondente (2) operante 21.64	A natureza provê muitos S^{DS}. Em um pomar onde apenas as maçãs vermelhas são doces, o "vermelho" da maçã madura é um (1) S............... ; a cor das maçãs verdes é um (2) S............... para a resposta de apanhá-las e comê-las. 21.65 ← pág. 138
(1) elicia (2) ocasião 21.75	**FIM DA SÉRIE**

25	Os camundongos que demoravam mais tempo para obt 720 bolinhas de alimento correspondem às curvas .... e ....
28.2	28.3
5	Todos os dias os camundongos de peso normal tivera (1) .... período(s) de comer contínuo e rápi seguido(s) por períodos esporádicos de (2)*** comer.
28.7	28.8
(1) menos (2) menor (3) aumenta	Concluímos que quando um organismo está sempre e condições de obter alimento, a sua frequência do com passa por ....
28.12	28.13
constante (estável)	A passagem do tempo, a contar do último período sono (1) .... a probabilidade de que o organi mo venha a dormir. O sono, como a alimentação, pas por (2)......................... .
28.17	28.18
privação (aceitável: saciação)	Os registros A e C são diferentes. (1) .... mostra ciclos em grande escala enquanto (2) .... mostra uma alta frequência, aproximadamente consta te, de responder por alimento.
28.22	28.23
(1) D (2) obeso	Dos três camundongos obesos, os registros (1) .... e são parecidos. Um registro de tipo diferente para u camundongo obeso aparece em (2) ....
28.27	28.28

PAINEL PARA A
SÉRIE 22   LEIA AGORA E CONSULTE QUANDO
           NECESSÁRIO

O estímulo que está presente enquanto a resposta é emitida e reforçada torna-se um *estímulo discriminativo* (S^D). No futuro é relativamente provável que a resposta seja emitida, quando este estímulo estiver presente. Outros estímulos que tenham alguma coisa em comum com o S^D tornam-se também eficazes, mas produzirão uma frequência de respostas inferior. A extensão do poder de controle a outros estímulos é chamada *generalização* de estímulos.

Experimento
Fase 1. Coloca-se um pombo na câmara experimental comum. Projete-se constantemente uma luz verde-amarelada de 550 milimícrons no disco. A resposta bicar o disco, modelada na maneira usual, é reforçada em um esquema de intervalo variável, sendo o intervalo médio entre reforços de 1 minuto. Este esquema gera uma frequência constante de respostas e, o que é aqui mais importante, uma considerável resistência à extinção.

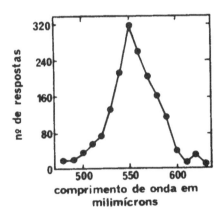

Fase 2. Suspendem-se os reforços, e durante a extinção modifica-se a cor de luz projetada no disco em intervalos pequenos e regulares. Cada uma das 16 cores, 10 milimícrons uma da outra, é apresentada várias vezes em ordem casual e pelo mesmo total de tempo por cor. As respostas emitidas pelo pombo na presença de cada comprimento de onda (cor) são contadas e marcadas na figura anexa. A função resultante denomina-se *gradiente de generalização de estímulos*.

(1) 25 (2) razão fixa	A escala vertical indica o número de bocados (bolinha obtidos pelo camundongo. Se estivermos interessado no número de depressões da barra em um ponto qua quer da curva, devemos multiplicar por ....
28.1	28.2
alta (elevada, altíssima)	O registro C cobre cinco dias e mostra .... (quantos?) períodos de alta e constante frequência.
28.6	28.7
(1) saciado (2) menor (pequena)	À medida que o camundongo normal fica saciado co comida, responde com (1)*** frequência e obtém (2)*' número de bocados. À medida que passa o tempo, a p vação de comida (3) .... Então, repete-se o *cicl*
28.11	28.12
(1) privado (2) privação alimentar	Nos experimentos com pombos, se usarmos reforço a mentar, as aves são alimentadas em uma certa hora (dia e apenas o bastante para manter o peso constan (por exemplo, a 80 por cento do normal). Desta maneir conserva-se o nível de privação aproximadamente ....
28.16	28.17
ciclos	A classe de respostas anteriormente reforçadas com a mento mostra mudanças periódicas de frequência q se parecem com as mudanças no nível de ....
28.21	28.22
ciclos (períodos)	Frequências extremamente altas alternadas com paus breves (1 ou 2 horas) aparecem no registro (1) .... que foi obtido de um camundongo (2) ....
28.26	28.27
dois	**FIM DA SÉRIE**
28.31	200

SÉRIE 22

Parte VI. Controle de Estímulos
GENERALIZAÇÃO DE ESTÍMULOS
Leia o painel da página anterior.
Tempo provável: 32 minutos.

Vire a página e comece. →

nenhuma 22.10	Se todos os comprimentos de onda tivessem adquirido igual controle como resultado da Fase 1, então na Fase 2 cada nova cor deveria ter produzido aproximadamente *** número de respostas que 550 milimícrons. 22.11
(1) não estava (2) pode 22.21	À medida que o comprimento de onda se afasta em qualquer das duas direções do comprimento de onda presente durante o reforço, o número de respostas 22.22
comum 22.33	Os sinais no código Morse para a letra C (_. _.) e para a letra Y (_. _ _) são frequentemente confundidos pelo aprendiz. Os dois padrões de estímulos (1)*** elementos comuns e portanto mostram (2) 22.34
S^D 22.43	No desenvolvimento do comportamento de uma criança, os sorrisos marcam ocasiões para reforços. A extensão da .... (tt) entre o sorrir e outras expressões faciais diminui à medida que as discriminações se desenvolvem. 22.44
controle 22.54	Estímulos discriminativos verbais são frequentemente estabelecidos na educação institucional. "Pedro Álvares Cabral descobriu o Brasil em..." é o S^D depois do qual a resposta "1500" será ...., se emitida. 22.55
nunca ocorrem (estão, existem) 22.65	Ao desenvolver uma abstração, precisamos usar muitos objetos de diferentes estímulos como "S^{Ds}"; cada qual deve possuir a propriedade em questão, mas entre eles deve haver uma variedade de outras 22.66

→	O camundongo emite (1) .... resposta para cada bocado de alimento. Isto é um esquema de reforço em (2)***.
	28.1
(1) menos (2) inclinação	Os camundongos de peso normal (C e E) revelam mudanças cíclicas na frequência do responder por (e de comer) alimento. Nos trechos marcados a e b (em C) a frequência é .... e, durante um certo tempo, relativamente uniforme.
28.5	28.6
ciclo	Em trechos do registro C, como em a e b, o camundongo normal obtém muitos bocados em poucas horas. O camundongo fica (1) .... de alimento, e isso explica os trechos intervenientes da curva que tem uma (2) .... inclinação.
28.10	28.11
privado (de alimento)	Um animal perde peso quando (1) .... de alimento. O peso resultante do animal, expresso como uma percentagem de seu peso normal, é uma medida de seu nível de (2).......... ....
28.15	28.16
cíclica	A frequência de emissão de respostas que produzem alimento em um organismo que pode sempre obter alimento passa por ....
28.20	28.21
não exibem	O aspecto de "escadinha" do registro D representa .... relativamente curtos de comer e não comer.
28.25	28.26
único	Desde que os camundongos A e B possuem registros semelhantes, podemos dizer que em termos dos dados de comportamento no painel só .... tipos de obesidade são claramente discerníveis.
28.30	28.31

199

	Fase 1. O pombo está em um esquema de (1)*** (tt) com um intervalo médio de 1 minuto. O responder mantido neste esquema se extinguirá bem (2)............... quando o reforço for suspenso. 22.1
o mesmo 22.11	Se *todos* os comprimentos de onda tivessem adquirido igual controle, enquanto a luz de 550 milimícrons estava sendo projetada na Fase 1, os dados da Fase 2 teriam de ser representados por uma linha .... (diagonal, horizontal ou vertical?) 22.12
diminui 22.22	Não se pode dizer que a generalização de estímulos foi completa, porque em comprimentos de onda diferentes de 550 milimícrons o máximo de respostas emitidas foi 22.23
(1) contêm (apresentam) (2) generalização 22.33	Um homem que tenha medo de xingar o patrão pode, em vez disso, xingar a mulher. Algumas vezes se diz que isso é uma "agressão deslocada". Poderia ser interpretada como ***. 22.34
generalização 22.44	O provador de vinhos profissional revelaria um .... de generalização muito íngreme para cada uma das dimensões de estímulos ao longo dos quais os vinhos variam. 22.45
reforçada 22.55	Quando defrontamos um novo problema que tem elementos comuns com um antigo, experimentamos primeiro a solução antiga. Este processo é 22.56
propriedades 22.66	Uma vez que propriedades isoladas dos objetos não ocorrem na natureza, uma abstração*** se desenvolver, se apenas um objeto for usado para prover o S^D. 22.67

SÉRIE **28**	Parte VII. Privação CICLOS ALIMENTARES Leia o painel da página anterior Tempo provável: 12 minutos. **Vire a página e comece.** →
foram 28.4	O fato de que os camundongos obesos comem 720 bocados em (1) .... tempo que os camundongos normais mostra-se pela maior (2) .... geral das curvas para os camundongos obesos. 28.5
ciclo alimentar 28.9	As mudanças rítmicas no comportamento de ingestão representadas pelos registros C e E são chamadas .... alimentar. 28.10
podem 28.14	Quando se usa um alimento como reforço em um experimento usual, o organismo deve ser*** antes de cada sessão experimental. 28.15
maior menor (*qualquer ordem*) 28.19	Um rato preso numa pequena gaiola, mas com acesso permanente a uma roda de atividade, alterna entre fases ativas e inativas com considerável regularidade. A frequência revela uma atividade 28.20
(1) menos (menor) (2) maiores 28.24	Os camundongos que produziram os registros A e B comiam demais. Embora eles *não* comam com uma frequência especialmente alta, eles*** (exibem ou não exibem?) ciclos de comer rápido e lento como os encontrados no camundongo normal. 28.25
(1) A e B (2) D 28.29	Os três camundongos obesos têm a mesma aparência e também não podem ser distintos pelo peso. Se não tivéssemos dados do comportamento, poderíamos ter concluído (erroneamente) haver aqui apenas .... tipo de obesidade. 28.30

(1) intervalo variável (2) devagar **22.1**	Fase 1. A luz que tem um comprimento de onda de 550 milimícrons é de cor (1)***. Durante a Fase 1 esta luz projeta-se sobre o disco (2)................tempo. **22.2**
horizontal **22.12**	O comprimento de onda presente durante o condicionamento foi o de (1).............. milimícrons. Na Fase 2, o maior número de respostas foi emitido, quando a luz tinha um comprimento de onda de (2)................ milimícrons. **22.13**
menor **22.23**	O declínio gradual do número de respostas em função do afastamento do estímulo presente por ocasião do reforço denomina-se *gradiente de generalização de estímulos*. A figura mostra o .... de .... de estímulos como função do comprimento de onda. **22.24**
generalização **22.34**	Generalização e discriminação são processos recíprocos. O provador profissional de vinhos pode fazer (1)............ delicadas. Ele exibe pouca (2)················ entre os vários vinhos. **22.35**
gradiente **22.45**	Quando o sargento diz "pelotão alto!", todos os homens fazem alto (param). O comportamento deles está sob o .... de um estímulo verbal. **22.46**
generalização **22.56**	A criança reforçada por dizer "vermelho", quando olhando para um livro vermelho, pode vir a chamar todos os livros de "vermelho". Isto é um exemplo da (1)..................... Em parte deve-se ao (2).............. comum formato que têm os livros diferentes na cor. **22.57**
não pode **22.67**	Adquire-se uma resposta abstrata, quando uma propriedade particular de estímulos que não pode "subsistir sozinha" vem controlar a resposta e os outros ....do estímulo que normalmente acompanha a propriedade particular não têm nenhum controle. **22.68**

SÉRIE 28   LEIA AGORA E CONSULTE QUANDO NECESSÁRIO

Um camundongo foi conservado por vários dias numa câmara experimental padrão. Depois de cada 25.ª resposta (abaixar a barra) o mecanismo alimentador entregava um bocadinho de alimento. (Sempre havia água à vontade). O experimento foi repetido com cinco tipos diferentes de camundongo: (as letras também se referem às curvas acumuladas).

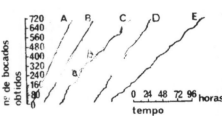

(A) Camundongo envenenado com aurotioglicose que ofende a parte do cérebro chamada hipotálamo, causando o comer excessivo e obesidade.
(B) Camundongo cujo hipotálamo foi ofendido cirurgicamente com o mesmo efeito que no camundongo A.
(C) Camundongo normal de linhagem normal.
(D) Camundongo obeso de uma linhagem da qual alguns membros sofrem de obesidade hereditária.
(E) Camundongo normal da mesma linhagem (E e D são camundongos da mesma ninhada).

(1) verde-amarelada (2) todo **22.2**	Na Fase 2, a luz com um comprimento de onda de 550 milimícrons não se projeta no disco .... tempo. **22.3**
(1) 550 (2) 550 **22.13**	Fase 2. Na figura, o comprimento de onda no qual mais respostas foram emitidas foi o que estava presente quando a resposta foi **22.14**
gradiente (de) generalização **22.24**	Um gradiente mais íngreme indicaria uma (1).............. de .... menos extensa, enquanto um gradiente relativamente chato indicaria uma (2)..............extensa generalização de estímulos. **22.25**
(1) discriminações (2) generalização **22.35**	Quando uma criança chama todos os animais de pelo de "au-au", é um caso de***. **22.36**
controle **22.46**	O sargento diz "pelotão alto!" e todos os homens param. Este estímulo verbal é um .... para parar. **22.47**
(1) generalização (2) elemento **22.57**	Uma criança reforçada por dizer "vermelho", quando olhando para um livro vermelho poderá vir a dizer "vermelho", quando olhando para um livro preto. Isto se deve em parte ao controle adquirido pelo .... formato. **22.58**
elementos **22.68**	A natureza raramente faz com que uma única propriedade do estímulo seja a ocasião para o reforço de uma resposta; por isso raramente desenvolve-se ...., a menos que um segundo organismo disponha as contingências necessárias para o reforço. **22.69**

cadeia **27.3**	Apertar a barra é parte de uma (1) .... de comportamento que termina com a ingestão de alimento. privação de alimento (2) .... a frequência de emissão de toda a cadeia. 27.4 ← pág. 192
(1) provável (2) provável **27.8**	Depois do condicionamento, o pombo bica o disco e o alimentador opera com um clique audível que é para .... bicar o disco. 27.9 ← pág. 192
privação **27.13**	No experimento comum com o pombo, o clique do mecanismo alimentador foi seguido só pelo alimento. O clique do alimentador .... (é ou não é?) um reforço generalizado. 27.14 ← pág. 192
são **27.18**	A frequência das respostas reforçadas por um reforço generalizado é relativamente independente da natureza da privação momentânea. A frequência das respostas reforçadas pelo dinheiro é em geral*** de qualquer privação específica. 27.19 ← pág. 192
dependente **27.23**	Um esquema de razão variável, como o de uma máquina caça-níqueis, produz uma frequência de respostas elevada e .... Isto é verdade mesmo quando o nível de privação é relativamente pequeno. 27.24 ← pág. 192
saciando **27.28**	A existência generalizada de bordéis na beira do cais para uma frequência de marinheiros é resultado da .... peculiar à vida no mar. 27.29 ← pág. 192
privação **27.33**	**FIM DA SÉRIE**

todo **22.3**	Na Fase 2, o reforço .... ocorre. **22.4**
reforçada (condicionada) **22.14**	Nos comprimentos de onda diferente de 550 milimícrons, o número de respostas em um período de tempo constante é .... que em 550 milimícrons. **22.15**
(1) generalização (de) estímulos (2) mais **22.25**	O controle exercido por uma série contínua de estímulos similares sob alguma forma ao estímulo presente durante o reforço mostra-se por um .... de .... de estímulo como o da figura. **22.26**
generalização **22.36**	Quando a criança emite o som "au-au" apenas na presença de cachorros, já se formou **22.37**
S^D **22.47**	O estímulo verbal "9 vezes 9" é .... que controla a resposta verbal "81". **22.48**
elemento comum **22.58**	A criança que antes chamava todos os livros "vermelho" logo passa a chamar "vermelho" apenas os livros vermelhos. Quando não for reforçada por dizer "vermelho" a livros de cores diferentes, os livros de outras cores virão a ser um S .... para a resposta dizer "vermelho". **22.59**
abstração **22.69**	É a comunidade verbal que*** qual a propriedade particular de estímulo será ocasião para o reforço da resposta verbal abstrata da criança. **22.70**

(1) condicionado (2) privado (de alimento)	Um rato privado de comida aperta a barra, o mecanism[o] alimentador faz um clique, o rato se abaixa, apanha [o] alimento e come. Esta sequência de estímulos e respo[s]tas forma uma .... do apertar até o come[r].
27.2	27.3
cadeia	Quando estivermos estado durante algum tempo se[m] água é (1)*** que se vá beber água, e (2)*** que se an[de] até o bebedouro.
27.7	27.8
generalizado	Quando associado a vários reforçadores incondicionad[os] apropriados a várias privações, um reforço condiciona[do] será eficaz sob vários tipos de ....
27.12	27.13
várias (muitas, diversas)	Não há muitos casos de reforços primários que s[e]jam eficazes em mais de um estado de privação. P[or] isso a maioria dos reforços generalizados*** reforç[os] condicionados.
27.17	27.18
independente	Quando uma resposta foi reforçada por um estímu[lo] antes associado apenas a um único reforçador incon[di]cionado, a resposta é*** de uma determinada privaçã[o].
27.22	27.23
privação	Para poder servir pequenas porções sem reclamaçõe[s,] um restaurante a "table d'hôte" pode servir uma fa[r]ta quantidade de um delicioso pão, enquanto a comi[da] está sendo preparada. O restaurante está*** os fregu[e]ses sem muita despesa.
27.27	27.28
privação (de) água	"Pode-se levar um cavalo até a água, mas não se po[de] obrigá-lo a bebê-la." Este ditado passa por cima da po[s]sibilidade de se controlar o comportamento através [da] ....
27.32	27.33

nunca **22.4**	Na Fase 2, desde que o reforço não mais ocorre, se a cor do disco não mudasse, respostas seriam emitidas por muitas horas com frequência gradualmente ...., pois a resposta foi mantida em um esquema de intervalo variável. **22.5**
menor (inferior) **22.15**	O experimento demonstra que cores que não estavam efetivamente presentes quando a resposta foi reforçada adquirem não obstante algum .... sobre a resposta. **22.16**
gradiente (de) generalização **22.26**	Se um som muito alto estiver frequentemente presente quando uma resposta for reforçada, um som de altura média deverá exercer algum .... sobre a resposta. **22.27**
discriminação **22.37**	Uma criança pequena pode ser reforçada quando se aproxima da mãe ou do pai, se eles estiverem sorrindo, mas não quando estiverem carrancudos. Sob estas condições uma .... se desenvolverá. **22.38**
S^D **22.48**	O paciente pode vir a amar ou a odiar o seu psicanalista de maneira que se assemelha a suas reações emocionais a um de seus pais. O analista pode chamar isto de "transferência". Isto envolve **22.49**
(S)Δs **22.59**	Uma criança que chama "vermelho" apenas aos livros vermelhos pode mostrar certa probabilidade de dizer "vermelho" ao ver um automóvel vermelho. Isto é (1)..... .... (tt); mas a probabilidade pode ser (2).......... porque livros vermelhos e automóveis vermelhos são muito diferentes. **22.60**
determina (arranja, decide) **22.70**	No laboratório, quando o experimentador dispõe as contingências nas quais uma propriedade particular de estímulo é ocasião em que a resposta será reforçada, até os animais desenvolvem.................... **22.71**

(1) condicionado (secundário) (2) incondicionado (primário) **27.1**	Um estímulo que é frequentemente associado com alimento torna-se reforçador (1) .... Tal estímulo só será efetivo no condicionamento de uma resposta se o animal estiver (2) .... de **27.2**
reforço incondicionado (reforçador primário) **27.6**	Saciar um rato com alimento diminui a probabilidade do apertar a barra, se este comportamento for parte de uma .... de comportamentos que termine com a ingestão de alimento. **27.7**
não **27.11**	Um estímulo que tenha estado associado com reforçadores incondicionados apropriados a *muitas diferentes* privações torna-se um reforço **27.12**
incondicionados generalizados **27.16**	Embora os reforçadores generalizados sejam em geral condicionados, há casos (por exemplo, uma sopa leve ou leite achocolatado) de reforços incondicionados apropriados a*** condições de privação. **27.17**
sem **27.21**	A probabilidade de uma resposta anteriormente reforçada pela frase "está certo" é em grande parte*** de privação de alimento. **27.22**
(1) frequência (2) não são **27.26**	Quando fazemos que uma criança beba mais leite reduzindo o seu consumo de água, usamos .... no controle do comportamento. **27.27**
condicionado generalizado **27.31**	Nas boates servem-se de graça amendoim ou batatinhas fritas. Como são salgados, têm um efeito semelhante ao de .... de .... e aumentam a venda de bebidas. **27.32**

decrescente **22.5**	Na Fase 2, a intervalos regulares a cor ou comprimento de onda da luz projetada no disco **22.6**
controle **22.16**	Estímulos que não estavam presentes na ocasião do reforço podem adquirir controle sobre uma resposta devido ao .... da resposta na presença de um estímulo similar. **22.17**
controle **22.27**	Se um som muito alto esteve frequentemente presente quando a resposta foi reforçada, um som de altura média deverá produzir uma frequência de respostas (1)........... que a do som muito alto e (2)................ que a de um som muito baixo. **22.28**
discriminação **22.38**	Uma criança bem pequena poderá aproximar-se dos pais mais ou menos da mesma forma, quer eles estejam sorrindo, quer estejam carrancudos. O sorriso ainda não se tornou um (1) S ...., nem a carranca um (2) S................ **22.39**
generalização **22.49**	Uma criança pequena pode apanhar o telefone e ficar ouvindo a qualquer hora, mas eventualmente o tocar do telefone torna-se (1)................ (tt) para esta resposta e o não estar tocando (2) .... (tt). **22.50**
(1) generalização (2) pequena **22.60**	Para colocar a resposta "vermelho" sob o controle da cor vermelha, uma propriedade particular, reforçamos respostas na presença de objetos vermelhos de diferentes tamanhos, formas, etc. A propriedade *particular* vermelho adquire .... sobre a resposta. **22.61**
abstração **22.71**	**FIM DA SÉRIE**

	No experimento usual, abaixar a barra é imediatamente reforçado pelo clique do mecanismo alimentador, que é um reforço (1) .... Abaixar a barra é parte de uma *cadeia* de comportamento que termina quando alimento é comido, um reforçador (2) ....
→	27.1
(1) não (2) não	Apertar a barra é reforçado imediatamente pelo clique do alimentador, um reforçador condicionado. O comportamento reforçado por um reforço condicionado varia com a privação apropriada para o .... usado no estabelecimento do reforço condicionado.
27.5	27.6
(1) maior (2) privação	Um reforço generalizado*** depende de uma condição particular de privação.
27.10	27.11
incondicionado	Uma sopa leve ou o leite achocolatado podem reforçar tanto um organismo privado de alimento como um organismo privado de água, e isto os torna até certo ponto reforçadores ....
27.15	27.16
reforço generalizado	Um reforço generalizado pode ser usado para condicionar uma nova resposta .... (com ou sem) muitas restrições sobre que privação específica deva estar presente no momento.
27.20	27.21
não é	As explicações populares do comportamento usam muito palavras como "querer", "desejo" ou "necessidade". O referente observável para estas palavras é, em geral, uma elevada (1) .... de respostas. Em tais casos elas (2) .... (são ou não são?) as causas reais da frequência de respostas.
27.25	27.26
(1) diminuir (prevenir) (2) saciação	O governo, que dá dinheiro sob a forma de um abono a uma família todas as vezes que nasce uma criança, está usando um reforço .... para aumentar a procriação em vez de contar com uma única privação.
27.30	27.31

193

modifica-se	Fase 2. Luzes de muitas (1)*** diferentes são projetadas sobre o (2) ....
22.6	**22.7**
reforço (condicionamento)	Na *generalização de estímulos*, um estímulo adquire controle sobre uma resposta devido ao reforço na presença de um estímulo similar mas diferente. O controle exercido na Fase 2 pela luz de 570 milimícrons demonstra a .... de .... (tt).
22.17	**22.18**
(1) menor (2) maior	O número das respostas a duas luzes monocromáticas separadas por apenas 10 milimícrons mostra-se quase o mesmo no .... de ....
22.28	**22.29**
(1) $(S)^D$ (2) $(S)\Delta$	O viajante que diz "todos os habitantes deste país se parecem uns com os outros" está essencialmente revelando o nível do seu próprio................................ de ....
22.39	**22.40**
(1) S^D (2) $S\Delta$	O linguista é capaz de distinguir entre dois sons de ala que parecem idênticos a muitas pessoas. Os dois sons normalmente controlam uma única resposta, no que é chamado (1).............., mas o linguista já adquiriu (2) ....
22.50	**22.51**
controle	Quando uma propriedade particular de um objeto controla uma resposta, chamamos a relação de *abstração*. A cor vermelha é uma dessas propriedades. Esta propriedade nunca ocorre sozinha, quando uma resposta é controlada pela propriedade particular "vermelho" isoladamente, chamamos isto de ....
22.61	**22.62**

SÉRIE 27	Parte VII. Privação REFORÇADORES GENERALIZADOS Tempo provável: 14 minutos.
	Vire a página e comece. →
(1) cadeia (unidade) (2) aumenta	Um rato completamente saciado de alimento (1)*** ingere alimento. A barra que no passado operava apenas o mecanismo alimentador (2)*** é mais pressionada pelo rato saciado de alimento.
27.4	27.5
reforço condicionado	Embora o reforço imediato por bicar o disco seja um reforço condicionado (o clique), a frequência do bicar é tanto maior quanto (1) .... for (2) .... de alimento.
27.9	27.10
não é	Uma sopa leve ou um leite achocolatado é um reforço .... porque sua capacidade de reforçar independe de condicionamento anterior.
27.14	27.15
independente	Privar um organismo de alimento ou água não altera muito a frequência de uma resposta condicionada por ....
27.19	27.20
constante	Uma elevada frequência de respostas .... ou não é?) condição suficiente para se supor um alto nível de privação, porque a frequência é influenciada por outras variáveis, tais como o esquema de reforço.
27.24	27.25
privação sexual	A legalização da prostituição é algumas vezes defendida com o argumento de que ela pode (1) .... violências sexuais contra mulheres inocentes fornecendo outros meios de (2) ....
27.29	27.30

192

(1) cores (comprimento de onda) (2) disco **22.7**	Marcou-se na figura (1) .... médio de .... durante períodos comparáveis de tempo em cada (2) .... de .... usado. **22.8**
generalização (de) estímulos **22.18**	Com pequenas *exceções*, quanto maior a diferença no comprimento de onda, ... a diferença no número de respostas emitidas em iguais intervalos de tempo. **22.19**
gradiente (de) generalização **22.29**	Dois estímulos que descrevemos como "similares" mostram provavelmente certa .... (tt) no seu controle sobre o comportamento. **22.30**
gradiente (de) generalização **22.40**	O viajante que diz "todos os habitantes se parecem" teve muito pouco contato para poder desenvolver uma .... adequada entre os habitantes. **22.41**
(1) generalização (2) discriminação (aceitável-S^D) **22.51**	Quando uma distante campainha da porta toca, você pode "cometer um engano" e ir atender o telefone. A campainha da porta exerce certo (1) .... sobre atender o telefone. Este fenômeno denomina-se (2) **22.52**
abstração **22.62**	Quando uma resposta está sob o controle de propriedade particular de estímulo que não pode ocorrer ou existir sozinha, dizemos que é uma***. **22.63**

pequena (reduzida) 26.8	Em geral, depois da ingestão de uma considerável quantidade de comida, a probabilidade de qualquer comportamento operante anteriormente reforçado com alimento é .... 26.9 ← pág. 182
frequência maior 26.18	Exercício violento em um dia de calor causa sudação. A resultante perda de água aumenta a frequência de comportamentos anteriormente reforçados por .... 26.19 ← pág. 182
probabilidade 26.28	Quando vemos um indivíduo beber uma grande quantidade de água, inferimos usualmente uma história recente de .... 26.29 ← pág. 182
diminui (decresce) 26.38	O experimento demonstra que, à medida que a privação (1) ...., a frequência de um operante reforçado com alimento (2) .... 26.39 ← pág. 182
(1) classe (grupo, conjunto) (2) privação (de) água 26.48	Se vários operantes diferentes foram anteriormente reforçados com água, então a *saciação* de água (1) .... a frequência de toda esta (2) .... de respostas 26.49 ← pág. 182
mesmo (semelhante) 26.58	Administração de sal, indução de suor e privação de água são membros de uma classe de processos. As respostas reforçadas pela água são aumentadas por .... elas. 26.59 ← pág. 182
classe (conjunto grupo) 26.68	**FIM DA SÉRIE**

(1) número (médio de) respostas (2) comprimento (de) onda **22.8**	O único comprimento de onda que estava sempre presente, quando a resposta foi reforçada, era o de*** milimícrons. **22.9**
maior **22.19**	Fase 2. O controle de estímulos exercido por uma dada cor se mede pelo*** de ...., que ocorre quando esta cor é projetada no disco. **22.20**
generalização **22.30**	Quando uma escultura abstrata gera respostas emocionais parecidas com aquelas geradas pelo corpo humano, se atribui algumas vezes o efeito ao "simbolismo". É um exemplo de .... de **22.31**
discriminação **22.41**	Um organismo pode emitir a mesma resposta a dois estímulos similares, apenas quando um deles esteve presente durante o reforçamento. O termo para este fenômeno é .... de **22.42**
(1) controle (2) generalização **22.52**	Campainhas, apitos e sinais de trânsito, como S^Ds, são ocasiões nas quais as respostas apropriadas serão ...., se emitidas. **22.53**
abstração **22.63**	Na abstração, a resposta está sob o controle de uma propriedade .... de estímulo (ou de um conjunto de estímulos). **22.64**

não é	Depois de uma refeição pesada, a probabilidade de ingerir mais comida é ....
26.7	26.8
aumenta	Um soldado que está ao mesmo tempo incapacitado p⟨or⟩ ferimentos e desidratado pela perda de sangue emite⟨ o⟩ operante verbal "Água!" com uma .... que o normal.
26.17	26.18
saciação	A frase comum "o animal vai ficando cada vez com ma⟨is⟩ sede" descreve grosso modo um aumento na .... do comportamento de beber causado pela privação ⟨de⟩ água.
26.27	26.28
decresce (diminui, declina)	À medida que a sessão prossegue, a quantidade total ⟨de⟩ comida aumenta gradualmente de modo que a privaç⟨ão⟩ do rato gradualmente ....
26.37	26.38
alimento	Alcançar um copo d'água, pedir um copo d'água, and⟨ar⟩ até um bebedouro, todas são respostas que pertence⟨m⟩ à (1) .... de respostas cuja probabilidade a⟨u⟩menta com a (2) .... de ....
26.47	26.48
tem	Privação de água, ingestão de sal e suar são classes ⟨de⟩ operações ou processos que aumentam a frequência ⟨de⟩ emissão de respostas reforçadas com água. Vários pr⟨o⟩cedimentos podem ter*** efeito sobre o comportamen⟨to⟩ com água.
26.57	26.58
saciação (de) atividade	Para cada estado de privação, existem em geral vári⟨os⟩ processos alternativos que têm o mesmo efeito sobre to⟨da⟩ .... de respostas.
26.67	26.68

190

550	Se o comprimento de onda de 550 milimícrons tivesse sido o único a adquirir controle como resultado da Fase 1, então .... resposta teria sido emitida às outras luzes apresentadas.
22.9	22.10 ← pág. 150
número (de) respostas	A luz de 560 milimícrons (1)*** presente quando a resposta era reforçada; mas a figura revela que a luz deste comprimento (2)*** exercer considerável controle sobre a frequência de respostas.
22.20	22.21 ← pág. 150
generalização (de) estímulos	Frequentemente a generalização depende dos elementos comuns a dois ou mais estímulos. O controle exercido por uma forma triangular preta generaliza para uma forma triangular branca, porque eles têm uma mesma forma em.....................
22.31	22.32 ← pág. 150
generalização (de) estímulos	Um estímulo que *precede* de perto ou que acompanha uma resposta reforçada adquire controle sobre a resposta. O estímulo torna-se um .... para a resposta.
22.42	22.43 ← pág. 150
reforçadas	"Verde, amarelo, azul e ...". Se você tende a dizer "branco", você mostra o .... que esta cadeia de estímulos verbais exerce sobre a resposta verbal "branco".
22.53	22.54 ← pág. 150
particular (isolada)	Todo objeto vermelho tem uma certa forma, um certo tamanho, etc. As propriedades isoladas dos estímulos*** isoladas na natureza.
22.64	22.65 ← pág. 150

necessário (essencial, vital, importante)	O comportamento de ingerir*** biologicamente ú[til] para um homem com o estômago *cheio*.
26.6	26.7
privá(-lo)	Uma excessiva quantidade de sal ingerida na comi[da] deve ser excretada em solução. A comida salgada, po[r] tanto, ... a frequência do comportamen[to] operante chamado "tomar um gole d'água".
26.16	26.17
privação	Dizer que "alguém *não* está com fome" refere-se ao [ní]vel de probabilidade do seu comportamento de inger[ir] que é comumente induzido pelo processo denomina[do] ....
26.26	26.27
58	A figura mostra que, à medida que a sessão prossegu[e], a frequência de respostas .... gradualmente.
26.36	26.37
todas	Quando uma resposta é reforçada com *alimento*, torn[a]-se membro da classe de respostas cuja frequência a[u]menta com a privação de ....
26.46	26.47
(1) aumentam (2) todas (3) água	Suar muito por causa de trabalho ou de emoção*** ef[ei]to semelhante à privação de água sobre a classe de re[s]postas anteriormente reforçadas com água.
26.56	26.57
privação	Drogas que diminuem a atividade são semelhantes [em] efeito à .... de ....
26.66	26.67

189

SÉRIE **23**	Parte VI. Controle de Estímulos ENCADEAMENTO Tempo provável: 19 minutos.
	Vire a página e comece. →
S^D (estímulo discriminativo) 23.5	Ao mesmo tempo que é um S_D para apanhar o alimento, a visão do alimento é*** para inclinar-se e olhar para dentro do alimentador. 23.6
anteceda, (preceda, produza) 23.11	Um estímulo reforçador vem (1) .... da resposta reforçada por ele. Um estímulo discriminativo vem (2) da resposta controlada por ele. 23.12
cadeia 23.17	Cada estímulo na cadeia tem a dupla função de reforçar a resposta que vem (1) .... e ser um S^D para a que vem (2) 23.18
cadeia 23.23	Quando a luz vermelha do disco, como S^D, tem o controle das respostas de bicar, qualquer resposta que "produza" a luz vermelha do disco será 23.24
S^D 23.29	Quando o pombo "olha" o disco, que algumas vezes fica vermelho (S^D para bicar), o comportamento de dirigir os olhos para o disco será (1) .... pela luz vermelha do disco e o comportamento de olhar terá sido adicionado ao começo da (2) 23.30
não 22.35	Um cartaz que "prenda nossa atenção" é um cartaz que provavelmente olharemos. Olharemos outros cartazes, se os anteriores contiverem estímulos que .... o comportamento "olhar". 22.36

respondente (1) (reflexo) (2) operante condicionado. **26.5**	O comportamento reforçado pela ingestão de água é .... para a sobrevivência do organismo. **26.6**
mais provável **26.15**	Fazer com que o animal perca água através da excreç... de suor ou de urina tem o mesmo efeito sobre o beb... como .... -lo de água. **26.16**
tem **26.25**	Aos pais que se queixam de que os filhos são "difícei... para comer, se aconselha proibir o petiscar entre as ref... ções. A operação para que se apela neste caso é a **26.26**
contínuo **26.35**	Durante os primeiros 30 minutos, o rato apertou a ba... ra 58 vezes e recebeu e ingeriu .... bocados ... alimento. **26.36**
aumenta a probabilidade **26.45**	Na maioria dos animais, muitas respostas diferent... foram reforçadas com alimento. A privação de alimen... aumenta a probabilidade de .... estas resposta... **26.46**
diminui (declina) **26.55**	Tanto ingerir comida demasiado salgada como estar p... vado de água, ambos (1) .... a probabilida... de (2) .... as respostas que foram anteriormen... reforçadas com (3) **26.56**
saciedade (saciação) **26.65**	Drogas (como a benzedrina) que aumentam a ativid... de são semelhantes no seu efeito à .... atividade. **26.66**

	No experimento típico com o pombo, a visão do alimento é a ocasião na qual apanhar o alimento é .... (tt) pelo alimento na boca. 23.1
reforço (estímulo reforçador) 23.6	Esta sequência constitui uma *cadeia*, inclinar-se, ver o alimento e apanhá-lo. Ver o alimento é (1)*** para inclinar-se para o alimentador e (2)*** para apanhar o alimento. 23.7
(1) depois (2) antes 23.12	Nas condições experimentais comuns, quando o bicar o disco fecha o circuito que faz funcionar o mecanismo alimentador, o ruído do alimentador vem depois e............ (tt) a resposta de bicar o disco. 23.13
(1) antes (2) depois 23.18	Diz-se que a sequência de estímulos e respostas entre bicar o disco e apanhar a comida na boca é 23.19
reforçada 23.24	Se o aparelho for construído de modo que a luz vermelha do disco se acenda automaticamente, quando o pombo esticar o pescoço, será (1) .... pela luz vermelha (que é S^D para bicar) e esticar o pescoço será adicionado à (2) 23.25
(1) reforçado (2) cadeia 23.30	É mais provável que o pombo "veja" quando a luz fica vermelha, se tiver os olhos voltados para o disco ("se olhar"). Este comportamento de voltar os olhos é intermitentemente reforçado pela visão de .... (tt). 23.31
reforçaram 23.36	O operador de radar procura no mostrador (na tela) do radar pequenos sinais luminosos. Se não aparecem, o comportamento de percorrer o mostrador com os olhos e movimentos de cabeça se 23.37

respondente incondicionado	Engolir água que já está na boca é principalmente u comportamento (1) .... (tt) incondicionad Encontrar água e colocá-la na boca é principalmente u comportamento (2)................................. .
26.4	26.5
menos provável	Quanto mais tempo um organismo ficar sem água, ta to .... se torna qualquer comportame to anteriormente reforçado com água.
26.14	26.15
ocupar (tomar)	Animais que não comam ou bebam quantidades suficie tes, quando severamente privados de alimento ou águ morrem. O incremento dos comportamentos de inger em animais privados*** um valor de sobrevivência.
26.24	26.25
24 horas	Neste experimento todas as respostas são reforçada Portanto, diz-se que o abaixar a barra está sob refor ....
26.34	26.35
sete	Quando muitas respostas diferentes produzirem a mento com sucesso, então a privação de alimento*** todas estas respostas.
26.44	26.45
saciar	Em alguns esquemas intermitentes o animal pode rec ber muito pouco alimento como reforço. Por isso, o nív de privação não .... tão rapidamente s reforço intermitente como sob reforço contínuo.
26.54	26.55
privação	Forçar o animal a mover-se continuamente, por exemp em uma gaiola circular movida por um motor, produ uma diminuição na atividade, quando se solta o anim A atividade forçada é uma espécie de .... pois reduz a atividade subsequente.
26.64	26.65

reforçado **23.1**	A visão do alimento é um estímulo .... para apanhar o alimento. **23.2**
(1) reforço (estímulo reforçador) (2) S^D **23.7**	Nesta simples cadeia (inclinar-se, ver e apanhar o alimento), as duas respostas estão "ligadas" a este inclinar-se, que produz (e é reforçado) um estímulo, que é o S^D para*** o alimento. **23.8**
reforça **23.13**	No experimento usual, quando o bicar o disco faz funcionar o mecanismo alimentador que emite um ruído, o pombo inclina-se para o alimentador. O ruído é um .... para inclinar-se. **23.14**
cadeia **23.19**	Se a cadeia de comportamento é raramente interrompida, pode ela ser tratada como uma unidade. A frase "o comportamento operante de bicar um disco por alimento" descreve uma cadeia bem integrada, como se fosse uma única .... de comportamento. **23.20**
(1) reforçado (2) cadeia **23.25**	O disco foi levantado e parcialmente ocultado de modo que o pombo tinha de levantar a cabeça para vê-lo. Levantar a cabeça foi (1) .... por qualquer cor do disco que servisse como (2)...................... para bicar o disco. **23.26**
S^D **23.31**	Respostas descritas como "olhar", "procurar", "atentar", etc., que em geral produzem estímulos, ocorrem com frequência no começo da **23.32**
extingue **23.37**	**FIM DA SÉRIE**

água (líquidos) **26.3**	O comportamento de ingerir (por exemplo, comer), qu[e] é importante para a sobrevivência, pode abranger r[e]flexos, condicionados ou incondicionados e operante[s]. Engolir a água que já está na boca é principalmente u[m] comportamento.................... .... **26.4**
diminui **26.13**	Em geral, quanto maior for a quantidade do alimen[to] que o animal tenha comido, tanto ....[.] será o seu comportamento de ingerir. **26.14**
diminui (reduz) **26.23**	Se a saciedade *não* torna os comportamentos de proc[u]rar alimento e comer menos frequentes, comportame[n]tos *sem* valor biológico, iriam*** muito tempo do anim[al]. **26.24**
imediatamente **26.33**	O rato não ingeriu alimento durante*** antes de ser c[o]locado na câmara. **26.34**
diminuirá (reduzirá) **26.43**	Se sete operantes diferentes tivessem sido reforçad[os] com alimento, a privação do alimento aumentaria [a] probabilidade dos .... operantes. **26.44**
(1) saciado (2) um **26.53**	Através do uso de pequenos bocados de alimento, o e[x]perimentador pode reforçar a resposta muitas vezes se[m] .... o animal. **26.54**
classe **26.63**	Confinar o animal em um espaço pequeno produz u[m] aumento da atividade acima do nível normal, quand[o] se solta o animal. O "confinamento é pois uma forma [de] .... pois aumenta a atividade subsequente[.] **26.64**

discriminativo	Inclinar-se para o alimentador permite a visão do alimento. A *visão* do alimento (um reforço condicionado) .... o inclinar-se para o alimentador.
23.2	23.3
apanhar (a resposta seguinte na cadeia)	Em uma cadeia de comportamentos, o mesmo estímulo é, ao mesmo tempo, um*** e um***.
23.8	23.9
S^D	O ruído do funcionamento do mecanismo alimentador é um estímulo (1) .... para bicar o disco e um estímulo (2) .... para inclinar-se para o alimentador.
23.14	23.15
unidade	Designa-se um operante de maneira bastante arbitrária como "bicar o disco", "andar", etc. Está implícito que uma cadeia bem integrada está funcionando como .... de comportamento operante.
23.20	23.21
(1) reforçado (2) S^D	O pombo levanta a cabeça ao nível do disco semioculto e "olha a cor". Como a cor é .... para bicar, o pombo bica e é reforçado com alimento.
23.26	23.27
cadeia	Quando o pombo levanta a cabeça e "olha" ou "atenta" para o disco semioculto, este comportamento *produz* ou *clarifica* o S^D, pois traz uma visão clara do S^D. O que no falar coloquial chamamos de "atentar" é uma resposta que .... um S^D.
23.32	23.33

indivíduo (organismo, membro) 26.2	Os processos biológicos não podem prosseguir em tecidos desidratados. A desidratação de um organismo (tal como o homem) pode ser prevenida se forem emitidas respostas que resultam na ingestão de 26.3
(1) aumentar (2) privando(-o) 26.12	A probabilidade de um animal empenhar-se em comportamento anteriormente reforçado com alimento .... à medida que ele ingere grande quantidade de comida. 26.13
privação 26.22	A saciação é a operação que em geral .... probabilidade do responder. 26.23
condicionada (reforçada) 26.32	No experimento do painel é claro que o abaixar a barra já tinha sido condicionado, pois o rato começa a responder 26.33
diminui (declina) 26.42	Um pombo foi reforçado com alimento por bicar um disco, esticar o pescoço e andar em círculo. A saciação do alimento .... a frequência de *todas* estas respostas. 26.43
(1) reforça (2) privação 26.52	Seria ineficiente para treinar um cachorro dar-lhe toda a ração do dia depois de uma única resposta, porque o cachorro ficaria (1) .... depois de apenas (......................... reforço. 26.53
privação 26.62	Privação sexual e o uso de drogas e hormônios que aumentam a frequência do comportamento sexual pertencem a uma única .... de processos. 26.63

reforça **23.3**	Temos usado o termo "reforço" em lugar de "estímulo reforçador". Desde que os reforços são certos estímulos que seguem as respostas, um sinônimo de reforço é **23.4**
(1) S^D (2) reforço (*qualquer ordem*) **23.9**	Um estímulo torna-se um S^D, quando (1) .... que o segue regularmente for reforçada. Um S^D se tornará um reforçador condicionado, quando (2) .... o acompanhar regularmente e sem demora. **23.10**
(1) reforçador (2) discriminativo (S^D) **23.15**	Inclinar-se para o alimentador torna o alimento visível e o pombo apanha-o com o bico. Em relação ao apanhar o alimento, a visão do alimento é (1) .... Em relação ao inclinar-se, a visão da comida é (2)............ **23.16**
unidade **23.21**	Se o bicar for reforçado, quando estiver acesa uma luz vermelha, mas não quando outras luzes estiverem acesas, a luz vermelha torna-se um .... para "bicar o disco". **23.22**
S^D **23.27**	O pombo levanta a cabeça e olha a cor do disco semioculto. Se a cor do disco for um S^D, olhar o disco será **23.28**
produz (ou clarifica) **23.33**	Poderíamos dizer que um S^D só é eficaz, se o organismo "atentar" nele. "Atentar" não é um evento mental; é o nome genérico para os comportamentos que produzem ou clarificam um **23.34**

espécie **26.1**	Operantes reforçados com alimento têm implicaçõ[es] para a sobrevivência de cada .... da espéci[e] **26.2**
mais provável (mais frequente) **26.11**	Podemos (1) .... a probabilidade de um o[r]ganismo beber, privando-o de água. Podemos aument[ar] a probabilidade de um organismo comer, (2) .... de alimento. **26.12**
privado **26.21**	De um ponto de vista prático, para fazer um indiv[í]duo comer podemos utilizar a operação denominad[a] **26.22**
(1) privados (2) reforço **26.31**	*Leia o painel e consulte-o quando necessário.* Antes da se[s]são experimental durante a qual foi tomado o regist[ro] que aparece no painel, a resposta (comprimir a barra) tinha sido **26.32**
menor **26.41**	A figura mostra que a frequência de respostas declina [à] medida que o grau de punição **26.42**
(1) reforça (2) diminuição (redução) **26.51**	A ingestão de comida (1) .... a resposta prec[e]dente; também reduz a (2) .... do alimento. **26.52**
(1) pequena (reduzida) (2) aumenta **26.61**	Se a probabilidade do comportamento sexual aumen[ta] com a administração de certos hormônios ou dos "afrod[i]síacos", o efeito é semelhante ao da .... sexu[al] **26.62**

estímulo reforçador 23.4	O mesmo estímulo pode ser ao mesmo tempo um estímulo reforçador e um S^D. A visão do alimento é um*** para apanhar o alimento, mas é um estímulo reforçador (isto é, um reforço) para inclinar-se e olhar o alimentador. 23.5 ← pág. 161
(1) resposta (2) reforço 23.10	Quando um estímulo tornou-se um S^D para uma resposta ter-se-á tornado também um reforçador para qualquer outra resposta que o............................ . 23.11 ← pág. 161
(1) S^D (2) reforço 23.16	Quando uma resposta produz um S^D para outra resposta, as duas formam uma cadeia. A sequência de eventos que começa com o bicar o disco e termina com o apanhar a comida na boca constitui uma ·················· de respostas. 23.17 ← pág. 161
S^D 23.22	Quando a luz vermelha já se tornou um S$_D$ para bicar, a luz vermelha foi adicionada ao começo de uma .... de respostas. 23.23 ← pág. 161
reforçador 23.28	Nos experimentos com pombo, olhar para o disco é reforçado pelo .... para bicar o disco. 23.29 ← pág. 161
S$_D$ (estímulo) 23.34	"Atentar"*** implica um evento mental, mas antes uma espécie de comportamento. 23.35 ← pág. 161

	O comportamento operante com frequência tem um si[g]nificado biológico para a sobrevivência do indivíduo [e] da espécie. Respostas reforçadas pelo contato sexual tê[m] implicações óbvias para a sobrevivência da **26.1**
mais (altamente) **26.10**	Quando um organismo esteve sem água por um perío[do] de tempo, o comportamento anteriormente reforçado pe[la] água torna-se **26.11**
(1) aumenta (2) privação **26.20**	Um homem faminto é geralmente alguém que foi .... de comida. **26.21**
saciação (saciedade) **26.30**	Em muitos experimentos discutidos anteriormen[te] os organismos estavam (1) .... de aliment[o] antes de serem colocados na câmara experimental. A[s]sim foi feito sempre que o alimento deveria ser usa[do] como (2) **26.31**
negativamente **26.40**	Se se tivesse dado ao rato algum alimento antes de c[o]meçar a sessão, a frequência inicial de respostas ter[ia] sido **26.41**
(1) reforçadas (2) classe **26.50**	No experimento do painel, depois de cada resposta [o] rato recebe alimento que (1) .... a respost[a.] O alimento também ocasiona a (2) .... do ní[vel] de privação. **26.51**
classe (série) **26.60**	Imediatamente depois do orgasmo, a probabilidade de [ul]terior comportamento sexual é (1) ....; à me[di]da que o tempo passa (isto é, aumenta a privação sexual) [a] probabilidade desse comportamento (2) **26.61**

PAINEL PARA A SÉRIE 24

LEIA AGORA E CONSULTE QUANDO NECESSÁRIO

Muitas formas de comportamento que envolvem habilidade, por exemplo, desenhar, cantar, etc. requerem um *repertório contínuo* — um conjunto de respostas que diferem apenas ligeiramente umas das outras (quando se diz que o campo das respostas é contínuo) e sob o controle de estímulos discriminativos que também só diferem ligeiramente uns dos outros (quando se diz que o campo do estímulo é contínuo). Ao *desenhar* uma linha reta com uma dada inclinação, o campo das respostas se compõe de todos os movimentos que produzem uma família de linhas infinitamente grande:

Ao *copiar* uma linha reta com uma dada inclinação, os estímulos são uma similar família de linhas. Com um repertório adequado, o sujeito pode traçar uma linha com uma inclinação próxima de qualquer inclinação que se lhe dê para copiar. As diferenças entre as inclinações podem ser tão pequenas quanto se desejar. Da mesma maneira, um bom cantor pode cantar na altura correspondente à altura que ele ouve, onde tanto o campo dos estímulos como o das respostas são praticamente contínuos.

Muitas dessas habilidades são modeladas gradativamente na vida do indivíduo. As contingências podem ser arranjadas em um treinamento formal (como no ensino de arte ou música, autoescola, etc.) ou serem deixadas às vicissitudes do ambiente. Uma vez que a criança tenha adquirido a habilidade de ser reforçada, quando o "estímulo produzido" se assemelha ao "estímulo a ser copiado", a modelagem pode ter lugar sem a intervenção frequente de outra pessoa. A aprendizagem inclui (1) discriminar diferenças sutis entre os estímulos a serem imitados (no *campo contínuo dos estímulos*), (2) discriminar entre os estímulos produzidos e (3) executar movimentos que mostrem diferenças sutis no *campo contínuo das respostas*.

SÉRIE **26**	Parte VII. Privação CONCEITOS BÁSICOS Leia o painel da página anterio Tempo provável: 26 minutos. **Vire a página e comece**
pequena (mínima, reduzida) 26.9	Quando um animal esteve sem comida, o seu comportmento de ingerir condicionado ou incondicionado tornse .... provável quando o alimento for otra vez acessível. 26.1(
água 26.19	Privação é um procedimento que em geral (1) ....a probabilidade de um grupo de respostas. A probabidade de ocorrência de comportamentos relacionados coalimento pode ser aumentada pela (2) ....de alimento. 26.2(
privação 26.29	Quando um cavalo conduzido até a água não bebe, pdemos inferir uma história recente de .... 26.3(
(1) diminui (2) diminui 26.39	Uma vez que a frequência de respostas está declinado, a curva é .... (positiva ou negativamenteacelerada. 26.4(
(1) diminui (reduz) (2) classe (conjunto, grupo) 26.49	A privação de alimento aumenta a probabilidade toda uma classe de respostas que foram anteriormen(1) .... com alimento. A privação de água amenta a probabilidade da (2)*** de respostas que foi forçada com água. 26.5(
todas 26.59	Respostas reforçadas por um dado reforçador aumentrão de probabilidade através de toda uma ....de procedimentos do tipo privação. 26.6(

SÉRIE **24**	Parte VI. Controle de Estímulos MODELAGEM DE REPERTÓRIOS CONTÍNUOS Leia o painel da página anterior. Tempo provável: 20 minutos. **Vire a página e comece.** →
(1) não (2) não 24.6	Um dos pais pode reforçar a criança por um determinado movimento de desenho (dizendo, por exemplo, "Muito bem!" ou "Que bonito!"). A frequência relativa de tais movimentos irá então 24.7
diferencial 24.13	Um determinado padrão visual "produzido"*** relacionado de perto com os movimentos da mão que o produzem. 24.14
(1) reforçamos (2) não reforçamos (extinguimos) 24.20	Ao ensinar a criança a desenhar figuras mais complexas, mostramos a figura e reforçamos qualquer desenho feito pela criança que seja .... de algum modo. 24.21
S^D (estímulo) 24.27	Quando a propriedade de semelhança no desenho da criança tornou-se um S^D para nos vir mostrar os desenhos, a propriedade de semelhança terá se tornado também um .... para os movimentos do desenho que produzem a semelhança. 24.28
não 24.34	Quando a criança não pode discriminar entre uma reprodução perfeita de uma figura e uma reprodução regular, o reforço automático é tão grande para uma reprodução .... como para uma perfeita. 24.35
som 24.41	O provérbio "a repetição faz a perfeição" será provavelmente verdadeiro, apenas se algum produto do próprio comportamento fornecer 24.42

PAINEL PARA A
SÉRIE 26   NÃO LEIA O PAINEL AGORA.
ESPERE ATÉ QUE
RECEBA INSTRUÇÕES

Coloca-se um rato branco no espaço experimental padrão que tem uma barra saliente em uma das paredes. O rato foi privado de alimento durante 24 horas. Abaixar a barra faz funcionar o alimentador, que deixa cair um pequeno bocado (1/15 grão) de alimento no comedouro.

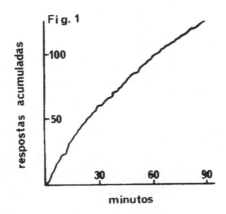

O rato tinha sido previamente adaptado à câmara e ao som do alimentador e tinha sido reforçado muitas vezes por abaixar a barra.

À medida que a sessão experimental avança, o rato ingere mais e mais bocados, torna-se cada vez menos *privado* e mais próximo da *saciação* de alimento. O registro acumulado das depressões da barra aparece no gráfico acima.

	Movendo o lápis mais ou menos ao acaso sobre o papel, a criança produz linhas. Se estes estímulos visuais forem .... para as respostas que os produzem, a criança tenderá a "rabiscar". 24.1
aumentar 24.7	Se os pais reforçam um movimento que produz um determinado padrão, eventualmente aquele determinado padrão produzido virá a .... o próprio movimento. 24.8
está 24.14	Quando a criança for reforçada por certos padrões que produz no papel e não por meros rabiscos, as suas respostas de desenho estão sendo 24.15
parecido (semelhante) 24.21	Depois de reforçar diferencialmente movimentos que produzem cópias grosseiras, podemos reforçar apenas os movimentos que se .... sucessivamente de uma boa reprodução. 24.22
reforço 24.28	Os pais podem reforçar padrões de movimentos que produzem figuras que "parecem um pouco" a figura de um livro. Logo, os estímulos produzidos que "parecem um pouco" com qualquer coisa*** -se reforços condicionados. 24.29
regular 24.35	O artista que não pode discriminar as propriedades sutis do sorriso do modelo não pode pintá-lo. O pintor não desenvolveu uma .... adequada. 24.36
reforço diferencial 24.42	**FIM DA SÉRIE**

podem	As posições dos objetos ao alcance constituem um campo contínuo no sentido de que qualquer posição possui posições adjacentes de todos os lados. Em outras palavras,** (há ou não há?) vazios, interrupções ou quebras no campo.
25.4	25.5 ← pág. 175
maior	"Alcançar um objeto" refere-se a um movimento feito em uma direção particular que é reforçado pelo (1) .... com o objeto que está em uma (2) .... particular.
25.10	25.11 ← pág. 176
topografias (formas)	Nem todos os movimentos de alcançar precisam ser separadamente condicionados. Depois de ser reforçada por tocar dois pontos que estão razoavelmente próximos, é provável que a pessoa*** toque eficientemente um ponto no meio deles.
25.16	25.17 ← pág. 175
assemelhe (pareça)	Uma pessoa que seja capaz de "fazer uma boa cópia de qualquer linha" deve possuir um repertório constituído de um número .... de respostas de desenho que produzam um número indefinido de linhas possíveis.
25.22	25.23 ← pág. 176
constitui (é, requer)	Desenhar habilmente com cópia requer................ ....
25.28	25.29 ← pág. 175
(1) é (2) não é	Com um repertório contínuo, a pessoa*** (é ou não é) capaz de responder a pontos discretos em um campo de estímulos.
25.34	25.35 ← pág. 175

reforço 24.1	No rabiscar, as linhas desenhadas não são completamente ao acaso. Revelam os naturais movimentos de alavanca do braço e da mão. Assim sendo,*** todas as formas de resposta ocorrem com igual frequência, mesmo antes do reforço diferencial. 24.2
reforçar 24.8	Quando uma criança foi reforçada por desenhar um determinado padrão, aquele padrão, tendo sido associado a um reforço, pode ele próprio tornar-se 24.9
reforçadas diferencialmente 24.15	Depois que certos padrões visuais produzidos se tornaram reforçadores, no futuro os padrões do movimento que os produzem são reforçados pelos próprios***. 24.16
aproximem 24.22	Ao elevar gradualmente as nossas exigências, reforçando primeiro cópias grosseiras e depois cópias cada vez melhores, estamos modelando o "desenhar com cópia" em 24.23
tornam-(se) 24.29	Quando o "desenhar com cópia" foi bem condicionado, uma linha traçada que se parece com a linha a ser copiada .... o movimento de traçá-la, mesmo se os pais ocasionalmente não proveem o reforço. 24.30
discriminação 24.36	O artista que trabalha sem um modelo não pode pintar as propriedades sutis de um sorriso, a menos que possa discriminar aquelas propriedades, porque os movimentos do pintor não receberão ....(tt) preciso. 24.37

movimentos 25.3	As posições ocupadas pelos objetos ao nosso alcan abrangem um campo tridimensional contínuo. Um o jeto pode estar em qualquer posição neste campo e du posições*** diferir de uma distância tão pequena qua to pudermos especificar. 25.4
(1) posição, (ponto) (2) contínuo 25.9	Quanto menores as diferenças entre as posições d objetos ao alcance (isto é, quanto maior o número posições possíveis), tanto .... o número dos d ferentes movimentos de alcançar. 25.10
estímulos (S^D) 25.15	Um campo contínuo de respostas é um campo que te muitas respostas de .... apenas ligeiramen diferentes. 25.16
discretas 25.21	Para copiar uma linha, o artista deve primeiro olh para o estímulo e depois responder de maneira a prod zir um desenho que se*** ao padrão a ser copiado. 25.22
repertórios discretos 25.27	Um movimento que produz uma linha particular po diferir de outro movimento por uma grandeza tão p quena quanto possamos distinguir. Portanto, o cor portamento de desenhar linhas habilmente*** u repertório contínuo. 25.28
(1) repertório discreto (2) repertório contínuo 25.33	Alguém que seja capaz de copiar qualquer espécie de linh ou padrão (1)*** (é ou não é?) capaz de copiar o alfabe mas alguém que só possua o repertório discreto de copi 26 letras de forma (2)*** (é ou não é?) capaz de copiar u desenho, nem mesmo letras em um estilo não familiar. 25.34

nem	É inútil pedir a uma criança que copie um desenho antes que ela tenha adquirido um repertório .... de respostas de desenhar.
24.2	24.3
reforço condicionado	A criança que rabisca pode produzir uma linha que lhe pareça semelhante ao padrão que já foi reforçado. A linha rabiscada, por isso, em certa extensão automaticamente .... o movimento que a produziu.
24.9	24.10
padrões visuais produzidos	Quando a criança está aprendendo a desenhar com cópia, o desenho a ser copiado constitui (1) .... visual que age sobre a criança (2) .... (*advérbio de tempo*) que ela faça o primeiro movimento do desenho.
24.16	24.17
aproximações sucessivas	Se elevarmos rapidamente demais as nossas exigências para reforçar os desenhos das crianças, mesmo a melhor das respostas dela não será reforçada. O seu comportamento de desenhar irá se***.
24.23	24.24
reforça	Diz-se que produzir um padrão parecido com o padrão a ser copiado é reforçado ...., porque apenas os movimentos bem-sucedidos são reforçados enquanto os movimentos que produzem padrões dissemelhantes não são.
24.30	24.31
reforço diferencial	Uma pessoa de quem se diz não ter ouvido para notas pode possuir mecanismos sensoriais perfeitamente adequados. Tal pessoa não adquiriu .... adequadas para sons.
24.37	24.38

campo contínuo	Ao tentar alcançar um objeto, a direção dos .... do braço e da mão é controlada pela posição do objeto **no** campo da visão.
25.2	25.3
posição	Um homem muito hábil em alcançar e tocar objetos te**m** um repertório "contínuo" de movimentos de apanha**r** que o põe em contato com objetos situados em qualqu**er** (1) .... em um campo (2) ....
25.8	25.9
topografias	Cada resposta de alcançar tem sua própria topografia **e** está sob o controle de .... apropriados s**u**pridos por um objeto em uma posição no espaço.
25.14	25.15
discretas	Uma resposta que leve o dedo do datilógrafo cata**dor de** milho *entre* as teclas não é reforçada. O comportamen**to de** datilografar não é contínuo; é, em vez, um conjunto **de** respostas ....
25.20	25.21
contínuo	Movimentos discretos sob o controle de estímulos q**ue** constituem um campo discreto são ....
25.26	25.27
26 (discretas)	A habilidade de copiar o alfabeto em letras de form**a** supõe (1) ...., enquanto a h**a**bilidade de copiar qualquer linha supõe (2) ....
25.32	25.33

178

contínuo	Pode-se dizer que uma criança que simplesmente "gosta de rabiscar" está sendo .... pelas linhas que produz independentemente da direção, mudança de direção ou comprimento delas.
24.3	24.4
reforça	Apenas uns dos poucos estímulos produzidos pelo rabiscar se parecerão com os padrões especialmente reforçadores. Assim, tais padrões reforçarão apenas uns poucos ....
24.10	24.11
(1) estímulo (padrão) (2) antes	Estão presentes dois padrões visuais depois de o desenho ter sido copiado. A linha a ser copiada ocorreu primeiro e foi seguida pela linha***.
24.17	24.18
extinguir	Uma criança pode ser condicionada para chamar dois padrões visuais "parecidos" ou "não parecidos" (dissemelhantes), com completa independência de sua aprendizagem de desenho. Apresentamos dois padrões e reforçamos "parecidos", se eles são (1) ...., e extinguimos "parecidos", se eles são (2) ....
24.24	24.25
diferencialmente	A habilidade em "desenhar com cópia" continuará a ser modelada na ausência dos pais, uma vez que a "semelhança" se tenha estabelecido como .... para os movimentos de desenhar.
24.31	24.32
discriminações	A pessoa de quem se diz não ter ouvido não pode cantar, porque não pode (1) .... diferenças nos sons que deve imitar. Os sons que ela produz não proveem reforços automáticos que (2) .... os sons de boa altura em oposição aos de altura insatisfatória.
24.38	24.39

172

repertório contínuo	Um adulto pode em geral alcançar e tocar qualquer [um] dois objetos que estejam próximos e dentro de seu camp[o] de visão. A maioria dos adultos possui um .... de movimentos de apanhar.
25.1	25.2
campo contínuo	Os movimentos com os quais tocamos os objetos ao no[s]so alcance podem também constituir um campo cont[í]nuo no sentido que para qualquer movimento existe u[m] outro movimento que alcançará uma ....
25.7	25.8
topografia	Diferenças entre dois movimentos são descritas como d[i]ferenças nas topografias das respostas. Objetos em do[is] pontos adjacentes em geral controlam respostas de a[l]cançar apenas ligeiramente diferentes nas....................
25.13	25.14
não	Algumas coleções de estímulos possuem diferenças di[s]cretas, ao contrário dos contínuos, entre si. As teclas [de] uma máquina de escrever ocupam posições ....
25.19	25.20
contínuo	O repertório de um campo contínuo de respostas sob[re] controle de estímulos que formam um campo contínu[o é] um repertório ....
25.25	25.26
discreto	Se chamarmos o comportamento de traçar uma let[ra] de uma resposta, então o comportamento de copiar [as] 26 letras do alfabeto em letra de forma compreende u[m] repertório de .... respostas.
25.31	25.32
discreto	**FIM DA SÉRIE**
25.37	

177

reforçada	Uma criança que "gosta de rabiscar" ganha tanto mais (1) .... quanto mais (2) ....
24.4	24.5
movimentos (respostas)	Quando apenas certos padrões produzidos são reforçadores, os movimentos que produzem as linhas *rabiscadas* comuns*** reforçados.
24.11	24.12
copiada	Ao ensinar uma criança a desenhar com cópia, reforçamos um dado movimento apenas se resulta numa .... parecida com a linha que lhe pedimos para copiar.
24.18	24.19
(1) semelhantes (2) diferentes	Se a criança chama dois padrões visuais de "parecidos", quando são de fato semelhantes, o estímulo que controla esta resposta verbal deve mostrar "a propriedade de semelhança". Como esta propriedade nunca ocorre isoladamente, a resposta é um exemplo de ....
24.25	24.26
reforço	Quanto mais a criança puder discriminar padrões "parecidos", tanto .... preciso será o reforço diferencial automático do seu comportamento de desenhar.
24.32	24.33
(1) discriminar (2) diferenciem	Muitas crianças articulam o som "r" e no entanto dizem "quelo blincá" em vez de "quero brincar". Em geral essas crianças ainda não podem dizer qual desses sons uma outra pessoa está dizendo; não podem .... entre os sons de "r" e de "l".
24.39	24.40

	Em um repertório contínuo, duas respostas podem d ferir uma da outra em uma grandeza muito pequen Apanhar objetos em volta da gente é 25.1
posição 25.6	Um contínuo de estímulos constitui um campo contínu quando podemos discriminar diferenças muito pequen. entre estímulos adjacentes do contínuo. Os pontos no e paço estão em um 25.7
indefinido 25.12	Dois movimentos em um campo contínuo de moviment podem ter formas ou *topografias* só ligeiramente divers: Outro nome para a forma das respostas é .... das respostas. 25.13
quarenta 25.18	As teclas da máquina de escrever, enquanto "objetos alcance", ocupam posições *discretas*. Existem posiçõ intermediárias não ocupadas por teclas. As teclas con tituem um campo contínuo? (sim ou não?) 25.19
difira 25.24	As linhas em uma superfície constituem um cam .... bidimensional. 25.25
repertório discreto 25.30	Uma letra difere da outra consideravelmente mais q uma grandeza apenas discernível; assim, copiar o alf beto requer um repertório 25.31
não é 25.36	Alguém que apenas começa a aprender a guiar vira direção com movimentos repentinos e extensos. O pri cipiante ainda tem um repertório 25.37

(1) reforço (2) rabisca 24.5	Se todos os traços rabiscados fossem igualmente reforçadores (1)***, haveria reforço diferencial do comportamento de rabiscar (e os rabiscos da criança (2)*** "melhorariam"). 24.6 ← pág. 168
não são 24.12	Quando certos movimentos do desenhar são reforçados e outros movimentos de desenhar não são, o reforço é .... 24.13 ← pág. 168
linha 24.19	Ao ensinar uma criança a copiar uma linha, não esperamos por uma cópia perfeita. Nós (1) .... todos os movimentos que produzem linhas razoavelmente semelhantes à que deve copiar, mas (2) .... movimentos que produzam linhas muito diferentes da linha que deve ser copiada. 24.20 ← pág. 168
abstração 24.26	Se reforçarmos repetidamente a criança apenas quando o desenho que ela faz for muito parecido com a figura a ser copiada, a "propriedade de semelhança" torna-se um .... para o comportamento de nos vir mostrar cópias que saíram bem. 24.27 ← pág. 168
mais 24.33	Depois que a propriedade de semelhança ficar estabelecida como reforço***, se requer mais a presença dos pais para ulterior reforçamento diferencial. 24.34 ← pág. 168
discriminar 24.40	Depois de a criança ter aprendido a discriminar entre "r" e "l", a sua pronúncia correta do "r" será diferencialmente reforçada automaticamente pelo***. 24.41 ← pág. 168

SÉRIE **25**	Parte VI. Controle de Estímulos REPERTÓRIOS CONTÍNUOS E DISCRETOS Tempo provável: 14 minutos.
	Vire a página e comece
não há 25.5	Para cada .... que um objeto ao alcance ocup[a] no nosso campo de visão, corresponde um movimen[to] particular do braço e da mão, que produzirá o conta[to] tátil com o objeto. 25.6
(1) contato (2) posição 25.11	Há um número indefinido de respostas de alcançar [e] um número .... correspondente de posições po[s]síveis em um campo contínuo. 25.12
possa (seja capaz de) 25.17	Um datilógrafo "catador de milho" precisa atingir cer[ca] de quarenta teclas na máquina. Uma datilografia e[fi]ciente requer pelo menos .... respostas discretas. 25.18
indefinido (grande) 25.23	Sempre se pode traçar uma linha que .... de out[ra] linha em uma grandeza tão pequena quanto possam [se] distinguir. 25.24
repertório contínuo 25.29	O comportamento de escrever à máquina requer um 25.30
é 25.35	Com um repertório discreto, a pessoa*** (é ou não é) capaz de responder a todos os pontos de um campo co[n]tínuo de estímulos. 25.36

175

Inverter o livro e prosseguir com a série 25

Holland-Skinner

Análise do Comportamento

Segunda metade do programa.

Não começar aqui antes de ter completado as séries de 1 a 24